다문화교육총서 3

# 도서지역 결혼이주 여성과 문화적응

이 책은 2010년도 정부재원(교육과학기술부 사회과학지정주제지원사업)으로 한국연구재단의 지원을 받아 연구되었음(NRF-2010-328-B00053).

다문화교육총서 3

# 도서지역 결혼이주
# 여성과 문화적응

김영순 외 지음

# PREFACE

## 도서지역 결혼이주여성 연구를 정리하며

2000년대 들어 한국사회는 결혼이주여성, 이주노동자, 외국인 유학생, 북한이탈주민 등 인구적 다양성이 증가하는 경험을 갖게 되었다. 이제 우리도 다양한 인종·민족·종교·언어를 가진 사람들과 함께 살아가는 다문화사회에 살고 있음을 부인할 수 없다. 이러한 다문화 현상은 저출산, 고령화 등의 사회·환경적 요인으로 인해 꾸준히 증가할 것이고, 한국사회에 미치는 영향도 더욱 지속될 전망이다.

이제는 모두가 행복하고 더불어 살아갈 수 있는 지속 가능한 다문화사회를 위해 준비해야 할 때이다. 그러나 한국사회는 '세계 속의 한국'을 구현하려는 노력에 비해 그동안 형성되어온 '한국 속의 세계'에 대해서는 무지했거나 애써 외면해온 것이 사실이다. 정부 차원에서 외국인에 대한 차별을 금지하고 다문화가정의 복지 향상을 위한 정책적, 제도적 검토가 이루어지고 있다. 그렇지만 한국사회의 미래상에 대한 장기적 전망과 이에 따른 국가정책의 강화로는 이어지지 않고 있는 실정이다. 무엇보다도 우리는 결혼이주여성들이 낯선 한국 땅에서 우리와 공존하며, 사회 일원으로서 적극적으로 참여할 수 있는 환경을 조성해야 한다.

그러기 위해서는 결혼이주여성의 문화적 적응 양상을 파악하고, 어려움이 있을 경우 그 원인 규명과 아울러 해결 방안을 제시하는 것이 절실하다고 본다. 언어와 관습 등의 차이와 문화적 이질감에서 오는 가족갈등으로 인해 한국남성들의 외국여성배우자에 대한 폭력과 이혼으로 이어지는 것이 문화적 비공존의 한 사례이다. 다문화가정 자녀들의 경우에도 상황은 더욱 열악하다. 다문화가정의 자녀 5명 중 1명은 어린이집과 유치원, 학교생활에 적응하지 못하고 있는 것으로 나타났고, 언어 능력과 학습의 부진, 집단따돌림, 정체성 혼란, 정서장애 등을 경험하는 비율이 비다문화가정 학생들보다 상대적으로 높게 나타나고 있다. 이와 같이, 상이한 문화가 공존하지 못하는, 즉 비공존 상태에서는 불평등이 발생하기 마련이다. 다양한 문화가 교류되면서 갈등과 충돌이 발생하는 것은 당연한 일이지만, 이것을 최소화하기 위해서 결혼이주여성을 중심으로 한 사회집단의 문화적 비공존 실태와 그 발생 원인을 먼저 규명하는 것이 필요하다고 본다.

하지만 지금까지 대부분의 연구에서는 도시지역과 농촌지역에 거주하는 다문화가정의 문화적응에 대한 논의만 진행되었다. 더욱이 그런 연구 역시 총체적 관점이 아니라 특정 생활 영역에만 치우쳐 논의되고 있는 실정이다. 따라서 지리적 측면에서의 소외지역인 도서지역을 중심으로 다문화가정과 지역사회 간의 문화적 비공존 실태와 공존 실태를 다학문적으로 연구하는 것이 필요하다고 생각한다.

이 책은 '다문화교육연구' 총서 3호로『도서지역 결혼이주여성과 문화적응』이라는 제목을 달고 있다. 또한 이 책은 정책적 지원으로부터 비교적 소외받고 있는 도서지역 다문화가정에 관한 다양한 문제들을 연구한 논문 모음집이다. 이 책의 저자들은 모두 2010년부터 2012년까지 2년간 한국연구재단의 사회과학 지정주제 지원사업(SSK)을 함께 수행한 연구진이다. 그 당시 한국연구재단의 연구과제 아젠다는 "문화다양성과 공존"이며, 우리 연구팀의 연구주제는 "도서지역 다문화가정의 문화적 공존에 관한 다학문적 연구"였다. 선정된 연구주제를 7명의 공동연구원, 1명의 전임연구원, 그리고 5명의 연구보조원 대학원생들이 성실히 연구를 수행하여 총 8편의 논문을 한국연구재단 등재후보 이상 급 학술지에 게재하였다. 이 중 6편의 논문이 이 책을 위해 선택되었다. 그리고 연구를 위해 활용된 '도서에 대한 이해(1장)', '도서지역 다문화가정 현황 조사(2장)' 역시 이 책에 포함되었다. 이 책을 구성하는 각 장의 개요는 다음과 같다.

1장 '도서에 대한 이해'에서 김영순 · 이미정은 도서에 대한 기본적인 이해를 돕기 위해 도서의 개념과 유형, 현황, 특성 그리고 도서문화에 대해서 기술하고 있다. 이 장은 도서라는 독특한 환경에서 거주하고 있는 결혼이주여성을 이해하기 위해 필요한 사전적 지식에 해당한다고 볼 수 있다.

2장 '도서지역 다문화가정 현황 조사'에서 김영순 · 윤채빈 · 김금희는 전국에서 도서가 많은 지역을 경기도, 전라도, 충청도, 경상도, 제주도 권역으로 분류하여 도서지역에 거주하고 있는 다문화가정 현황을 조사하여 기술하고 있다. 특히, 도서별 다문화가정수와 다문화가정의 국적 분포를 소개하고 있으며, 다문화정책을 지원하고 관리하는 행정기관도 제시하고 있다.

3장 '결혼이주여성의 자기문화 스토리텔링 활용'은 김영순·허숙·웅웬뚜언아잉이 2011년 경희대학교 비교문화연구소 학술지 『비교문화연구』 제25권에 게재된 논문 「결혼이주여성의 자기문화 스토리텔링 활용 표현교육 사례 연구」를 수정·보완한 것이다.

4장 '결혼이주여성 시어머니의 생활 경험'은 이미정·이훈재·박봉수가 2012년 한국언어문화교육학회 학술지 『언어와 문화』 8권 1호에 게재된 논문 「결혼이주여성 시어머니의 생활 경험 연구」를 수정·보완한 것이다.

5장 '제주지역 결혼이민여성과 다문화정책'은 김영순·이미정·최승은이 2013년 제주대학교 탐라문화연구소 『탐라문화』 제44호에 게재된 논문 「제주지역 결혼이민여성과 다문화정책」을 수정·보완한 것이다.

6장 '도서지역 결혼이주여성의 문화적응 실태'는 이미정·강현민이 2011년 인하대학교 교육연구소 학술지 『교육문화연구』 17권 2호에 게재된 논문 「도서지역 결혼이주여성의 문화적응 실태 조사 연구」를 수정·보완한 것이다. 이 장에서는 도서지역에 거주하고 있는 결혼이주여성의 삶을 개인적 영역인 가족관계, 언어문화, 종교문화와 사회적 영역인 사회정책, 소비활동, 보건의료, 여가문화로 나누어 설문조사를 통해 그들의 문화공존 실태를 파악하였다.

이를 토대로 7장부터 10장에서는 이 설문조사에서 나타난 의미 있는 결과들을 중심으로 언어, 종교, 경제활동 그리고 여가문화영역에서 결혼이주여성의 문화적 공존 현황을 심도 있게 연구한 결과들을 제시한다.

7장 '도서지역 결혼이주여성의 언어문화 실태'는 성상환·한광훈이 2011년 인하대학교 교육연구소 학술지 『교육문화연구』 17권 3호에 게재된 논문 「도서지역 결혼이주여성의 언어문화 실태 조사 연구」를 수정·보완한 것이다.

8장 '도서지역 결혼이주여성의 종교생활 실태'는 오영훈·김성영이 2012년 한국

종교학회 학술지 『종교연구』 제67집에 게재된 논문 「도서지역 결혼이주여성의 종교생활 실태 조사 연구」를 수정 · 보완한 것이다.

9장 '도서지역 결혼이주여성의 경제활동과 소비'는 이미영 · 양성은이 2011년 인하대학교 〈도서지역 결혼이주여성의 문화적응에 관한 초청특강 및 학술발표〉에서 발표된 논문 「도서지역 결혼이주여성의 경제 및 소비생활」을 수정 · 보완한 것이다.

10장 '도서지역 결혼이주여성의 여가문화 실태'는 박수정 · 윤채빈이 2011년 인하대학교 교육연구소 학술지 『교육문화연구』 17권 2호에 게재된 논문 「도서지역 결혼이주여성의 여가문화 실태 조사 연구」 중 수정 · 보완한 것이다.

위의 글들은 대부분 한국연구재단 등재후보 이상의 학술지에 발표한 것이지만 '리딩 패키지' 형태로 연구자들에게 한 번에 볼 수 있는 기회를 제공하고자 했다. 그럼으로써 정책적 지원으로 소외받고 있는 도서지역의 다문화 환경을 이해하고 실태를 파악하는 데 도움이 될 것이라고 생각한다. 특히 그동안 관심을 갖지 않았던 도서지역에 대한 연구를 통해 다문화교육을 연구하는 연구자들의 다양한 논문 주제 탐색에 일조하리라 판단한다.

이 책은 BK21플러스 사업의 일환으로 인하대학교 글로컬 다문화교육 전문인력 양성 사업단에서 기획되었음을 밝힌다. 앞으로 우리 BK21플러스 다문화교육 연구사업단에서 기획 · 발간하는 '다문화교육연구 총서'는 미래 한국사회가 지속가능한 사회, 다양성이 공존하는 진정한 민주주의 사회가 되는 데 기여하리라 믿는다. 이를 통해 다양한 문화적 배경을 지닌 그들과 우리가 상생하는 사회, 즉 상호 간의 문화와 가치를 존중하고 더불어 살아가는 환경을 조성하는 데 이바지할 것이다. 이러한 믿음이 실현될 수 있도록 우리 저자들과 이 글을 읽는 독자들이 함께 노력하길 바란다.

2014년 11월
저자 대표 김영순 씀

# CONTENTS

# 1장

## 도서에 대한 이해

# 1

## 도서에 대한 이해

김영순·이미정

## 1. 도서지역의 개념과 유형

도서지역, 즉 '섬'은 한자로 '島'라고 표기하고 영어로 'island'라고 표기한다. 도서지역에 대한 개념은 다양하다. 이러한 개념을 법률적, 학문적 그리고 사전적 의미로 나누어 살펴보면 다음과 같다.

먼저, 법률적 의미를 살펴보자. 해양법에 의하면, "수면(水面)으로 둘러싸여 있으며, 만조(滿潮) 때에도 수면 위로 노출되어 있는 자연적으로 형성된 육지"라고 정의하고 있다. 섬은 〈해양법에 관한 국제 연합 협약〉에 의해 육지영토와 동일한 기준과 원칙에 따라 영해기선을 설정하여 영해(領海), 접속수역(接續水域) 및 배타적 경제수역(排他的經濟水域) 및 대륙붕(大陸棚) 등을 설정할 수 있기 때문에 영토 차원에서 그 중요성이 더욱 강조되는 추세이다. 다만 '사람이 살 수 없는 섬', 즉 다른 섬이나 육지로부터 기본적 생활 수단을 조달하지 않고서는 자연적인 상태에서 살 수 없는 섬의 경우 예외적으로 배타적 경제수역 및 대륙붕을 독자적으로 설정할 수 없는 것이 특징이다.

둘째, 학자들의 견해로서는 포스버그(F. R. Forsberg, 1970:5, 조경만, 1995에서 재인용)가 "섬 혹은 도서란 수역에 둘러싸여 여타 육지와 격리되어 있는, 대륙의 크기에 미치지 못하는 육지를 말한다. 그 크기는 그린란드처럼 거대한 것에서부터 작은 바위 덩어리에 이르기까지 다양하다"고 정의하였고, 기진서·정희욱(2005)은

"도서 또는 섬이란 대양과 대해와 같은 바다나 호수 그리고 큰 강 등의 수계로 완전히 둘러싸인 땅(land)을 지칭하며, 대호 시에도 수몰되지 않은 자연적으로 형성된 육지지역을 말하고 있다. 따라서 섬은 수계로 싸여 대륙이나 이에 연속된 반도와 분리되면서 고립되어 있는 하나의 육괴에 해당된다"고 하였다. 조경만(1995)은 "섬이란 무엇보다도 지리적 공간을 점유하는 실체이며, 개념상으로도 지리적 공간성을 내포하고 있기도 하다. 따라서 섬이란 무엇인지, 섬에서 산다는 것이 무엇인지를 파악한다는 것은 여러 부분적 현상들이 지리적 공간성 혹은 지역 및 지역성의 개념을 통해 수렴된, 전체적이고 통합적인 윤곽을 파악하는 것이 된다. 이렇게 볼 때 섬의 지리적 공간을 특징 지우고 지리적 공간성을 규정하는 데 무엇보다도 중요한 역할을 하는 도서환경의 특수성에 대한 이해야말로 섬과 섬생활에 대한 전체적이고 통합적인 윤곽을 파악할 수 있는 요체가 된다"고 하였다.

마지막으로, 사전적 의미를 살펴보자. 위키백과에서는 "섬은 물로 완전히 둘러싸인 땅으로서 대륙보다 작고 암초보다 큰 것을 말한다."[1]고 정의함으로써 섬에 대한 크기를 기준으로 정의하고 있고, 세계적으로는 오스트레일리아 이상의 큰 육지를 대륙이라고 부르고 그린란드 이하의 육지를 섬이라고 부르고 있다(http://tmoz.me). 섬의 종류는 사람이 살 수 있는지와 살고 있는지의 여부에 따라 유인도와 무인도로 나눌 수 있고, 해면의 변화 혹은 조륙운동의 여부에 따라 육도(陸島)와 양도(洋島)로 나뉜다. 첫째, 유인도는 사람이 정착하여 살고 있으며 지속적으로 경제활동을 하고 있는 섬이다. 둘째, 무인도는 대한민국 무인도서의 보전 및 관리에 관한 법률 제1장 제2조(정의)에 의하면, '무인도서'란 바다로 둘러싸여 있고 만조 시에 해수면 위로 드러나는 자연적으로 형성된 땅으로서 사람이 정착하여 지속적으로 경제활동을 하지 않는 곳을 말한다. 다만, 등대관리 등 대통령령으로 정하는 사유로 인하여 제한적 지역에 한하여 사람이 거주하는 도서는 무인도서로 본다고 명시되어 있다. 또한 국토해양부 자료에 의하면, 항로표지의 운영, 항행보조시설의 운영, 어로행위를 위한 일시 거주, 군사상 목적 또는 치안을 위한 주둔, 무인도서의 개발 등의 사유로 인하여 제한적 지역에 한하여 사람이 거주하는 도서는 무인도서로 본다고 명시되었다. 무인도서를 효과적으로 관리하기 위하여 관리유형별로 구분하여 지정·고시하고 있다. 무인도서의 관리유형은 위치·면적 및 육지와의 거리, 자연환경 및 생태계의 실태, 역사적 가치, 시설물 및 이용현황

등을 고려하여 지정한다. 1) 절대보전 무인도서는 무인도서의 보전가치가 매우 높거나 영해의 설정과 관련하여 특별히 보전할 필요가 있어 일정한 행위를 제한하는 조치를 하거나 상시적인 출입제한의 조치가 필요한 무인도서를 말한다. 2) 준보전 무인도서는 무인도서의 보전가치가 높아 일정한 행위를 제한하는 조치를 하거나 필요한 경우 일시적인 출입제한의 조치를 할 수 있는 무인도서를 말한다. 3) 이용가능 무인도서는 무인도서의 형상을 훼손하지 아니하는 범위 안에서 사람의 출입 및 활동이 허용되는 무인도서를 말한다. 그리고 4) 개발가능 무인도서는 절대보전 무인도서, 준보전 무인도서, 이용가능 무인도서에 해당되지 않는 것으로서 일정한 개발이 허용되는 무인도서를 말한다(국토해양부). 셋째, 양도는 해상에 독립적으로 발달하는 화산섬과 해저화산 같은 것 위에 발달하는 산호섬으로 구분된다. 화산섬의 좋은 예로는 하와이 제도와 사모아 제도를 들 수 있으며, 산호섬의 좋은 예로는 폴리네시아나 미크로네시아의 환초를 들 수 있다(위키백과). 마지막으로 양도는 해양법에 관한 국제연합협약 121조. 국제수로기구(IHO)에서는 표면적이 $10km^2$ 이상이면 섬(島嶼, island), $10{\sim}1km^2$이면 소도(小島, islet), $1km^2$ 미만이면 암초(暗礁, rock)로 분류하고 있다.

앞에서 살펴본 것처럼, 도서에 대해서는 법률적, 학문적 그리고 사전적으로 다양하게 정의되고 있다. 즉, 섬은 수면으로 둘러싸여 있으며 만조 때에도 수면 위로 노출되어 있는 자연적으로 형성된 육지라고 한다. 이에 따라 도서지역은 내륙과 사회 · 경제 · 문화적으로 격리되어 있으며 토지 면적이 좁은 장소적 협소성을 지니는 지역이다. 이러한 도서지역은 어떤 지역보다도 자연환경적 요소, 지리적인 특수성 때문에 문화적 특성도 다양하다. 따라서 다른 지역보다 생활에 어려움이 많은 도서지역의 현황과 지리, 환경적 · 문화적 특성 등을 파악해 도서지역 결혼이민자들에게 알맞은 정책을 수립할 필요가 있다고 본다.


## 2. 도서지역의 현황

우리나라 도서지역 현황을 살펴보면, 우리나라는 $26,000km$에 달하는 세계 최장의 해안선을 옹유하고 있는 해양국가이며(박광순,1976), 섬이 많은 나라이다. 우리나라의 전체 도서 수는 조사자료마다 약간의 차이를 보이는데, 2010년도 국토해양부[2]의 자료에 의하면 2,919개이며, 김지종(2007)의 연구에서는 3,170개라고 밝히고 있다. 그리고 기진서·정회욱(2005)에 따르면, 3,153개이며 건설교통부[3](2005)는 2,715개, 그리고 내무부[4](1973)는 2,900개로 밝히고 있다. 이 중 유인도는 2004년 말 건설교통통계[5]에 의하면 492개로 전체 도서의 15.5%에 해당한다. 그리고 도서인구는 김지종(2007)은 2004년 12월 31일 현재 631,136명으로 조사하였고, 정득규(1976)는 1973년 현재 1,110,945명으로 조사하였다. 특히 전남지역에 우리나라 도서의 62%가 분포해 있는 것이 특징이다(조경만, 1995). 이에 대한 자세한 수치는 다음의 〈표 1-1〉과 같다.

〈표 1-1〉 전국도서의 시도 분포 현황의 연도별 차이

| 구 분 | 1973년 | 2004년 | 2005년 | 2010 |
|---|---|---|---|---|
| | 내무부 | 건설교통통계연보 | 건설교통부 | 국토해양부 |
| 서울 | – | – | 4 | 15 |
| 부산 | 11 | 41 | 54 | 83 |
| 인천 | – | 155 | 178 | 179 |
| 울산 | – | 4 | 9 | – |
| 경기 | 170 | 65 | 70 | 72 |
| 강원 | 14 | 32 | 15 | 4 |
| 충북 | – | – | 4 | 9 |
| 충남 | 268 | 265 | 239 | 239 |
| 전북 | 69 | 107 | 84 | 85 |
| 전남 | 1,891 | 1,965 | 1,594 | 1,753 |
| 경북 | 9 | 46 | 20 | 22 |
| 경남 | 419 | 427 | 390 | 401 |
| 제주 | 49 | 63 | 54 | 57 |
| 합계 | 2,900 | 3,170 | 2,715 | 2,919 |

〈표 1-1〉을 보면, 도서지역에 관한 전체 섬의 개수 및 지역별 통계가 조사된 연도에 따라 조금씩 차이를 나타내고 있다. 김지종(2007)은 그 차이의 원인을 과거의 많은 도서지역이 새롭게 연육교로 연결되어 도서지역에서 제외되는 경우가 있기 때문으로 보았다. 그러나 섬의 개수가 지역별로 다르게 나타나는 것은 도서지

역이 연육교로 연결된 이유뿐만 아니라 행정구역의 변화에 따라서 달라진 것으로도 볼 수 있다. 왜냐하면 1973년도 자료에 따르면 서울·인천·울산에 대한 자료가 나타나지 않는 것은 당시 자료가 도 중심으로 집계된 것으로 볼 수 있기 때문에 수치의 차이는 행정구역의 변화에 따른 것으로 볼 수 있다.

## 3. 도서지역의 특성

도서지역사회의 특수조건 및 실정을 살펴보자. 권순명(1975)은 도서지역사회의 특수조건을 여섯 가지로 제시하였는데, "첫째, 육지나 본도와 멀리 떨어져서 교통과 통신이 불편하다. 둘째, 인구가 적고 산재하여 있다. 셋째, 직업의 분화가 미발달되어 있고 직종도 다양하지 않아 거의가 제1차 산업에 집중되어 있다. 넷째, 경제적으로 빈곤하다. 다섯째, 문화가 침체되어 있고 근대화로부터의 혜택이 적다. 여섯째, 봉쇄적인 사회이다"라고 하였다. 김지종(2007)은 도서지역의 실정을 네 가지로 제시하였는데, "첫째, 자연적인 면에서 보면 본도로부터 멀리 떨어져 있는 교통이 불편한 지역인 섬을 뜻하며, 둘째, 경제적인 면에서 보면 산업이 전반적으로 부진하고 물자가 궁핍하여 경제적 빈곤에 허덕이고 있으며, 셋째, 사회적인 면에서 보면 낡은 관념과 침체, 미개한 인습, 배타의식 등을 들 수 있으며, 넷째, 문화적인 면에서 보면 가장 먼저 문화시설의 부족, 위생시설 및 관념의 결여" 등으로 보았다. 또한 신순호(1998)는 "대체로 도서지역은 외부와의 격절성이 높아 현대문화 중심지와 접촉이 상대적으로 원활하지 못한 지역이다"라고 보았다.

이와 같이 도서지역의 특성은 도서지역의 개념 정의에 따라 조금씩 차이가 있다. 이는 크게 격절성·변방성·환해성·협소성·연결성 등으로 나누어볼 수 있다. 이에 대한 특성은 다음과 같다.

첫째, 격절성이다. '격절'의 사전적 의미는 서로 사이가 떨어져서 연락이 끊어짐이란 뜻을 가지고 있다. 도서지역의 특성 중 격절성에 대해 신선미(2011)는 독특한 생활문화와 자연생태계가 보전되어 있어 관광객을 이끄는 주요 요인으로 작용하고 있으며 도시지역의 재생을 위해서 인구·산업의 변화, 사회·경제적 활력, 역사·문화적 특성, 기반시설의 물리적 여건 등 도서지역에 대한 현황 분석을 면밀히 할 필요가 있다고 보고했다. 또 신순호(1998)는 대체로 외부와의 격절성이 높아 현대문화 중심지와 접촉이 상대적으로 원활하지 못한 지역이지만 입지적 격절성으로 인해 비교적 전통문화 자원을 잘 보존하고 있다고 보고했다. 성상환·한광훈(2011)의 연구에서는 도서지역이 생활중심권에서 멀리 떨어져 있어 경제권·문화적·행정적으로 소외되어 있는 지역이라 나타냈다.

쉬운 예로 신안군의 경우 목포시에 소재하고 있는 군청을 중심으로, 주요 도서 14개 읍면이 있으며 각 읍면이 갖는 낙도를 포함하여 총 827개의 도서(유인도 73개)로 이루어져 있어서 읍면사무소가 소재한 도서 내에서의 주민과 행정의 상호접근성은 물론이거니와 낙도 주민과 행정의 상호접근성이 매우 낮은 실정이라고 하였다(김병록·유정욱, 2006).

둘째, 변방성이다. '변방'의 사전적 의미는 중심지에서 멀리 떨어진 가장자리 지역이란 뜻을 가지고 있다. 섬은 바다와 육지의 경계에 위치한다. 박미현(2008)은 강원여성사 연구에서 강원여성은 산악성과 해양성이 두드러지는 지리적 환경에서 열악한 삶의 환경을 극복하기 위해 생업 참여가 활발했으며, 고대를 거쳐 중세에 이르면서 삼국 및 고려, 조선의 수도와는 거리가 먼 지리적 변방성에 열악한 교통 여건으로 인해 폐쇄성으로 일단 유입된 가치관이나 정서는 오래 보존시키면서 새로운 문화문물 수용에는 수동적이고, 통치이데올로기가 강력하게 작동되는 특성을 지니게 됐다고 보고했다. 이윤선(2007)은 개야도의 변방성을 개야도가 행정단위로는 군산시에 속해 있는 섬이지만 충남 서천에 인접해 있다는 데서 찾아진다고 하였다. 개야도 주민들이 전북과 충남으로부터 소외받고 있다는 점이다. 이처럼 행정단위에 소속된 것과는 달리 인접한 지역은 별개인 지역이 상당하다. 도서지역을 연구 조사하면서도 관할하는 곳과 인접해 있지 않아 관할지역 담당자마저도 자세한 파악이 어려운 실정이라고 하였다.

홍태한(2010)의 연구에서 교동도는 민통선 안에 위치하고 있어서 지금도 창우리에서 배를 타고 건너갈 때 간소하지만 출입허가를 받아야 한다. 그러나 지금은 강화도와 연결된 다리가 완공되었다고 하였다.

이처럼 우리가 알고 있는 도서지역의 특성 또한 시간이 지남에 따라 조금씩 변화하고 있다. 교통과 통신의 발달로 도서지역의 격절성과 변방성에 따른 지역주민의 불편함은 감소하고 있다고 해도 과언이 아니다. 이에 연결성이 새로운 특성으로 나타나고 있다. 연결성에 대해서는 다섯째에 다시 언급하고자 한다.

셋째, 환해성이다. '환해'의 사전적 의미는 사방을 둘러싸고 있는 바다라는 뜻을 가지고 있다. 환해성에 대해 양성은 · 이미영(2011)의 연구에서 도서지역은 주위가 수역으로 완전히 둘러싸인 육지의 일부라는 표현에서 쉽게 알 수 있다. 또 행전안전부(2010)에서 나온 「도서개발촉진법」을 살펴보면 도서지역의 환해성에 대해 가장 정확히 설명하고 있다. 제2조에서 '해상의 전도서'라 함은 만조 시 사면이 바다로 둘러싸인 지역을 말한다. 그러나 방파제 또는 교량으로 육지와 연결된 도서로서 육지와 연결된 때부터 10년이 지난 도서는 법 제2조의 규정에 의한 "해상의 전도서"로 보지 아니한다. 다만, 방파제 또는 교량으로 육지와 연결된 때부터 10년이 지난 도서인 경우 개발대상 도서로 지정되어 수립된 개발사업이 완료되지 않은 도서인 경우에는 도서로 인정한다고 하였다.

넷째, 협소성이다. '협소'의 사전적 의미는 좁고, 작다라는 뜻을 가지고 있다. 도서지역의 협소성에 대해 김창기(2007)는 우리나라는 삼면이 바다로 둘러싸인 반도국가로서 전 국토에 크고 작은 도서가 산재해 있는 상황이며 이러한 도서지역은 지역이 갖고 있는 고립성, 협소성, 공간상의 취약성 때문에 토지조사사업 당시에도 육지지역과 삼각망을 구성하여 정위치로 등록하지 못하고 비정위치로 등록된 후에 현재에 이르고 있다고 하였다. 장희선 · 김윤정(2010)의 연구에서는 도서지역에 대해 토지이용공간이 협소하여 생산활동에 제한이 많은 지역이라는 말로 협소성에 대해 언급하였다. 신순호(2001)도 도서지역의 근원적 환경요인으로 환해성 · 격절성 · 협소성을 가지고 있다고 보고하였다.

다섯째, 연결성이다. '연결'의 사전적 의미는 사물과 사물 또는 현상과 현상이 서로 이어지거나 관계를 맺음이라는 뜻을 가지고 있다. 앞서 말했듯이 시간이 지남에 따라 도서의 특성 또한 조금씩 변화하고 있다. 김지종(2007)의 연구에서 언급한 것처럼 도서지역의 교통편은 선박을 이용한 해상교통이 전부여서 일몰 후 또는 파도가 높거나 안개가 짙을 때는 안전상의 문제로 운행이 중지되는 경우가 빈번한 것이 사실이다. 하지만 교통 · 통신 등 문명의 발달로 연육교가 생겨나고 하루 일일생활권에 접어들면서 도서지역의 연결성이 새롭게 생겨나고 있는 것으로 보인다. 물론 아직 다리가 연결되지 않은 도서지역도 상당수지만 격절성 · 고립성이 조금씩 약화되고 있는 것은 틀림없다. 배태근(2011)의 연구에서 도시연결성은 도시골격의 유기적 연계성을 의미하는 것으로, 도로망과 같은 도시공간 구성요소의 물리적 연결뿐만 아니라 용도·밀도·블록패턴 등을 포함하는 도시공간 구성요소 상호 간의 결합상태를 의미한다고 하였다.

여러 가지 특성으로 인해 도서지역 생활의 제약이 따르며 육지부에 비해 상대적으로 불리한 사회경제적 토대를 가지고 있는 것이 현실(박종철, 2004)이라고 말하기도 하지만, 본 연구를 통해 알 수 있듯 강화도·영종도와 같이 연육교가 생성되어 선박을 이용하지 않고 다리로 연결된 도서지역이 증가하고 있는 추세이며 과학·교통·통신의 발달로 도서의 고립적이고 폐쇄적인 이미지가 줄어들고 있다. 이는 도서의 특성이 시간이 지남에 따라 여러 가지 요인으로 인해 변화하고 있음을 보여준다. 이에 연결성 또한 본 연구에서 나타난 하나의 새로운 특성으로 보인다.

# 4. 도서문화

도서문화는 섬과 바다를 삶의 터전으로 삼고 살아가는 사람들의 생활방식, 행동양식과 사고방식에 의해 만들어진다. 따라서 도서환경의 적응이라는 가치와 규범의 의미를 담고 있다는 점에서 사람들의 고유하면서도 독자적인 문화적 환경, 독특한 역사적 경험과 불가분의 관계를 맺고 있다.

도서사람들의 생활방식은 섬과 바다를 생업의 조건으로 일상생활을 영위하며 섬과 바다에 대한 인식과 가치관을 바탕으로 그들만의 문화적 정체성을 형성하고 해체를 반복하며 구성해낸다. 또한 해양문화는 해양 사람들의 고유하면서도 독특한 문화적 행위이다. 이런 의미에서 도서·해양 문화는 도서·해양 사람들의 문화를 포괄하는 개념이다. 신순호(1998)에 따르면 도서환경은 바다에 의한 고립과 한정된 영토라는 두 가지 특성을 지닌 도서성(insularity)으로 요약되는데, 도서민들이 대처해나가는 과정에서 나타나는 독특한 생활양식이 바로 도서문화이다. 이러한 도서문화를 문화 전파 과정 면에 초점을 맞출 때는 전체 한국문화의 주변문화로 취급하여 사라져가는 전통문화가 보존되어 있다고 보고 있다. 즉, 한국문화의 중심부에서부터 외부에서의 충격이 시작되기 때문에 주변문화에는 외부문화의 충격이 덜 미치고 있다고 본다. 이런 점에서 지역개발론 입장에서는 도서지역을 낙후된 지역으로 판단하여 불리한 지역적 여건을 극복하고 자원의 효율적 이용과 균형개발이라는 측면에서 어느 지역보다도 강한 지역개발정책이 요구된다고 인식하고 있다.

도서문화의 인류학이란 섬·도서·연안·해양 등의 문화에 대한 총체적 이해를 목표로 하며 이는 다른 학문들 사이의 만남과 소통을 통해서 도달할 수 있다고 보았으며 섬과 바다, 인간이 서로의 연결 과정에서 인간들의 없어서는 안 되는 관계성을 만들어나가는 삶에 대한 기록과 그것에 대한 인류학적 해석을 뜻한다(홍석준, 2009).

최근에 전남·전북을 포함한 서남해 도서연안지역 문화는 한국의 도서 해양문화를 대변하는 지역이라는 점에서 가치가 부각되고 있다. 문화 중 하나인 강강술래는 보름달을 바라보며 춤을 추며 어울리는 축제적 성향을 지닌 놀이로, 자연 지리적·문화적 상황에 의해 변이를 거듭하면서 그 지역적 성향에 맞게 전승된 것이라 할 수 있다(서해숙, 1982). 남해군(南海郡)은 경상남도 남서단에 위치한 68개의 섬으로 구성된 도서군이다. 동쪽은 통영시, 서쪽은 전라남도 광양시와 여수시, 남쪽은 남해, 북쪽은 하동군과 사천시 등과 접해 있다(강욱, 2006). 이경엽(2007)에 따르면 녹도를 통해 서해안 조기잡이권 문화 교류의 특징을 살펴볼 수 있다. 어로의 경우 조기잡이 노래의 선택적 수용과 교류 과정을 보여준다. 주벅 고사의 경우, 어로의 생태적·사회적 조건과 의례의 밀접한 관계를 말해준다. 또한 여러 형태의 고사가 공존하고 있는데 통합적 교류 형태를 짐작하게 해준다. 그리고 녹도 당제는 서해안 일반의 면모를 띠고 있지만 그 수행 방식에서 지역성을 보여준다. 녹도의 경우 세습무계 무당들이 당제에 참여한다는 점이 특징이다. 그리고 주변 몇몇 섬과 함께 전횡이란 신을 모시고 있는 국지적 분포 양상을 보여준다.

도서문화는 한 국가, 전 해역의 바다, 연안 및 섬 지역을 토대로 형성되고 유지된 인간의 여러 삶의 형태와 양식, 관습, 오래된 풍습 등은 물론 경제·사회적으로 유지되어온 틀로 생성된 예술과 관광 등을 포괄한다(김홍섭, 2010). 이러한 도서문화의 속에서 도서지역 사람들의 삶은 지역적 특수성만큼이나 매우 독특해서 한국문화 체계에서 매우 중요한 부분을 차지하고 있다(홍석준, 2009). 섬이 본래 생태적 조건에 견고하게 적응되어 있어 변화가 적은 것이 일반적이고 외부사회와 관

계가 적어 문화접변이나 교류가 적을 수밖에 없으며 외부의 영향이 있을 경우에
도 문화적 자원이 한정되어 있어 변화에 취약할 수밖에 없다(이경엽, 2008). 이렇듯
섬 문화를 보존하고 개발을 지향하기 위해서는 도서지역의 문화를 유지하고 전승
시키기 위한 방안으로 주민과 연구자들의 적극적인 참여와 관심으로 문화를 지키
는 데 적극적인 지원이 필요하다.

지금까지 도서지역의 문화는 도서적 특성을 갖는 특정 문화만을 소개하고 이
를 활용하는 것에 우선하였다면, 이제는 도서환경 속에서 잉태된 모든 문화양식
에 관심을 집중할 때이다. 구체적으로 말하면 도서지역 사람들이 삶의 과정에서
이뤄놓은 모든 것을 문화자원이라는 관점에서 보존하고 발전시키며, 나아가 문화
시대에 걸맞게 활용할 수 있는 다양한 방안이 마련되어야 한다.

# 2장

## 도서지역
## 다문화가정
## 현황 조사

# 2

## 도서지역 다문화가정 현황 조사

김영순 · 윤채빈 · 김금희

## 1. 경기도의 다문화가정 현황

경기도의 대표적 유인도인 국화도와 제부도의 다문화가정 현황을 살펴보자. 2012년 2월 기준 경기도에 위치한 국화도와 제부도의 다문화가정 현황은 〈표 2-1〉과 같다.

〈표 2-1〉 경기도 다문화가정 현황

| 지 역 | | 단위 면 읍 | 섬 이름 | 다문화가정 수 |
|---|---|---|---|---|
| 경기도 | 화성시 | 우정읍 | 국화도 | 1 |
| | | 서신면 | 제부도 | 5 |
| 1개 지역 | | 유인도: 2개 | | 6 |

〈표 2-1〉에서처럼, 국화도에는 다문화가정이 한 가정 있다. 그리고 제부도에는 다문화가정이 다섯 가정 있다. 제부도 다문화가정의 국적별 분포로는 중국이 세 가정, 베트남이 두 가정 있다. 이들이 속해 있는 기관은 화성시 여성가족과(現 여성보육과)이며 연락처는 031-369-2262이다.

## 2. 전라도의 다문화가정 현황

　2004년 자료에 따르면 전라도에는 전국에서 가장 많은 유인도(296개)가 있다. 그중 2012년 2월 기준 전남지역의 대표적인 네 지역, 여수시 · 영광군 · 완도군 · 진도군의 유인도는 23개이다. 이 네 지역의 다문화가정은 285가정이다. 전북지역은 군산시와 부안군의 다문화가정 현황을 살펴보았는데 2012년 2월 기준 두 지역의 유인도 수는 8개이며, 다문화가정 수는 15가정으로 나타났다. 이를 정리하면 〈표 2-2〉와 같다.

〈표 2-2〉 호남지역 다문화가정 현황

| 지 역 | | 단위 면 읍 | 섬 이름 | 다문화가정 수 |
|---|---|---|---|---|
| 전남 | 여수시 | 화정면 | 사도, 추도 | 0 |
| | | 남면 | 연도, 안도 | 2 |
| | | 삼산면 | 손죽도 | 0 |
| | 영광군 | 낙월면 | 낙월도, 대각이도, 안마도, 송이도 | 2 |
| | 완도군 | 고금면 | 고금도 | 20 |
| | | 금일읍 | 금일도, 생일도 | 22 |
| | | 노화읍 | 노화도 | 25 |
| | | 소안면 | 소안도 | 7 |
| | | 보길면 | 보길도 | 28 |
| | | 약산면 | 약산도(=조약도) | 10 |
| | | 신지면 | 신지도 | 36 |
| | | 청산면 | 청산도 | 2 |
| | | 완도읍 | 완도 | 59 |
| | 진도군 | 조도면 | 관매도 | 27 |
| | | 고군면 | 진도 | 45 |
| 전북 | 군산시 | 옥도면 | 개야도, 무녀도, 방축도, 비안도, 선유도, 어청도, 장자도 | 14 |
| | 부안군 | 위도면 | 위도 | 1 |
| 6개 지역 | | | 유인도: 31개 | 299 |

　〈표 2-2〉에서처럼, 여수시는 2012년 2월 기준 다문화가정이 남면의 연도에 1

가정, 안도에 1가정이 살고 있으며, 이들의 국적은 모두 중국이다. 이들은 전남 여수시 남면사무소에서 관리하고 있다. 그리고 화정면과 삼산면에는 다문화가정이 없다.

영광군에 위치한 유인도에는 다문화가정이 2가정 있다. 이들의 국적 분포를 보면 베트남 한 가정, 중국 한 가정이 있다.

완도군 다문화가정은 209가정이 있고, 완도에는 59가정, 금일도 15가정, 노화도 25가정, 신지도 36가정, 고금도 20가정, 약산도 10가정, 청산도 2가정, 소안도 7가정, 보길도 28가정, 생일도 7가정이 있다. 2012년 2월 현재 금일도 다문화가정의 국적 분포는 일본 1가정, 태국 4가정, 베트남 9가정, 대만 1가정이 있다. 생일도 다문화가정의 국적 분포는 중국 1가정, 필리핀 2가정, 베트남 4가정이 있다. 노화도 다문화가정의 국적 분포는 중국 15가정, 필리핀 3가정, 베트남 6가정, 캄보디아 1가정이 있다. 소안면 당사도와 소안도 다문화가정의 국적 분포는 중국 4가정, 필리핀 8가정, 베트남 5가정이 있다. 보길도 다문화가정의 국적 분포는 중국 6가정, 필리핀 4가정, 베트남이 17가정, 캄보디아 1가정이 있다. 약산도 다문화가정의 국적 군포는 일본 1가정, 필리핀 2가정, 베트남이 6가정, 캄보디아 1가정이 있다. 신지도 다문화가정의 국적 분포는 중국 12가정, 일본 4가정, 필리핀 4가정, 태국 7가정, 베트남 8가정, 캄보디아 1가정이 있다. 청산면 여서도와 청산도 다문화가정의 국적 분포는 중국이 2가정 있다. 완도 다문화가정 59가정의 국적 분포는 중국 17가정, 일본 6가정, 필리핀 10가정, 태국 2가정, 베트남 18가정, 대만 1가정, 캄보디아 1가정, 몽고 2가정, 아르헨티나 1가정, 스리랑카 1가정이 있다. 이들을 위해 다문화정책을 지원하고 관리하는 기관은 전남 완도군 다문화가정과(現 주민복지과)이며, 연락처는 061-550-5331이다.

진도군에는 2012년 2월 기준으로 72다문화가정이 있다. 진도에는 45가정, 관매도에는 27가정이 있다. 이들의 국적 분포는 중국 59가정, 일본 9가정, 필리핀 23가정, 태국 2가정, 베트남 96가정, 캄보디아 7가정, 몽고 1가정, 기타 2가정이 있다. 이를 위해 진도군 다문화가정 업무 담당자가 다문화정책을 지원하고 있다 (061-540-3196).

그리고 전북지역의 다문화가정 현황을 살펴보자. 군산시 옥도면에는 개야도·무녀도·방축도·비안도·선유도·어청도·장자도가 포함되어 있으며, 옥도면의 다문화가정은 14가정이다. 국적별 분포로는 중국이 9가정, 베트남이 5가정이 있다. 다문화가정 기관은 옥도면사무소 여성정책계(現 주민생활계)이며, 연락처는 063-454-7292이고 다문화가정을 위한 정책을 시행하고 있다. 그리고 부안군 위도에는 다문화가정이 한 가정 있다.

## 3. 충청도의 다문화가정 현황

충남지역의 대표적인 유인도가 위치해 있는 보령시, 당진군, 그리고 태안군의 다문화가정 현황을 살펴보자. 2012년 2월 기준 세 지역의 유인도 수는 9개이며, 이에 대해 자세히 살펴보면 〈표 2-3〉과 같다.

〈표 2-3〉 충남지역 다문화가정 현황

| 지 역 | | 단위 면 읍 | 섬 이름 | 다문화가정 수 |
|---|---|---|---|---|
| 충남 | 보령시 | 오천면 | 고대도, 삽시도, 외연도, 원산도, 장고도, 호도, 효자도 | 9 |
| | 당진시 | 석문면 | 대난지도 | 1 |
| | 태안군 | 안면읍 | 안면도 | 41 |
| 3개 지역 | | | 유인도: 9개 | 51 |

〈표 2-3〉을 보면, 보령시 오천면에서 고대도 · 삽시도 · 외연도 · 원산도 · 장고도 · 호도 · 효자도를 포함하여 관리하고 있으며, 오천면의 다문화가정은 9가정이 있다. 국적별 분포로는 중국이 4가정, 베트남이 1가정, 필리핀이 2가정, 캄보디아가 1가정, 태국이 1가정 있다. 기관은 보령시다문화가족지원센터이고 연락처는 041-936-8506이다.

당진군 석문면 대난지도에는 다문화가정이 한 가정 있다. 국적은 필리핀이다. 기관 연락처는 당진군청 여성가족과 041-350-3691이다.

태안군 안면읍 안면도에는 다문화가정이 41가정이 있다. 국적별 분포로는 중국이 11가정, 베트남이 10가정, 필리핀이 13가정, 캄보디아가 1가정, 태국이 4가정, 몽골이 1가정, 인도네시아가 1가정이 있다. 기관 연락처는 041-670-2777이다.

## 4. 경상도의 다문화가정 현황

경상도는 크게 경북과 경남으로 구분하며 경북지역에는 울릉군에 하나의 유인도가 있다. 또한 경남지역의 대표적인 유인도는 통영시, 거제시, 이 두 지역에 13개가 위치해 있다. 2012년 2월 기준 경상도의 유인도 수는 13개이며, 이에 대해 자세히 살펴보면 〈표 2-4〉와 같다.

〈표 2-4〉 경상도 다문화가정 현황

| 지 역 | | 단위 면 읍 | 섬 이름 | 다문화가정 수 |
|---|---|---|---|---|
| 경북 | 울릉군 | 울릉읍 | 울릉도 | 18 |
| 경남 | 통영시 | 한산면 | 매물도, 소매물도, 비진도, 추봉도, 한산도 | 18 |
| | | 사량면 | 사량도 | 11 |
| | | 욕지면 | 연대도, 연화도, 욕지도 | 13 |
| | 거제시 | 하청면 | 칠천도 | 23 |
| | | 거제면 | 거제도 | 732 |
| | | 일운면 | 외도, 지심도 | 28 |
| 3개 지역 | | | 유인도: 14개 | 843 |

경북지역 유인도의 다문화가정 현황을 살펴보자. 경북지역을 대표하는 유인도인 울릉군의 울릉읍에 위치한 울릉도의 다문화가정은 2012년 2월까지 18가정이 살고 있다. 국적별 분류로는 중국이 8가정, 베트남이 3가정, 필리핀이 4가정, 일본이 3가정이다. 기관 연락처는 울릉군다문화가족지원센터 054-791-0205이다.

경남지역을 살펴보면, 통영시 한산면에서 매물도 · 소매물도 · 비진도 · 추봉도 · 한산도를 관리하고 있으며, 한산면의 다문화가정은 18가정이다. 국적별 분포로는 베트남이 13가정, 캄보디아가 4가정, 기타 1가정이 있다. 그리고 사량면 사량도에 다문화가정은 11가정이 있다. 국적별 분포로는 중국이 2가정, 베트남이 8가정, 필리핀이 1가정이다. 마지막으로 욕지면은 연대도 · 연화도 · 욕지도를 포함하여 관리하고 있으며, 욕지면의 다문화가정은 13가정이다. 국적별 분포로는 중국이 2가정, 베트남이 9가정, 기타 2가정이 있다. 기관 연락처는 통영시청 여성복지과(現 행복나눔과) 다문화가족 담당 055-650-4261~2이다.

거제시 하청면 칠천도에는 다문화가정이 23가정 있다. 국적별 분포로는 중국이 8가정, 베트남이 7가정, 필리핀이 4가정, 일본이 3가정, 캄보디아가 1가정 있다. 그리고 거제면 거제도에는 다문화가정이 732가정 있다. 국적별 분포로는 중국이 215가정, 베트남이 287가정, 필리핀이 65가정, 일본이 47가정, 캄보디아가 22가정, 태국이 14가정, 몽골이 9가정, 기타 73가정이다. 마지막으로 거제시 일운면은 외도, 지심도를 포함하여 관리하고 있으며, 일운면의 다문화가정은 28가정이다. 국적별 분포로는 중국이 6가정, 베트남이 14가정, 필리핀이 3가정, 일본이 3가정, 캄보디아가 2가정이다. 기관 연락처는 거제시청 주민생활과(現 여성가족과) 다문화 담당 055-639-4972~3이다.

## 5. 제주도의 다문화가정 현황

제주도의 제주시와 서귀포시의 다문화가정 현황을 살펴보자. 2012년 2월 기준 세 지역의 유인도 수는 5개이며, 이에 대해 자세히 살펴보면 〈표 2-5〉와 같다.

〈표 2-5〉 제주도 다문화가정 현황

| 지 역 | | 단위 면 읍 | 섬 이름 | 다문화가정 수 |
|---|---|---|---|---|
| 제주도 | 제주시 | 추자면 | 추자도 | 303 |
| | | 한림읍 | 비양도 | 518 |
| | | 우도면 | 우도 | 10 |
| | 서귀포시 | 대정읍 | 가파도, 마라도 | 628 |
| 1개 지역 | | 유인도: 5개 | | 1,459 |

〈표 2-5〉에서처럼, 제주시 추자면 추자도의 다문화가정은 303가정이다. 국적별 분포로는 중국이 74가정, 베트남이 76가정, 캄보디아가 6가정, 몽골이 3가정, 인도네시아가 135가정, 기타 9가정이 있다. 그리고 한림읍 다문화가정은 비양도를 포함해 518가정이 있다. 국적별 분포로는 중국이 73가정, 베트남이 103가정, 필리핀이 19가정, 일본이 5가정, 캄보디아가 19가정, 태국이 51가정, 몽골이 64가정, 인도네시아가 64가정, 기타 120가정이 있다. 여기서 실제 비양도에 거주하는 다문화가정은 몇 명 되지 않는 것으로만 파악되고 있다. 그리고 우도의 다문화가정은 10가정이 있다. 국적별 분포로는 중국이 1가정, 베트남이 4가정, 캄보디아가

1가정, 태국이 2가정, 기타 2가정이 있다. 기관 연락처는 제주시청 여성가족과 다문화가족지원 담당 064-728-2851이다.

남제주 서귀포시의 대정읍 가파도와 마라도에는 다문화가정은 628다문화가정이 있고, 이들의 국적 분포는 중국이 242가정, 베트남이 173가정, 필리핀이 127가정, 일본이 26가정, 캄보디아가 18가정, 태국이 7가정, 몽골이 8가정, 기타 27가정이 있다. 기관 연락처는 남제주 서귀포시청 여성가족과 다문화가족지원 담당 064-760-2471이다.

# 3장

# 결혼이주여성의
# 자기문화
# 스토리텔링 활용

# 3

## 결혼이주여성의 자기문화 스토리텔링 활용*

김영순 · 허숙 · 응웬뚜엔아잉    * 이 글은 2011년 『비교문화연구』 25권에 게재된 논문 「결혼이주여성의 자기문화 스토리텔링 활용 표현교육 사례 연구」를 수정 · 보완한 것이다.

## 1. 들어가기

오늘날 결혼이주여성은 한국사회에서 가족을 구성하여 한국의 다문화사회를 이끄는 새로운 구성원이라 할 수 있다. 「재한외국인처우기본법」 제2조에 따르면 "결혼이민자"라 함은 대한민국 국민과 혼인한 적이 있거나 혼인관계에 있는 재한 외국인을 말하며, 이 글에서는 한국남성과 결혼하여 한국에 거주하고 있는 여성을 '결혼이주여성'이라 말한다. 2014년 7월 기준으로 법무부 출입국외국인정책본부 통계에 따르면 우리나라에 거주하는 장기체류외국인 · 귀화자 · 외국인 자녀(이하 '외국인 주민') 등 외국인의 수가 1,622,868명으로 전체 주민등록 인구의 약 3%에 해당하는 것으로 나타났다. 그리고 앞으로도 국내 외국인 증가 추세는 계속해서 상승할 것으로 전망되고 있다. 그에 따른 다문화가정의 수도 기하급수적으로 늘어나면서 한국 정부 또한 이들에게 관심을 쏟고 있다. 한국 정부가 이들에게 관심을 갖고 있는 사례 중 하나로 최근 TV에서 방영되는 공익광고에서는 장차 다문화가정의 자녀들도 우리 사회의 당당한 일원이 될 것이라고 말한다. 하지만 정말 이 광고처럼 그들이 자긍심을 갖고 살 수 있게끔 우리의 이웃으로, 공동체의 구성원으로 받아들일 준비가 되어 있는가를 물을 시점이다. 물론 과거에 비해 다문화가정의 자녀들에 대한 편견이 많이 수그러든 것은 사실이다. 그러나 그것은 특정 인종이나 국가 출신의 다문화가정에 국한되어 있지 않나 하는 의구심을 떨

처버릴 수 없다. 따라서 우리 사회에서는 시민교육 차원에서의 다문화교육의 수용과 확대가 필요하며 정부 차원에서는 다문화정책 개발과 개선이 시급하다고 볼 수 있다.

이미 정부에서는 결혼이주여성의 수가 증가함에 따라 이들을 위한 법령을 만들고 여성가족부와 각 지방자치단체에서는 센터 프로그램 등을 통해 결혼이주여성에게 교육과 상담, 의료 서비스 등을 제공하고 있다. 결혼이주여성을 대상으로 하는 각종 프로그램들은 결혼이주여성이 안정적인 가족생활을 영위하여 삶의 질을 향상시키고 사회통합에 이바지하는 것을 목적으로 한다. 이를 실현하기 위해 각 지역 다문화가족지원센터에서는 결혼이주여성과 그 가족을 대상으로 각종 프로그램을 운영하고 있고, 이들 중 양적으로 대다수를 차지하고 있는 것은 결혼이주여성을 위한 한국어교육 프로그램이다. 하지만 한국어교육 교재에서 다루고 있는 문화 부분으로는 문화교육의 질적·양적 발전을 기대하는 것은 어렵다.

문화교육은 다른 문화를 아무런 여과 없이 수용하게 하는 것이 아니다. 다시 말해 한국의 문화를 소개하고 한국문화에 동화되는 것 역시 올바른 문화교육이 아니다. 다문화교육은 다양한 구성원들이 서로 화합하고 조화를 이루면서 살아가는 것을 목적으로 한다. 즉, 사회에 존재하는 문화집단에 대한 동등함과 성숙한 존중을 특징으로 하는 이상적인 사회 상태인 문화적 다원주의를 추구하는 다문화사회의 문화교육은 문화권이 구별되는 민족과 국가의 문화뿐만 아니라 전통문화와 현대문화, 그리고 각 지역의 문화를 아우르는 개념으로 다양한 문화의 공존을 인정하는 교육이 되어야 한다(Bennett, 2009; 김영순·윤희진, 2010a). 이러한 점에서 결혼이주여성을 위한 문화교육 역시 결혼이주여성 자신의 문화정체성을 바탕으로 한국문화를 이해하는 것으로 나아가야 한다. 결혼이주여성들이 오랫동안 접하고 내재화되었던 출신국의 문화에 대한 이해를 바탕으로 한국문화를 이해한다면 한국문화를 자신의 또 다른 문화로 받아들이는 데 거부감이 적고 좀 더 쉽게 이해할 수 있을 것이다.

따라서 이 글에서는 결혼이주여성들이 출신국의 문화에 대한 자부심을 가지고 한국문화를 공부하기 위한 출신국의 지역문화 스토리텔링 표현교육 모형을 제시하고자 한다. 결혼이주여성들의 문화적 배경을 이해하고 정체성 확립에 효율적인 스토리텔링을 활용하게 함으로써 한국사회의 다양한 구성원들에게 결혼이주여성들을 깊이 이해할 수 있도록 할 것이며 문화적 다양성의 이해도를 높일 것이다. 또한 스토리텔링 기법을 활용한 결혼이주여성 표현교육을 통해 결혼이주여성들이 자신의 문화에 대한 자부심을 가지고 한국문화를 학습할 수 있을 것으로 기대한다.

## 2. 다문화교육과 스토리텔링

### 2.1. 스토리텔링의 개념

스토리텔링은 1995년 미국 콜로라도에서 열린 '디지털 스토리텔링 페스티벌'을 계기로 알려지기 시작하였다(고욱·이인화 외, 2003). 그리고 그로부터 20년이 채 되지 않은 대한민국에서 스토리텔링은 디지털 기술뿐만 아니라 다양한 분야에서 통칭되고 있다. 이와 같이 알려진 지 20년도 되지 않은 용어가 사회의 주요 현상으로 자리 잡은 데는 국내 스토리텔링 연구가 큰 몫을 하였다. 국내 스토리텔링 연구는 주로 2000년대에 들어서면서 디지털 공간에서의 움직임을 설명하기 위해 연구되기 시작하였다. 이후 문학과 문화 분야에서 주로 연구되며 스토리텔링은 문화콘텐츠의 핵심요소로 자리 잡게 되었으며 이는 곧 상품 마케팅, 경영, 테마파크, 지역관광, 공간기획, 자기개발 방법 등으로 확장되었다. 하지만 많은 연구들에서 스토리텔링에 대한 분명한 정의를 찾아보기는 쉽지 않다. 대부분의 연구들은 스토리텔링의 개념에 대한 암묵적인 동의를 바탕으로 용어를 사용하며 연구를 진행하고 있다.

최혜실(2004)은 스토리텔링을 인간이 세계를 인식하는 근본적인 방식인 이야기를 통해 인간의 감성에 호소하는 의미전달 구조라고 설명한다. 고욱·이인화 외(2003)는 스토리텔링을 사건에 대한 진술이 지배적인 담화 양식이라 정의한다. 이는 이야기하기의 행위(conduct)와 이야기 자체(contents)를 동시에 지칭하는 개념으로 최혜실(2007)이 꼽은 스토리텔링의 세 가지 특성은 이야기(story), 멀티미디어적 혹은 구술적 속성(tell), 현재성(-ing)이다. 많은 연구들에서 암묵적으로 사용하고 있는 스토리텔링에 관한 정의는 '이야기를 하고 있는 현재성'에 초점을 맞춘 것이다. 비록 '스토리텔링'이라는 용어가 디지털 환경에서의 말하기가 만들어 냈다 하더라도 그 본질은 '이야기'에 있음을 강조한다.

'이야기'에 관한 본질적인 연구는 문학에서, 서사학에서 이루어졌다. 하지만 디지털 환경, 기술이라는 새로운 매체의 등장은 텍스트 중심의 이야기를 분석하던 서사학과 문학연구의 한계를 드러냈다. 백승국(2006)은 서사학을 다양한 멀티미디어에 적용하기 위해서는 분석방법론의 이론과 분석 도구를 확장해야 한다는 필요성을 제기하였다. 이러한 필요성에 따라 스토리텔링이 등장한 것이다. 그는 이야기와 스토리텔링을 상호작용성과 재현 매체의 유무에 따라 구분한다. 이야기는 정형화된 문자 텍스트 속에서 수용자의 적극적인 개입을 유도하는 채널이 제한적이지만 스토리텔링은 다양한 매체를 통해 수용자의 적극적인 소통행위를 유도한다. 내러티브(Narrative)가 Story와 Dicourse로 구성된다면, 스토리텔링은 담화로 전달되는 것이다. 내러티브가 전통적인 언술을 대상으로 내적 구조에 초점을 맞추었다면, 스토리텔링은 새로운 매체와 결합하면서 이야기하기의 양상이 어떻게 달라지는지에 초점을 두고 있다(김광욱, 2008). 박기수(2007) 역시 스토리텔링의 채널이자 매체인 telling이 텍스트 향유의 지배적인 요소로 등장하였다고 이야기한다. telling의 방식은 점차 다양해지고 있다. 그리고 그 자체가 텍스트의 구조 안에서 끊임없이 재맥락화되어 새로운 이야기가, 스토리텔링이 창출되고 있다. 이러한 재맥락화는 스토리텔링 형식에 대한 질문으로 이어진다.

'스토리텔링의 결말은 어디에 존재하는가'라는 질문은 스토리텔링이 새로운 개념으로 등장하던 그때부터 지속적으로 제기되는 질문이다. 스토리텔링 내부에서 이루어지는 재맥락화를 새로

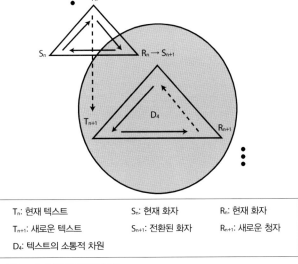

| | | |
|---|---|---|
| Tn: 현재 텍스트 | Sn: 현재 화자 | Rn: 현재 화자 |
| Tn+1: 새로운 텍스트 | Sn+1: 전환된 화자 | Rn+1: 새로운 청자 |
| D4: 텍스트의 소통적 차원 | | |

〈그림 3-1〉 스토리텔링의 확장

운 스토리텔링으로 볼 것인지, 스토리텔링의 진행 양상, 발전으로 볼 것인지는 학자에 따라 다른 견해를 지니고 있다. 이에 대해 최혜실(2002)은 스토리텔링은 시작과 끝이 정해져 있지 않은 것이라고 주장한다. 스토리텔링의 '결말'을 이야기와 스토리텔링을 구분하는 주요한 요소로 이야기하며 이야기는 시작과 끝이 있도록 하는 데 반해 스토리텔링(특히, 디지털 매체에서)은 시작과 끝이 정해져 있지 않다고 강조한다. 이에 반해 고욱·이인화 외(2003)는 스토리텔링을 형식적으로 사건과 인물과 배경이라는 구성요소를 가지고, 시작과 중간과 끝이라는 사건의 시간적 연쇄로 기술되는 것이라고 설명하며 스토리텔링에 시작과 끝이 있음을 주장한다. 이들의 논의가 있었던 시간보다 오랜 시간이 지난 현재에는 스토리텔링을 열린 결말을 지닌 것으로 보는 것이 일반적이다. 매체가 디지털이든 영상이든 관광지의 이야기이든, 스토리텔링을 향유하는 것은 사유하는 능력을 지닌 인간이기 때문이다. 이와 관련하여 이미 김영순(2010)에서 제안한 〈그림 3-1〉의 모형을 살펴보자.

화자($S_n$)는 특정한 의도를 지니고 텍스트($T_n$)를 생성한다. 이때 텍스트는 '이야기'를 담은 결과물(contents)-대화, 게임, 애니메이션, 광고 등을 의미한다. 청자($R_n$)는 $T_1$이 지닌 이야기를 접하면서 $T_n$의 의미와 함께 $S_n$의 의도를 파악하고자 노력한다. $R_n$이 내부적·외부적 노력에 의해 $T_n$의 가치를 파악하게 되면 이는 곧 $T_{n+1}$로 변화한다. $T_{n+1}$은 $R_n$이 자신의 내부적 공간에 담은 텍스트($R_n$이 이해한, 생각하는, 떠올리는, 개인의 뇌에 인지된 새로운 텍스트)와 이를 외부로 표현하여 생성한 또 다른 텍스트를 모두 포함한다. 그리고 이러한 텍스트는 또 다른 청자에게 전달되는데 만약 $T_{n+1}$이 자신의 내부적 공간에 생성한 텍스트라면 $R_{n+1}$은 이야기를 접하고 난 뒤의 $R_n$이 될 것이다. 만약 $T_{n+1}$이 외부 세계에 생성한 텍스트라면 $R_{n+1}$은 또 다른 사람이 될 것이다. 이러한 과정은 이야기(story)가 지속적으로 (ing) 말해진다(tell)는 의미를 지닌 것으로 스토리텔링이 끊임없이 재구성되고 재생산됨을 의미한다. 이러한 과정을 세 가지 차원으로 다음과 같이 구분할 수 있다.

첫째는, 텍스트($T_n$)와 텍스트($T_{n+1}$)의 청자 간 '맥락적' 소통이다. 앞의 〈그림 3-1〉에서 $R_n$은 $T_n$을 대상으로 텍스트를 이해하게 된다. 여기서 $T_n$은 $S_n$이 생성한 콘텐츠, 이야기이지만 그전에 $S_n$의 전신인 $R_0$가 이해한 $T_0$의 의미가 내포되어 있음을 고려해야 한다. 따라서 $R_n$은 $T_n$이 유래하게 된 텍스트를 이해하는 과정을 거치게 된다. 둘째는, 콘텐츠를 매개로 한 화자와 청자 간의 '비판적' 소통을 한다. 〈그림 3-1〉에서 Rn은 Tn을 보다 적극적으로 이해하기 위해서 Sn의 의도를 추론하게 된다. 그리고 Rn은 Sn의 생각과 자신의 생각을 비판적으로 비교·평가하여 Tn을 선택적으로 받아들인다. Rn에 의해 선별된 tn의 의미들은 새롭게 해석, 재구성, 전용(轉用)되어 새로운 콘텐츠인 Tn+1의 가능성을 지니게 된다. 만약 Rn이 Sn의 의도를 무비판적으로 수용한다면 Tn을 전적으로 받아들이게 되고 그럼 〈그림 3-1〉에서의 [n+1]의 상황은 도래하지 않는다.

만약 스토리텔링이 T1이라면 스토리텔링은 완결성을 지닌다고 할 수 있다. 화자에 의해 만들어진 콘텐츠는 그들의 입장에서 '완성된' 형태로 청자, 소비자에게 전달되기 때문이다. T1을 스토리텔링이라고 본다면 게임의 경우, 제작자가 프로그래밍한 각종 퀘스트, 레벨, 능력치 등을 완성된 형태라고 보는 것이다. 하지만 스토리텔링을 이야기가 전달되는 과정인 D4라고 본다면 이때에는 스토리텔링이 완결성을 지닌다고 할 수 없다. 글쓴이는 스토리텔링을 D4의 과정이라고 본다. 개방성을 지니고 끊임없이 새로운 청자들에 의해 소통되는 것이 스토리텔링이다. 이때 새로운 텍스트(Tn+1)를 만들어내는 청자들(Rn+1)을 우리는 '참여자'라고 바꾸어 부를 수 있다.

우리는 이제 스토리텔링의 주요요소로 '참여성'과 '대중성', '상호작용성'을 꼽을 수 있다. 스토리텔링이 지닌 '대중성'은 이야기가 지닌 경험과 감성과 연관되어 있다. 스토리텔링은 사람들이 보편적으로 지니고 있는 경험을 통해 개인의, 집단의 감성을 자극한다. 문화콘텐츠를 대상으로 하는 스토리텔링의 대부분은 많은 사람들이 문화를 향유할 수 있게 하는 것을 목적으로 한다. 지방자치단체에서 앞다투어 시행하고 있는 지역문화 스토리텔링이 이를 대변한다. 또한 스토리텔링은 생산자와 콘텐츠 외에 사용자, 소비자라는 참여자를 필수 구성요소로 한다. 우리는 이미 〈그림 3-1〉과 예시를 통해 D4가 진정한 의미의 스토리텔링임을 확인하였다. 참여가 없다면 스토리는 텔링되지 않는다. 이는 상호작용성과도 연결되는 것으로 일방적인 메시지 전달은 '이야기하기'라는 글자로 표현할 수 있지만 '스토리텔링'이라는 개념으로는 표현할 수 없다.

스토리텔링은 무한히 확장할 수 있다. 스토리텔링은 이미 구술시대의 '이야기'에서 문자시대의 '글'로, 디지털시대의 '콘텐츠'로 변용되었다. 사회문화적 환경에 따라 변하는 스토리텔링의 양식, 형식은 앞으로 어떠한 형태로 변화할지 예측

하기 어렵다. 하지만 변화는 지금도 일어나고 있다. 책으로, 문학으로 존재하던 이야기는 카메라를 통해 영상물로 보이고 있다. 마찬가지로 결말이 있는 글과 영상에서 스토리텔링은 이제는 사람들의 끊임없는 의사소통으로 확장되었다. 여가의 개념으로 여겨지던 즐거운 말하기 방식은 교육과 결합하여 대중에게 새로운 교육 방식으로 다가왔다. 공간에 얽힌 이야기를 소비하는 것에 그치던 대중들은 이제 공간에 이야기를 부여하고, 이야기가 있는 공간을 만들어내기 시작하였다.

이 글에서는 앞에서 제시한 스토리텔링의 특성인 '참여성', '대중성', '상호작용성'을 중심으로 결혼이주여성 출신국 지역문화의 스토리텔링(이하 '자기문화 스토리텔링') 기법 활용 표현교육 모형을 제안하고 그 대표적 사례를 통해 모형 활용의 결과를 제시할 것이다.

## 2.2. 다문화교육과 스토리텔링 모형

이미 스토리텔링을 교육에 활용한 연구들(권혁일, 2008; 김재춘 · 배지현, 2009)에서는 스토리텔링은 학습자들의 흥미를 높이고 관련 지식에 대한 이야기의 생성과 공유를 촉진시킨다고 주장하였다. 또한 이야기를 공유하는 과정에서 '차이'를 스스로 생성하여 학습자들의 다양성과 창의성 향상에 도움을 준다. 또한 김영순 · 윤희진(2010b)에 따르면 스토리텔링을 결혼이주여성의 한국문화 교육의 활용에 있어서 다음과 같은 점을 강조하였다. 목표 문화에 대한 이야기를 정리하는 것보다 목표 문화에 대한 철저한 조사를 통해 나와 목표 문화의 이야기를 만들어내는 것이 다른 의미체계 속에 살고 있던 스토리텔러가 다른 집단의 문화를 이해하는 데 보다 효과적이다. 이와 같은 결혼이주여성의 문화 이해교육은 문화적응과 관련하여 매우 필요한 부분이며 다양성과 창의성의 이야기를 만들어내는 자신의 출신국의 지역문화 스토리텔러로서의 필요성이 강조되는 부분임과 동시에 스토리텔링 모형이 더욱 필요한 이유이다.

다문화사회를 구성하는 요인으로는 성 · 인종 · 계층 · 지역 · 종교 등 다양한 요인이 있지만 한국에서의 다문화교육은 주로 외국인 노동자, 결혼이주여성 그리고 다문화가정 자녀 등을 중심으로 논의가 이루어지고 있다. 이 중 결혼이주여성은 외국인 노동자, 다문화가정 자녀 등에 비해 출신국의 문화와 한국의 문화라는 최소 두 가지의 이질적인 국가문화의 영향을 크게 받고 있다. 따라서 이들을 대상으로 하는 다문화교육 방안 역시 다문화교육의 방향에서 논의되어야 한다.

오영수·김영순 외(2004)는 다문화교육의 단계를 크게 다섯 단계로 정리하였다. 첫 번째 단계는 다양성에 대한 인식을 높여 다양한 문화집단들이 동등하게 가치 있고 문화적으로 평등하다는 사실을 인지하게 하는 것이다. 두 번째 단계는 서로 다른 문화집단이 공유하고 있는 문화 현상의 유사성에 관해 인식하는 것이다. 이는 곧 자신이 지니고 있던 문화적 편견을 수정·삭제하는 세 번째 단계로 연결된다. 네 번째 단계는 자신이 속한 집단의 문화적 정체성과 자긍심을 함양하고 동시에 타문화의 가치적 평등성을 이해하는 것이다. 마지막 단계는 다양한 문화집단의 상호교류를 통해 문화 상호 존중의 태도를 갖는 것으로 구성된다. 이들의 다문화교육 모형은 다양한 문화의 특성 속에서 자신의 문화를 바라봄으로써 자신의 문화를 다양한 문화 중의 하나로 위치시켜 상호 존중을 이끌어낸다는 특징을 지니고 있다. 이들의 연구는 다문화 공존의 인식, 문화의 유사점과 차이점 인식, 문화적 편견 제거, 다양한 문화의 평등성 이해, 문화 상호 존중으로 정리할 수 있다. 이를 기반으로 이 글에서는 결혼이주여성들에게 한국문화에 적응해야 한다는 강박관념 대신 흥미로운 자신의 출신국을 소재로 스토리텔링하도록 하여 한국어교육은 물론 한국과 출신국 간 문화에 대한 상대주의 관점을 기를 수 있는 데 초점을 맞추고 있다.

현재 결혼이주여성을 대상으로 이루어지고 있는 프로그램의 다수는 한국어교육이다. 결혼이주여성에게 한국어교육은 한국사회에 적응하고 일상생활을 영위하기 위해 반드시 필요하며 현재 다문화교육에서 가장 큰 비중을 차지하고 있다. 그리고 그 교육 내용은 학습자의 수준에 따른 단계별 분화, 한국어능력시험 실시 등 체계적으로 발전하고 있다. 그에 비해 문화교육은 목표 문화와 모어문화를 비교하면서 목표 문화를 객관적으로 이해하고 공감하는 능력을 기르는 것 역시 한국어교육에서 문화교육이 지니는 목표이다. 하지만 대부분의 경우 문화교육은 '한국어의 습득'을 위해 이루어지고 있다. 다문화교육의 목표인 문화 상호 이해를 위해서는 '문화 이해'라는 목표에 근접한 문화교육이 필요하다. 그래서 이 글에서는 결혼이주여성의 자기 정체성을 확립하는 방안으로 스토리텔링 기법 활용 표현 교육 모형을 제안하고자 한다. 다시 말해 이야기를 통해 학습자에게 동기와 흥미를 높이는 스토리텔링을 도입한다.

# 3. 결혼이주여성의 자기문화 스토리텔링 표현교육 모형

## 3.1. 스토리텔링 단계별 표현교육

결혼이주여성이 한국사회에서 정착하여 살아가야 하는 현실에서 말하기와 쓰기는 생존을 위한 중요 수단이라고 해도 과언이 아니다. 그렇지만 가정과 육아라는 현실 속에서 말하기와 쓰기를 제대로 익히는 것은 쉽지 않다. 이에 출신국 지역문화 소재를 가지고 스토리텔링 기법 활용 쓰기와 말하기의 단계별 표현교육 모형을 제시하여 자신의 정체성을 확인하고, 한국문화에 대한 이해도를 높일 수 있도록 하기로 한다.

허용 외(2005)에서 말하기와 쓰기는 표현 기능에 속하며, 표현 기능은 자기의 의사를 표현하는 능동적 기능이다. 외국어교육의 목표는 예전과 달리 직접 만나서 이야기하고 또는 글을 통해 의사를 표현하고 전달해야 하는 의사소통능력의 신장이 더욱 중요해지고 있다. 그러므로 학습자의 의사소통능력을 신장시키기 위해서는 이해 기능뿐만 아니라 말하기나 쓰기와 같은 표현 기능의 지도가 매우 중요하며 필수적이다.

글쓰기는 생각과 설계 및 특별한 기술을 요하는 과정이며 이러한 기술은 후천적인 노력으로 개발되는 기술이다. 따라서 교사는 학생들이 글을 잘 쓰기 위해 어떠한 기술과 능력들이 요구되는지를 잘 알고 지도해야 한다. 그리고 학습자들이 목표 언어에서 선호되는 글의 구성을 인지하고 어떻게 글을 조직하는 것이 더 효과적인가를 학습할 수 있도록 도와주는 것이 중요하다. 또한 쓰기는 문법적 구조나 어휘 등 배운 것을 강화시켜주고 학생들로 하여금 학습한 언어를 사용해볼 수 있는 기회를 부여한다. 또 문장 쓰기를 통하여 학생들은 새로운 언어에 몰입할 수밖에 없는데, 문장을 쓰면서 적당한 단어와 문장을 찾으려고 애쓰는 과정에서 언어가 발달하고 자신의 생각을 표현하는 새로운 방법을 찾게 된다. 쓰기 과정은 발견 단계(discovery stage), 초고 단계(draft stage), 수정 단계(revising stage), 편집 단계(editing stage)의 4단계로 나누어지기도 하고, 쓰기 전 단계(prewriting), 쓰기 단계(writing), 쓰기 후 단계(postwriting)의 3단계로 나누어, 쓰기 전 단계에서는 발견의 단계, 쓰기 단계에서는 초고 단계, 쓰기 후 단계는 수정과 편집의 단계를 묶어 설정하기도 한다.

쓰기의 과정중심접근법(The Process Approach)에서 교사는 학생들에게 생각할 수 있는 시간과 그들이 쓴 내용에 관한 피드백을 지원해야 한다. 쓰기 과정을 통해 학생들이 새로운 생각과 그들의 생각을 표현하기 위한 새로운 언어 형태를 발견할 수 있도록 지도해야 한다. 과정 접근법에서는 쓰기를 세 단계로 나눈다. 쓰기 전 단계와 쓰기 단계인 초고 단계, 그리고 쓰기 후 단계인 수정 단계이다. 쓰기 전 단계는 아이디어를 창출하게 하는 방법으로 광범위한 글 읽기, 자유연상을 사용해 언어 뭉치 만들기, 브레인스토밍, 목록 적기, 주제나 질문에 관해 토론하기, 교사가 질문하기, 탐색하기, 자유 작문 등이 있다.

쓰기 단계인 초고 잡기와 쓰기 후 단계인 수정 단계는 과정 쓰기의 핵심이다. 초고와 수정 과정에서 사용되는 전략과 기술에는 다음과 같은 것들이 있다. 자유 작문기법을 적용하여 시작하기, 자신의 쓰기를 검토하기, 친구끼리 검토해주기, 교사의 피드백 사용하기, 크게 읽고 서로에게 도움말 주기, 교정하기가 있다. 이 글의 표현교육 모형에서는 과정중심 쓰기 접근법을 이용한 1단계와 2단계를 구성하였고, 결혼이주여성의 가장 친근한 주제인 고향을 그 첫 주제로 선택하여 쓰기를 진행하였다.

쓰기를 지도할 때는 Brown(1994)이 제시한 문화적 · 언어적 배경을 고려하였다. 학생들의 모국어와 목표어 간에 사용되는 수사적 기법이나 문화적 차이를 충분히 인식시키고 차이를 이해할 수 있도록 지도하였다. 또한 풍부한 실제적 자료를 제공하였다. 고향에 대한 여러 종류의 읽기 자료와 신문 등의 자료를 제공하여 학습자에게 의미 있는 실제 작문이 될 수 있도록 지도하였다.

학생들의 쓰기에 대한 오류는 Raimer(1983)가 말한 것처럼 교사가 오류를 고쳐주기 전에 학생 스스로 오류를 고칠 수 있도록 시간과 기회를 주었다. 왜냐하면 오류의 원인을 밝히는 것은 학생을 위해 매우 중요하기 때문이다. 그리고 학생이 쓴 재고에서 나머지 오류를 지적하고 학생에게 알려주었다. 학생들에게 학습 발달 과정에서 오류는 당연한 것임을 인식시키고 오류는 학습의 당연한 결과라는 것도 알려주었다. 그리고 교사는 학생들이 글을 쓰는 동안 그 글이 효과적인 것이 될 수 있도록 도와주었고, 교사는 학생들이 글을 쓰면서 글에 필요한 지식, 적절한 언어, 장르, 주제 등을 넓힐 수 있도록 도와주었다.

외국어능력은 듣고, 말하고, 읽고, 쓰는 네 가지 기능이 골고루 발달되어야 하나 의사소통이 중요시되는 상황에서는 네 가지 기능 중 가장 중요시되는 것은 말하기 기능이다. Brown(1994)은 말하기의 여러 가지 특성 중 말은 대부분 화자와 청자 간의 대화적 특성을 가지므로, 상호작용이 매우 중요하다고 했다. 그리고 교사는 학생들의 궁극적인 목표와 관심이 무엇이고, 또 그들이 필요로 하는 지식과 언어 능력, 자율성, 자신감을 일깨워주어야 한다고 했다. 또한 적절한 피드백과 오류 수정을 주고 말하기 전략을 개발하도록 격려해야 한다고 했다.

교사는 3단계 말하기 활동에서 상황에 따라 다양한 역할을 수행해야 하는데, 이 글에서는 학습자가 두려움을 없애도록 상담자로서의 역할과 학습자가 잘 틀리는 오류나 습관 등을 메모해두었다가 학습자에게 피드백하는 관찰자의 역할 그리고 학습자들 스스로 자신이 한 것을 평가하게 하는 평가자로서의 역할을 했다.

오류 수정에 있어서 Long(1997)은 교사가 학생에게 부정적 피드백을 주었을 때 학생에게 어떤 영향을 줄 것인지를 고려하라고 이야기했다. 이에 글쓴이는 3단계 말하기 활동 후 4단계 인터뷰에서 이 점을 피드백에 고려하여 오류가 있는 부분을 지적하면서 개선에 대한 칭찬을 아끼지 않았다. 이와 같은 과정을 준수하여 이 글에서는 자기문화 스토리텔링 기법 활용 결혼이주여성을 위한 표현교육 모형의 활용사례를 단계별로 살펴보았다.

## 3.2. 자기문화 스토리텔링 활용 표현교육 모형 개요

이 글에서는 앞서 논의한 '참여성', '대중성', '상호작용성'을 기본으로 하는 스토리텔링의 기초적 모형 위에 한국어 표현교육 단계별 모형을 제안하고자 한다. 이는 결혼이주여성의 자기문화 정체성 함양과 한국어능력 향상 및 한국문화 이해도를 높이는 데 목적이 있다. 이 글에서는 자기문화 스토리텔링 기법 활용 결혼이주여성을 위한 표현교육 모형 다섯 단계를 제시한다. 이 단계들을 구체적으로 살펴보면 다음과 같다.

〈표 3-1〉은 결혼이주여성을 위한 자기문화 스토리텔링 기법 활용 표현교육 5단계 모형이다. 결혼이주여성이 자신의 지역문화를 스토리텔링함으로써 많은 사람들과 문화를 향유하는 대중성, 텍스트를 말하고 듣는 과정 속에서 재구성하고

〈표 3-1〉 결혼이주여성의 자기문화 스토리텔링 기법 활용 표현교육 모형

| 구 분 | 주 제 | 주요 내용 |
| --- | --- | --- |
| 1단계 | 모국 문화 이야기<br>주제별 쓰기 활동 | • 교수자가 교수자의 고향에 대해서 이야기하기<br>• 교수자가 모범 쓰기 답안 제시하기<br>• 학습자 고향에 대한 읽기 자료 이해하기<br>• 학습자 고향에 대한 읽기 자료 이야기하기<br>• 학습자 주제에 맞는 글쓰기 |
| 2단계 | 쓰기 활동 후<br>인터뷰를 통한 피드백 | • 학습자가 자기 오류 수정하기<br>• 교수자가 오류 지적하고 학습자가 오류 수정하기<br>• 교수자가 쓰기 오류 피드백하기<br>• 고향에 대한 쓰기 완성하기<br>• 교수자는 쓰기 활동에 대한 인터뷰하기(학습자의 고향에 대한 쓰기 전과 쓰기 후에 대한 이야기하기) |
| 3단계 | 모국 문화 이야기 말하기 활동 | • 고향에 대한 쓰기 자료를 가지고 고향에 대한 말하기<br>• 고향에 대한 이야기 재구성하기 |
| 4단계 | 말하기 활동 후<br>인터뷰를 통한 피드백 | • 고향에 대한 이야기를 재구성한 학습자가 교실에서 다른 학습자들에게 말하기<br>• 말하기 활동 전과 말하기 활동 후의 변화에 대한 인터뷰하기 |
| 5단계 | 모국의 지역문화 스토리텔링 활동 | • 학습자가 출신국 지역문화 스토리텔러가 되어 다른 사람들에게 이야기하기 |

소통하는 참여성과 문화의 상호작용성을 확인할 수 있다.

1단계와 2단계의 쓰기 활동에서는 과정중심접근법을 이용했다. 쓰기 1단계에서 고향에 대한 아이디어를 창출하기 위한 광범위한 글 읽기와 브레인스토밍, 고향에 대한 질문과 토론하기, 교사가 질문하기, 탐색하기 그리고 교사의 모범답안 제시하기와 자유 작문을 실시했다.

2단계 쓰기에서는 쓰기 후 수정 단계로 과정 쓰기의 핵심이다. 자신의 쓰기를 검토하기, 교사의 피드백하기, 교사가 쓰기 후 인터뷰를 통해 쓰기 과정의 어려움과 문화적·언어적 배경을 고려하여 문화적 다름을 이해할 수 있도록 지도하였다. 그리고 오류는 당연한 것임을 인식시켜서 학습의 당연한 결과라는 것 또한 학생에게 지도해주어서 학생의 학습 능력 향상에 긍정적 피드백을 주었다.

3단계 말하기 활동에서 교사는 학생들에게 두려움을 없애도록 상담자로서의 역할과 학습자가 잘 틀리는 오류나 습관 등을 메모해두었다가 피드백해주었다. 또한 학습자 스스로 자신이 한 것을 평가하게 하는 평가자의 역할에 대한 피드백을 한 결과 자신감을 가지는 데 도움을 주었다.

4단계 활동 후 인터뷰에서는 오류가 있는 부분을 지적하면서 개선에 대한 칭찬을 해 주었다. 피드백 후 자신의 정체성 확립과 한국문화 이해에 대한 적극적인 의지를 보였다. 그리고 교실에서 스토리텔링을 듣는 학생들은 서로 다른 나라의

학습자들 고향에 대한 관심과 흥미를 나타냈으며, 상호 오류 피드백의 적극성을 나타냈다.

## 3.3. 자기문화 스토리텔링의 실제 사례

### 3.3.1. 1단계: 모국 문화 이야기 주제별 쓰기 활동

학습자의 고향에 대한 이야기를 도입하면서 가족과 고향에 대한 이야기를 하였고, 교수자가 교수자의 고향에 대해서 이야기하고 교수자의 고향에 대한 모범 쓰기 답안을 제시하였다. 그리고 학습자 고향에 대한 읽기 자료와 교수자의 고향 이야기 쓰기 활동지를 읽어보고 이야기와 질문을 통해 충분한 사전 활동 후 쓰기 주제에 관한 활동을 시작했다.

제 고향[1)]

제 고향은 도쿄입니다. 한국에 온 지 1년 7개월이 되었습니다.
우리 가족은 할머니와 어머니, 언니, 형님(형부) 그리고 조카딸 두 명이 있습니다. 할머니께서는 연세가 93세이신데 한 달에 두 번씩 피아노를 배우러 다니시고 아주 잘 치십니다. 제가 어렸을 때부터 계속 같이 살아와서 우리는 생각도 비슷하고 할머니 성격도 유쾌하시기 때문에 저는 항상 할머니가 그립습니다. 어머니께서는 세탁소에서 일하시는데 성격은 유머가 많으시긴 하지만 매우 엄격하십니다. 언니하고 형님은(형부는) 공무원이고 같은 직장에서 일하다가 결혼하게 되었습니다. 할머니하고 어머니께서는 한 집에서 계시고 언니 가족은 할머니 집에서 가까운 데서 삽니다.
조카딸들은 장난꾸러기라서 우리가 가족사진을 찍을 때마다 고생합니다. 한 명이 똑바로 카메라를 향하면 한 명이 뒤를 돌아보거나 눈을 감아버립니다. 지난번에는 작은 조카가 양초를 빼려고 해서 어른들이 막으려고 하다가 시간이 오래 걸렸기 때문에 큰조카가 귀찮아해서 제대로 찍을 수 없었습니다. 그런데 그런 사진도 좋은 추억이라고 생각하고 제가 가족사진을 보면 더욱 우리 가족을 만나고 싶습니다.

우리 집에서 걸어서 20분으로 갈 수 있는 곳에 공원이 있습니다. 거기에는 귀한 물새하고 물고기, 거북이, 곤충 등이 많고 그것을 구경할 수 있도록 보도가 있어서 어머니하고 산책하곤 했습니다. 그리고 처음으로 사귄 남자친구하고 자주 왔던 공원입니다. 봄에는 분홍색 벚꽃이 피고 여름에는 연못에서 보트놀이를 즐기고 가을에는 아름다운 단풍을 구경했습니다. 그런데 겨울에는 아주 추워서 안 갔습니다.

어느 날 텔레비전에서 이 공원이 나왔는데 악어가 발견되었다는 뉴스를 들었습니다. 어머니하고 눈이 맞자마자(마주치자마자) 빨리 가봤는데 취재기자밖에 없었습니다. 귀한 생물이 있다는 것으로 유명한 공원인데 이 평화로운 곳에 악어가 살아 있으면 위험하고 무서워서 앞으로 이 공원에 못 간다고 하고(못 가게 될까봐) 걱정되었습니다. 그러나 조금 후에 다행히 악어가 잡혔고 어떤 사람이 그 악어를 키울 수 없어서 버렸다는 소식을 들었습니다. 사랑하는 이 공원이 폐쇄될까봐 우리 동네 사람들이 얼마나 걱정되었는지 몰랐습니다(했는지 모릅니다).

다음은 제가 자주 이용해온 전철에 대한 이야기입니다. 이 전로(철로) 연선의 주택 지대에는 옛날부터 아주 유명한 만화가들이 살고 있습니다. 그래서 거기 근처에 만화나 애니메이션의 모델이 된 장소가 많습니다. 위에서 나온 공원을 비롯해서 우리 동네 근처는 만화 "도라에몽"의 모델이라고 합니다.

한국에서도 방송된 애니메이션 "은하철도999"의 작자가(작가가) 우리 동네에 살고 있기 때문에 철도회사하고 타이업하고(협력하여) 등장인물의 이러스트(캐릭터)가 그려진 열차가(를) 만들어졌습니다(만들었습니다).

학생시대에 저녁을 미루어도 보고 싶어하던 어른들이 어린 시절을 그리워하는 것뿐만 아니라(어른들은 학창시절에 저녁을 거르면서까지 보았던 만화이기 때문에 그 시절을 그리워합니다. 그뿐만 아니라) "은하철도999"를 잘 모르는 아이들도 이 열차가 나타나면 시시덕거립니다. 저는 이 "999" 열차를 볼 때마다 왠지 자랑스러운 느낌이 듭니다.

도쿄하면 고층빌딩의 이미지가 떠오르는 것 같은데 거기에도 산들이 많습니다. 그중에도 제가 즐겨 가던 데다(데가) "타카오산"입니다.

도쿄 중심부에서 전철로 1시간쯤 걸립니다. 높이는 599미터밖에 없지만 갈만 하는(안 되지만 가볼 만한) 산이고 날씨가 좋으면 멀리 후지산이 보입니다. 거기에는 쉽게 올라갈 수 있도록 리프트가 있는데 저는 한 번도 탄 적이 없습니다. 왜냐하면 제 취미가 등산인데 힘들게 정상까지 가야 물이나 음식이 맛있고 경치도 훌륭해 보인다고 생각하기 때문입니다.

남편이 일본에 놀러 왔을 때에도 우리는 이 산으로 가봤습니다. 하지만 제가 정신이 없어서 물하고 음식을 안 가져가고 말았습니다. 그래서 올라가는 동안 목이 마르고 배가 고프고 죽을 뻔했습니다. 다행히 정상에 가게가 있어서 거기서 비싼 음료수하고 스낵을 사 먹을 수 있었습니다. 시장이 반찬이라는 말대로 이 맛을 잊을 수 없는 정도로 맛있었습니다.

(중략)

그리고 도쿄 중심부에 있는 황궁이 있습니다. 천황이 살고 있는 곳인데 일부 지역을(장소를) 빼고 누구든지(어디든지) 안에 들어갈 수 있습니다. 옛날에 거기에 성(城)이 있고(지금 그 황궁의 자리는 예전에 성이 있었고 그 성에는) 도쿄를 다스린 장군의 주거였습니다(장군이 살았었습니다). 하지만 지진하고 공습 때문에 (그) 성은 사라졌고 지금은 안이 공원이(황궁과 함께 주변이 공원으로) 되었습니다. 외변은 신호등이 없는 길이 원상(円狀)으로 연결되어 있어서 달리기에 좋다고 하고 제 친구를 비롯해서 많은 사람들이 거기를 달립니다.

(중략)

제 고향 도쿄에 대한 이야기였습니다. 관심이 있으시면 제 고향에 한번 오십시오. 제가 좀 더 자세히 안내해드립니다(드리겠습니다). 제 고향 이야기를 읽어주셔서 감사드립니다(감사합니다).

A 씨는 쓰기 활동을 즐겁고 행복하다고 이야기했다. 주제에 맞는 내용 구성과 자료 수집도 아주 잘했다. 적극적인 성격으로 교수자의 오류 지적 전에 본인 스스로 오류를 수정하는 것에서 높은 성취감을 느꼈다고 했다. 구어와 문어의 구분에 관심을 가지고 쓰기 활동을 했다고 했다.

### 3.3.2. 2단계: 쓰기 활동 후 인터뷰를 통한 피드백

쓰기 활동 후 교수자가 오류를 지적해준 후 학습자가 자기 오류를 수정하고 교수자의 추가적인 오류에 대한 피드백이 있었고, 쓰기 전과 쓰기 후의 변화에 대한 인터뷰는 다음과 같다.

질문: 쓰기를 하고 난 후 어떤 점을 느꼈나요?
대답: 4시간 걸렸어요. 밤 12시부터 4시까지 걸렸어요. 밤에 쓰면 낮에 쓸 때보다 이상

한 문장이 많이 생겼어요.

이것 쓰려고 제가 좀 모르는 것을 찾아야 했어요. 예를 들면 황궁 같은 거……. 대체로 알았는데, 알고 있는 지식이 진짜 맞는지 알아야 했어요. 역사가 맞는지 안 맞는지 다시 찾아봤어요. 그런 것이 저한테 좋은 경험이었어요. 다시 자기 나라를 확인할 수 있고…… 제가 이런 이야기 남편한테 한 적이 없었어요. 그런데 남편도 그것 재미있다고 해서 기쁜 마음 생겼어요. 그리고 가족 더 보고 싶어졌어요. 한국말 연습도 되고 일상생활에서 쓰는 기회 별로 없어요. 그래서 이번에 쓰기를 해서 좋았던 것 같아요.

산이 있다고 했는데 높이가 얼마였는지 몰랐는데 도쿄 사진 보고 흔들리는 전철 보고 잊어버리고 있었는데 다시 생각하게 되었어요.

(중략)

질문: 나(A 씨)는 한국사람이 될 수 있을까요?

대답: 나는 한국사람이 될 수 없어요. 사실은 국적을 바꾸고 싶지 않아요. 안 바꾸면 좀 사는 것이 조금 힘들어요. 여기에서 사는 것이.

일본에서는 다이렉트, 직접 바로 안 말해요. 똑바로 안 말해요.

만약에 일본에서는 친구가 만나자고 해도 조금 바빠요. 그러면 일본사람들은 아, 만나고 싶지 않아요. 그런 느낌으로 생각하는데, 그렇지만 제가 아는 한국 친구들은 그럼 내일 어때? 모레 어때? 계속 계속 물어봐요. 그럴 때는 만나고 싶지 않다고 이야기하고 싶지 않아서 일본식으로 이야기하는 분위기가 있었으면 좋겠다고 생각해요. 오늘은 그런 기분이 아니라고 직접 말하고 싶지 않아서 그때 좀 힘들어요.

그때 일본식으로 살고 싶다고 생각해요.

제가 한국식으로 되어버리면 한번 일본에 갔을 때 일본 친구한테 한국식으로 했을 때 일본 친구가 걱정돼요. 제가 한국인처럼 행동하면 일본은 부드러운 게 많은데 일본 친구가 기분 나빠져요. 일본의 상식을 잊어버릴까봐 걱정돼요.

질문: 일본 친구가 변했다고 한 적 있어요?

대답: 조금요(웃음). 제가 천천히 하는 편이었는데 급하게 돼버렸다고 했어요.

예를 들면 엘리베이터 탈 때 버튼을 자꾸 누르거나 하는 것을 보고 친구가 그렇게 하지 말라고 창피하다고 했어요. 그때 '아, 이거 한국식이다'그랬어요. 그리고 식당 가서 밥이 안 나왔어요. 일본에서는 20분쯤 기다린 후에 안 나오면, "여기요"라고 물어봐요. 그런데 한국에서는 10분 지나면 오래 기다렸다는 그런 느낌이 있고 자주 물어봐요. 그렇게 하면 친구가 귀찮지 않아도 창피하다고 했어요. "한국사람 됐네"했어요. 아, 저도 모르게 한국식으로……(웃음). 그때 제가 상처받았어요. 상처가 맞는 말인지 모르겠지만 조금 실망했어요.

그런데 여기에서 사니까 변해야 된다고 생각했어요. 지금 사이(변하는 중)에 있어요. 지금 시어머니께도 제가 매운 것을 못 먹겠다고 했어요. 신체적으로 무리할 때도 있는데, 시어머니가 그래도 먹어야 돼, 먹어야 돼 하면 스트레스 받아요. 여기에서 살아가려면 매운 것을 먹어야 되는 것은 맞지만 그렇지만 먹을 수 없다는 생각도 있어요.

(중략)

제가 1년 반 살았는데 이렇게 많이 변해서 저도 많이 놀랐어요. 좋은 점도 있지만 쓸쓸한 마음도 있어요. 당황했어요. 한국식이 나쁘다고 하는 것은 아니지만 일본에서는 여성적인 모습을 보이는 것이 실용적인 것보다 중요하다고 생각해요. 자기를 다스리는 능력이 조금 없어지는 느낌이 들어요.

결혼해서 한국에 살아서 한국식 아줌마가 되었나 그렇게 생각해요. 그래도 긍정적으로 생각하고 싶어요.

저는 일본인의 정체성이 아직 강하게 남아 있어요. 시장이나 세탁소에 가면 어디에서 왔는지 물어봐요. 그때 나는 외국사람이다 생각해요. 그때 저는 아, 역시 나는 외국사람이다.

제가 국적을 한국으로 바꾸게 되면 일본에 입국할 때 마음이 복잡할 것 같아요. 국적을 바꾼다면 입국할 때 외국인 줄에 서야 하는 것이 싫어요.

A 씨는 쓰기 활동을 하고 난 후 고향에 대한 자부심을 꼽았다. 그리고 자신의 고향에 대한 새로운 정보를 확인할 수 있었고, 가정 분위기도 좋아졌다고 이야기했다. 고향에 대한 쓰기를 하면서 남편에게 자신의 고향에 대한 새로운 정보를 가르쳐주면서 정체성을 확인할 수 있었다고 이야기했다. 또한 자신의 정체성을 지키려는 강한 의지도 보였다. 또한 자신의 문화에 대한 이해와 함께 한국문화를 이해하고자 하는 의지도 강해졌다고 했다.

### 3.3.3. 3단계: 모국 문화 이야기 말하기 활동

학습자가 쓰기 자료를 가지고 고향에 대한 이야기를 재구성하고 말하기 활동을 준비하고 다른 사람들에게 이야기한다.

말하기 활동을 하고 난 후 학생들은 서로 다른 나라의 고향에 대한 큰 관심을 보였다. 자료와 이야기의 재구성으로 학생들에게 문화 상호 이해의 기회를 제공해주었다. 또한 문화와 함께 학생 상호 간 이해와 친밀도도 높아졌으며, 고급 어휘 학습에 많은 도움을 주었다. 교실에서 학습자 상호 간 피드백도 자율적으로 이루어졌고 효과도 매우 좋았다.

### 3.3.4. 4단계: 말하기 활동 후 인터뷰를 통한 피드백

학습자가 고향에 대한 이야기를 동영상과 PPT 등 기타 자료를 준비하여 실시한 후 인터뷰를 실시하였고, 말하기 활동 전과 후에 대한 인터뷰 내용은 다음과 같다.

질문: 고향에 대한 스토리텔링을 하고 난 후 무엇을 느꼈어요?
대답: 다른 사람들이 열심히 듣고 관심을 가지니까 너무 좋았어요.

질문: 도쿄를 모르던 사람들이 도쿄를 가보고 싶다는 말을 했는데 어떤 생각이 들어요?
대답: 관광 (홍보) 대사였던 것 같아요.
　　　저도 다른 도시에 대해 알고 싶을 때 안내 책자를 보는 것보다 직접 이야기를 듣는 것이 좋아요.
　　　오늘도 그랬는데, 다른 사람한테 칭찬받으면 기분이 좋아요.
　　　제가 쓴 것 좋아해서 좋았어요.
　　　그런데 아무것도 없었다면 부담스러웠을 것 같아요.
　　　그리고 이 스토리텔링을 하면서 가정 분위기가 좋아졌어요.
　　　와, 남편 진짜 잘한다. 제가 남편을 칭찬하니까 남편이 기분이 좋아졌어요.
　　　남편도 (일본에 대해) 모르는 거 알게 되었어요.
　　　제가 쓰는 것을 좋아해요. 그래서 쉬운 일이라고 생각했어요.
　　　스토리텔링도 쓰기 자료가 있어서 어렵지 않았어요.
　　　쓰는 것과 말하는 것은 큰 차이가 있어요.
　　　쓰는 것은 찾아보기 때문에 어려운 말이 있어도 읽는 사람도 찾아볼 수 있어서 괜찮아요.
　　　그렇지만 말하는 것은 지나가면 상대방이 이해할 수 없어요.
　　　말하는 것은 부드럽고 쉽게 이야기해야겠다고 생각했어요.
　　　모두가 이해할 수 있도록 쓸 때는 제가 새로운 문법이나 배운 문법을 이야기하고 싶었어요.

사전이나 문법책을 찾아보면서 고치면서 썼어요.

그런데 그대로 발표하면 모르는 사람 많을 것 같아서 그래서 제 말로 이해했어요.

사실 제가 천천히 말하는 편이에요. 집에서……

그런데 한국에서는 전체적으로 빨리빨리 하는 나라예요.

그래서 한편 가족하고 같이 있어도, 일본에 대해 질문하세요. 그런데 제가 음…… 이렇게 생각하는 동안 다른 이야기, 화제로 가요. 그래서 아, 제가 질문에 대답하려고 했는데…… 그때 조금 스트레스……. 그리고 다른 분이 제가 이야기 시작했는데 그래도 끝까지 안 들어주는 경우도 있어요. 그래서 천천히 제가 말하니까 아 그냥 괜찮다, 괜찮다 이렇게 하는 경우도 있었어요. 그러니까 제가 조금 속상해요. 제 이야기하고 있는데…… 중간에 다른 화제로 움직여요…… 그것도 좀 제가 없어도 되나…… 외로운 점이 있어요. 그렇지만 학교라면 15분 정도 제 이야기하겠습니다 하면 모두가 끝까지 잘 들어줘요. 그래서 그것도 큰 차이예요. 그래서 발표할 때도 자기 시간이라서 잘 이야기할 수 있어요. 그리고 발표하고 나서 제 머릿속에 있어서 음…… 생각하는 시간 없이 다른 사람에게 이야기할 수 있어서 좋아요.

처음에는 사실은 부담스럽다 생각했는데 해냈으니까 보람을 느껴요.

스토리텔링 활동을 하고 나서 학생들은 A 씨의 고향에 대한 많은 관심을 보였다. A 씨 또한 자신의 고향에 대한 학생들의 질문과 많은 관심 때문에 행복하다고 했다. 자신이 재구성한 스토리텔링 반응에 대한 성취감과 만족도도 높았다. 쓰기와 말하기의 차이점에 대한 학습 효과에 대한 점도 만족했다. 한국문화에 대한 강한 적응의지와 학습의지를 보였다. 또한 학생들과의 상호 피드백도 자율적으로 이루어졌고 효과도 높았다. 또 오류가 화석화되지 않도록 교정해주었으며, 모국어 간섭으로 인한 오류도 수정해주었다.

### 3.3.5. 5단계: 모국의 지역문화 스토리텔링 활동

결혼이주여성에게 출신국의 문화에 대한 쓰기와 말하기의 재구성을 통한 지역문화 스토리텔링 기법 활용 표현교육 모형을 실시하고 난 후 출신국 문화에 대한 자부심의 함양과 정체성의 확립에 긍정적인 변화가 있었다. 그리고 앞으로 자신의 지역문화 스토리텔러로 활동할 강한 의지를 보였다. 보다 다양한 주제에 대한 스토리텔링을 한다면 출신국 지역문화 스토리텔러로서의 자부심을 가지고 한국 문화를 보다 친근하게 이해할 것이다. 더 나아가 지역문화 스토리텔러로서의 활동을 기대할 수 있다. 그리고 학교나 다문화센터에서 지역문화 스토리텔러 활동으로 출신국 문화에 대한 이해와 한국사회의 문화적 다양성에 대한 이해를 높이는 데 큰 역할을 기대할 수 있다.

## 4. 나가기

이 글에서는 결혼이주여성의 자기문화 스토리텔링 표현교육 모형을 제시하고, 이 교육에 참여한 한 연구참여자를 선발하여 자기문화 스토리텔링의 결과를 내러티브 방식으로 제시하였다.

이를 위해 다양한 나라 출신의 결혼이주여성 49명에 대해 자기문화 스토리텔링 표현교육 모형을 적용한 한국어 쓰기와 말하기 수업을 수행하였다. 이 중 일본 여성 A 씨의 표현교육 사례를 살펴보았다. A 씨를 대상으로 한 쓰기 활동과 쓰기 전 그리고 쓰기 후에 인터뷰를 진행하였다. 이를 통해서 A 씨가 자기문화에 대한 정체성 확립은 물론 한국문화에 대한 적극적인 이해 의지를 확인했다. 또한 3단계 말하기 활동 후 학습자들의 반응을 인터뷰함으로써 스토리텔링이 지닌 대중성을 확인했다. A 씨를 포함한 48명의 학습자들은 A 씨의 스토리텔링에 공감하고 높은 관심을 보였다. 그리고 학습자 상호 간의 친밀도와 이해도에 긍정적인 영향을 확인했다. 스토리텔링의 상호작용성은 학습자 간 문화에 대한 높은 관심과 이해를 PPT 및 동영상 등 스토리텔링 매체를 통해 확인했다. A 씨의 스토리텔링을 들은 학습자들이 본인의 이야기를 재구성하고 싶은 의지를 표현함으로써 스토리텔링의 참여성을 확인했다.

이 글에서는 스토리텔링의 '대중성', '상호작용성', '참여성'을 중심으로 한 결혼이주여성의 자기문화 스토리텔링 표현교육 모형을 제안하였다. 이 모형에 따라 결혼이주여성들에게 표현교육을 수행한 결과, 결혼이주여성 스스로 자기문화 스토리텔러의 가능성을 깨닫는 기회를 마련하였다. 이러한 자기문화 스토리텔러 인식은 한국문화 이해를 용이하게 할 수 있다는 것을 활동 후 인터뷰를 통해 확인하였다. 향후 결혼이주여성의 자기문화 스토리텔링 표현교육은 한국어능력 및 한국 문화 이해를 향상시킬 뿐만 아니라 자기문화 정체성 확립에 기여할 것으로 사료 된다.

# 4장

# 결혼이주여성 시어머니의 생활 경험

# 4

## 결혼이주여성
## 시어머니의 생활 경험*

이미정 · 이훈재 · 박봉수 * 이 글은 2012년 『언어와 문화』 8권 1호에 게재된 논문 「결혼이주여성 시어머니의 생활 경험 연구」를 수정 · 보완한 것이다.

## 1. 들어가기

우리나라는 1990년대 '농촌 총각 장가 보내기'를 선두로 결혼이주여성이 늘어나면서 국제결혼 건수도 급격히 증가하고 있다. 2000년 자료를 보면 외국인과의 혼인은 11,605건으로 총 혼인 건수의 3.5%에 불과했지만, 2010년 자료를 보면 외국인과의 혼인은 34,235건으로 총 혼인 건수의 10.5%를 차지했다. 10년 동안 3배 이상 증가했음을 알 수 있다. 그중 한국남성과 외국여성과의 혼인은 전체 외국인과의 혼인 중 76.7%를 차지하고 있는데, 2005년 통계 자료에서 13.5%를 기록한 이후 10~11% 수준을 꾸준히 유지하고 있다(통계청자료, 2011). 이처럼 우리나라에서 국제결혼 건수가 증가하는 배경은 여성의 고학력화에 따른 사회 · 경제활동의 증가와 이로 인한 만혼, 남녀 성별의 불균형, 농촌지역의 상대적인 경제력 약화 등으로 국내여성들과 결혼을 못하고 외국여성들과의 국제결혼을 선택하게 되는 것으로 나타났다(한국염, 2004; 이외승, 2011).

결혼이주여성은 한국에 이주하여 살아가는 과정에서 대부분이 의사소통을 비롯한 여러 가지 문제를 경험한다. 경제적 문제를 비롯하여 낯선 한국문화에 적응하는 과정에서 생기는 스트레스, 의사소통 문제로 인한 자신감 저하는 물론 시부모님과 배우자의 편견으로 한국사회의 구성원으로 적응하기가 쉽지 않은 상태다. 이때 남편과의 관계도 중요하지만 남편 외에 가장 중요한 변수를 차지하는 가족

구성원 중 하나가 시어머니라고 할 수 있다. 결혼이주여성의 상당수가 초기 문화 적응을 위해 시어머니와 가까이 살면서 가사노동이나 자녀양육 등 실제적인 도움을 받고 있다(홍달아기·채옥희, 2006: 736; 구차순, 2007: 163). 이러한 경우 시어머니는 가족 중 결혼이주여성과 가장 많은 시간을 보내기 때문에 며느리의 한국생활 적응에 큰 영향을 미친다고 볼 수 있다(강유진, 1999; 한건수, 2006). 하지만 결혼이주여성들이 한국생활에 있어서 가장 힘들어하는 부분이 바로 시어머니와의 갈등이다. 이는 의사소통의 어려움, 문화차이에서 오는 갈등, 상호 기대 불일치가 일상적 관계로 작동하여 이를 해소할 기제가 없어 고부관계를 더욱 악화시키기 때문이다. 이러한 악화 요인들 때문에 이들 고부관계에서 감정적 행동이나 회피가 일상적으로 나타난다(공은숙, 2009).

한편 집단주의 성향이 강한 우리나라의 가족관계는 정서적으로 매우 밀착되어 있으며, 역할과 지위는 성과 나이에 따라 계층과 서열이 결정되고 부부 중심적이기보다는 부모 중심적이며, 가장의 지위는 확고하고 강한 힘과 영향력을 가지고 있다(유영은, 2006). 이렇듯 평생을 가부장적인 문화 속에서 살아오면서 시부모님을 모시고 집안 살림을 책임져온 자신과 달리 직장생활을 한다는 이유로 집안일에 소홀하고 시어머니인 자신에게 예의를 모르는 듯 행동하며, 심지어는 눈을 부릅뜨고 성질을 내는 며느리에 대해 당혹감을 느낌과 동시에 문화적 충격을 경험하는가 하면(허선·김계하, 2010), 노년에 결혼이주여성을 맞이해 언어와 문화적 차이로 남모르는 어려움을 겪지만 그럼에도 불구하고 마음을 비우고 어려움을 혼자서 감내하며 오히려 며느리를 지원한다(정순둘·이현주, 2010).

이상의 연구를 종합해보면 다문화가정의 고부갈등은 다양한 요인에 영향을 받으며, 복합적인 요인으로 나타나고 있다. 갈등유형도 하나의 갈등유형이 분명하게 나타나는 경우보다는 복합적이고 다양한 유형으로 나타나며, 갈등은 고부 양자가 모두 인식했다(구자경, 1999).

따라서 이 글에서는 결혼이주여성의 한국사회와 한국문화 적응에 초점을 맞추었던 기존 연구들의 시각에서 벗어나, 결혼이주여성을 맞이하여 결혼이민자가족을 형성해나가는 과정에서 결혼이주여성에 대한 시어머니의 적응 경험의 구체적인 양상을 살펴볼 것이다. 그리고 시어머니의 문화적 적응 경험을 구성하는 의미적 요소들에는 무엇이 있으며, 그 요소들이 다문화가족의 형성에 함의하는 바가 무엇인지를 살펴보고자 한다. 특히 도시지역에 사는 외국인며느리를 둔 시어머니가 겪게 되는 적응 경험 양상에 초점을 두고 집중적으로 연구해보고자 한다.

　다른 가족과 시어머니로 인한 문제의 발생이나, 시어머니의 문화충격과 스트레스로 인한 삶의 질적 침체의 가능성을 고려할 때 어머니들의 개인적 · 사회적 · 경제적인 삶의 기반들과 관련하여 어떤 의미를 구성하고 있는지 밝히는 일은 매우 중요하다고 볼 수 있다. 이와 같은 시어머니에 대한 연구는 국제결혼 가정에 대한 일반적이고 거시적인 접근이 간과할 수 있는 미시적인 다양함을 드러낼 수 있을 것으로 기대된다. 따라서 이 글에서는 결혼이주여성과 1년 이상 함께 생활하고 있는 도시지역의 시어머니들을 대상으로, 각기 다른 개인적 · 사회적 · 경제적인 여건 속에서 결혼이주여성과의 적응 경험 사례를 살펴보고자 한다. 이를 통해 결혼이주여성을 둔 시어머니들의 삶의 질적 향상을 도모하기 위한 기초자료로 활용할 것이다.

## 2. 결혼이주여성과 시어머니의 갈등

　서울시 가정상담소가 지난 30년간 우리나라 가정문제의 전반적 경향을 조사한 결과에 의하면, 고부갈등은 가정불화 내용 중 두 번째로 높아 우리나라의 가정문제 중에서도 아주 오래된 문제이며 해결도 쉽지 않은 문제임을 알 수 있다. 이처럼 같은 언어를 사용하고, 같은 문화적 배경을 가지고 있는 일반적 고부관계에서도 여러 문제점이 발생하는데 서로 다른 언어와 문화적 배경을 지닌 다문화가정의 고부관계에서의 상황은 더 어려울 것으로 예측 가능하다. 특히 결혼이주여성을 받아들이는 시어머니의 경우 문화와 언어가 다른 며느리와의 관계 속에서 많은 스트레스를 경험하고 있는 것으로(Kim, Park & Sun, 2009) 보고되고 있어 다문화가정을 이루고 있는 고령층에 대해서도 관심을 가지고 연구해야 할 필요가 있다.

　이처럼 결혼이주여성과 시어머니의 갈등은 언어나 문화의 격차 등 문화적응상의 어려움에 기인하고 있다(양순미 · 정현숙, 2006; 신경희 · 양성은, 2006; 김미경, 2010). 구체적으로는 아이 취급하고 경제권은 여전히 시어머니나 남편이 관할하는 점을 힘들어하는 경우(한건수, 2006), 며느리의 가정생활에 일일이 간섭하거나 잔소리를 하는 경우(김이선 외, 2006), 서로 다름에서 오는 갈등, 말이 통하지 않아 오는 갈등, 한국음식을 거부하는 것에서 오는 갈등, 눈치 없고 게으른 데서 오는 갈등(허선·김계하, 2010) 등이 있다. 이때 결혼이주여성은 불만을 이야기하고 싶어 하지만 한국어 실력이 부족하고, 남편이 시부모의 입장에 서기 때문에 그냥 받아 들일 수밖에 없다는 것이다(구차순, 2007). 그리고 시어머니의 연령이 높을수록, 며느리와의 동거 기간이 짧을수록, 경제 수준이 높을수록, 며느리와 아들의 종교일 치가 되지 않을수록, 도시보다 농촌일수록, 며느리와의 관계만족도가 낮은 시어머니일수록, 시어머니의 문화적응 스트레스가 높은 것으로 나타나고 있다(박성애, 2011).

또한 결혼생활에서 결혼이주여성이 겪는 시댁과의 갈등은 결혼 전 시댁에서 결혼이주여성을 받아들이는 것에 대한 반대로부터 연장되는 경우가 많다. 이는 시댁에서 결혼이주여성의 결혼 의도를 경제적 신분 상승이나 한국 국적 취득을 위해 아들을 이용하려는 불순한 의도로 바라보거나, 며느리가 정성껏 제사를 지 내고 시부모, 남편 공양 등 한국의 유교적이고 가부장적인 문화에 대해 순응하 며 잘 따르지 못할 것이라는 생각에서 비롯한다(신희천·최진아·김혜숙·이주연, 2011).

이처럼 결혼이주여성들과 관련한 전체 연구들을 봤을 때, 국제결혼이주여성 의 한국생활 정착과정에서의 갈등과 적응에 관한 연구가 대부분임을 알 수 있다 (이강숙, 2006; 김선아, 2007; 강유미, 2008; 서광석, 2010; 신희천·최진아·김혜숙·이주 연, 2011). 결혼이주여성에 대한 시어머니의 적응과정에 대한 관심은 여타의 연구 들에 비해 적은 편이다. 이와 같이 다문화가족구성원 중에서 결혼이주여성과 자 녀에게 초점을 맞추어 연구되고 있고, 시어머니들의 현실 세계를 구성하는 사 회적·심리적인 문제에 초점을 맞춘, 보다 심층적이고 경험적인 연구는 찾아보기 힘들다. 또한 결혼이주여성들이 상대적으로 많이 거주하고 있는 농촌지역을 대상 으로 하고 있으며, 결혼이주여성을 둔 시어머니들이 가정과 지역사회에서 겪고 있는 적응과 갈등 양상을 문화적 적응의 과정 속에서 총체적으로 분석한 연구는 매우 부족한 것으로 판단된다.

## 3. 연구방법

이 글은 인천에 거주하는 3명의 결혼이주여성을 둔 시어머니를 심층인터뷰하여 공통으로 드러난 의미체계를 중심으로 결혼이주여성에 대한 시어머니의 적응과정을 연구하고자 한다. 국제결혼으로 인한 다문화가정에서의 시어머니의 결혼이주여성에 대한 적응은 매우 복잡하게 이해될 수 있다. 이처럼 복잡한 인간의 태도와 행위의 의미에 대한 탐구는 일반적이고 가시적인 결과를 보여주는 양적인 접근보다 인간행위를 둘러싼 가치나 신념의 문제 등 비가시적인 면을 연구하는 데 적합한 질적 접근이 필요하다. 또한 인간의 행동은 그 행위자가 자신의 행동에 어떤 의미를 부여하느냐에 따라 달라지기 때문에 인간행동 연구에 대한 다양하고 심층적인 접근 방법을 필요로 한다고 볼 수 있다(Paille and Mucchielli, 2003). 결혼이주여성을 둔 시어머니에 대한 적응과정이 개인적 · 가족적 · 사회적 관계 속에서 어떤 의미체계를 구성하는가에 대한 연구는 다문화사회로 가는 현대사회에서 개인 행위 이면의 복잡성에 대한 이해를 전제하는 작업이다. Russel(2000)이 지적한 것처럼 인간의 태도에 대한 연구는 단순한 인과 논리에 의해 일반화하기에는 무리가 있고 이를 해석해내기 위한 연구자의 주관적 관점으로 연구참여자에 대한 각각의 개별적 역사성을 간과하지 않으면서 거시적 사회 현상을 이해하려는 노력의 하나일 때 그 의의를 지닌다고 할 수 있다. 따라서 이 연구에서는 참여자들이 자유롭게 말하게 함으로써 면접참여자들의 생각과 감정을 최대한 끌어내어 인간의 행위와 사고를 구성하는 가시적 · 비가시적인 의미성을 탐색하기 위한 열린 심층면접법(Mucchielli, 1991; Depelteau, 2000)인 반구조화면접법을 사용한다. 인터뷰 진행방식은 반 구조적인 질문으로 연구참여자들의 의견과 생각을 말할 수 있도록 배려했고 가능하면 이야기 중간에 끼어들지 않고 끝까지 경청하는 자세를 가짐으로써 열린 심층면접법에서 연구자가 가져야 할 태도인 면접자들에 대한 공감하기와 민감하게 듣기를 표현하려고 노력했다. 면접법에서 연구자의 태도는 면접참여자가 방어적인 태도 대신 연구자에 대한 신뢰와 친근감을 이용하여 면접참여자로부터 보다 풍부하고 심층적인 내용을 이끌어낼 수 있는 장점을 지니고 있기 때문이다(Mucchielli, 1991). 개인의 현실적 지위와 위치는 개인의 행동방향을 결정하는 중요한 변수일 뿐만 아니라 자신의 행동과 일상생활의 의미성을 구성하고 해석하는 데 의식적 · 무의식적으로 많은 영향을 받는다(Mosconi, Beilerot and Blanchard-Laville, 2000). 따라서 결혼이주여성을 둔 시어머니들의 상황과 입장에 따른 차이점에 주목하고자 개인적 · 가족적 · 사회적 관계를 살펴볼 수 있는 반구조적인 면접 질문지를 준비하였다.

인터뷰 당시 연구참여자들의 연령은 69세에서 76세까지로 모두 한국의 전쟁과 일제강점기의 변화를 경험한 세대이다. 그리고 결혼해서 가정을 꾸미는 것이 여자의 본분이라는 유교적 사상이 지배적이었기 때문에 이들에게 결혼의 의미는 지금의 세대와 다른 방식으로 구조화 된 세대이기도 하다. 이러한 시어머니들의 시대적(역사적) 특징은 외국인 부인을 둔 아들의 결혼생활에 있어 일정 정도 유의미한 영향을 미칠 수 있다.

참여자들은 인천지역 내 다문화가족지원센터에서 한국어 과정을 1년 이상 수강하고 있는 결혼이주여성들과 그들의 남편의 동의를 거쳐 알게 된 시어머니들이다. 이 같은 절차는 결혼이주여성을 둔 시어머니를 직접 접촉하는 현실적인 어려움 때문이기도 하며, 아직까지도 다문화가정에 대한 사회의 부정적인 시선으로 인해 인터뷰라는 형식에 의한 거부감을 해소하는 방법, 그리고 라포(Rapport) 형성의 과정으로의 의미를 지닌다. 심층면접참여자들의 개별 사항에 대한 요약은 다음과 같다.

〈표 4-1〉 연구참여자들의 일반적 특성

| 성명 (가명) | 나이 | 자녀 수 | 학력 | 직업 | 남편 | 종 교 | | 거주지 | 출신국 |
|---|---|---|---|---|---|---|---|---|---|
| | | | | | | 시어머니 | 결혼이주여성 | | |
| 김순희 | 69세 | 1남 1녀 | 초졸 | 무 | 무 | 천주교 | 불교 | 용현동 | 베트남 |
| 박영순 | 75세 | 1남 2녀 | 초졸 | 무 | 무 | 기독교 | 불교 | 청학동 | 베트남 |
| 최순자 | 76세 | 4남 3녀 | 초졸 | 무 | 유 | 기독교 | 무슬림 | 청학동 | 우즈베키스탄 |

또한 연구참여자와 함께 살고 있는 결혼이주여성에 대해 미리 알고 있었던 정보를 정리하면 〈표 4-1〉과 같다. 김순희(가명)의 며느리 엘로우는 다문화가족지원센터 한국어 반에서 반장 역할을 할 만큼 매우 활동적이고 자기 신념이 강하다. 베트남에서 고등학교를 졸업하자마자 한국으로 결혼을 하기 위해 이주했으며, 현재 부업을 하면서 그 돈을 모두 친정으로 보내고 있다. 그녀는 초혼이고, 남편은

재혼으로 딸이 하나 있다. 박영순(가명)의 며느리 그린은 2009년 처음 한국에 왔을 때부터 지금까지 일주일에 4번, 하루에 3시간씩 3년 동안 한국어를 배우고 있다. 그녀는 7남매 중 장녀로 초등학교를 졸업하고 농사일을 돕다가 한국으로 왔다. 그녀의 여동생을 비롯한 친척들이 한국인과 결혼하여 5명이 살고 있는데, 한국에서 베트남 가족들의 모임도 하고, 베트남에 갈 때 모두 같은 날을 잡아 여행도 같이한다. 남편은(시어머니의 아들은) 3대 독자로 이혼을 했고, 중3인 아들은 전부인이 양육하고 있다. 최순자(가명)의 며느리 레드는 2009년부터 2011년 11월 현재까지 일주일에 4번 하루에 3시간씩 한국어를 배우고 있다. 그녀는 우즈베키스탄에서 온 무슬림종교를 가지고 있으며, 대학을 졸업한 재원으로 한국에 놀러 왔다가 체류 문제가 생겨 고민하던 중 지금의 시누이의 권유로 남편과 결혼하게 되었다. 영어와 아랍어, 러시아어를 할 줄 알고, 성격이 밝고 쾌활하다.

인터뷰가 이루어지기 며칠 전부터 결혼이주여성들에게 연구의 취지를 3~4회 공지하고, 우선 며느리들을 통해 시어머니들의 동의를 구한 후, 연구자가 다시 전화를 해 인터뷰 시간을 정하였다. 인터뷰는 연구참여자의 특성이 연로하여 다리를 수술받은 경험이 있고 이에 거동이 자유롭지 않아 가정방문을 하여 진행되었다. 이와 같은 과정은 2011년 12월 한 달간 각각 1회씩 1~2시간 정도 소요됐다.

면접을 위한 주요 질문지를 작성하였으나 현장에서 기계적인 방식으로 적용하지 않고 대화의 흐름을 자연스럽게 따라 가면서 면접참여자의 이야기가 주제에서 너무 벗어나지 않도록 주제를 환기시키려는 의도에서 유연하게 사용되었다. 인터뷰 도입 단계에 연구참여자와 긴장감을 해소하기 위해 퀴즈 형식의 질문을 통해 인터뷰에 집중할 수 있는 분위기를 만들었다. 또한 면접참여자가 자유롭게 말하고 의미를 확인하거나 필요한 경우에 연구자가 보충 질문을 던지는 형식으로 진행하였다. 모든 내용은 면접참여자의 동의를 얻어 녹음기에 녹음하였으며 면접참여자들의 이름은 익명으로 처리하였고, 연구 외에 다른 용도로 사용되지 않는 다는 것을 면접참여자들에게도 미리 알려 최대한 자유롭고 편한 분위기 속에서 이야기를 할 수 있도록 배려하였다.

이 글의 목적은 결혼이주여성에 대한 시어머니의 생활 경험을 연구함으로써 시어머니가 형성하는 결혼이주여성에 대한 의미 구조를 탐색하는 데 있다. 이를 위해 시어머니의 일반적인 특징, 가족관계 또는 남편과의 결혼생활 등의 개인사 및 가족사, 결혼이주여성에 대한 친밀감이나 사돈과의 관계 등을 포함한 결혼이주여성에 대한 인식, 시어머니의 역할, 결혼이주여성에 대한 기대 등을 중심으로 심층인터뷰를 진행하였다. 따라서 결혼이주여성을 둔 시어머니를 면접하기 위해 연구자가 작성한 주요 질문의 내용은 〈표 4-2〉과 같다.

〈표 4-2〉 인터뷰를 위한 질문의 내용

| 질문 범주 | 구체적인 내용 |
|---|---|
| 일반적 특징 | 나이, 현재 남편의 존재, 자녀의 수, 건강 상태, 종교의 유무 등 |
| 개인사 및 가족사 | 국제결혼 동기, 가족 관계, 현재 또는 과거의 남편과의 결혼생활, 아들의 결혼 전과 결혼 후의 변화, (시어머니의) 결혼 전 생활, 아들의 국제결혼 전 시어머니의 생활, (시어머니의) 남편의 의미 등 |
| 결혼이주여성에 대한 인식 | 결혼이주여성의 장점과 단점, 결혼이주여성에 대한 친밀감(정서적인 밀착도-아들, 시어머니, 시아버지, 친인척), 결혼이주여성과 아들의 관계, 결혼이주여성과의 문화적 차이, 집안 경제권에 대한 판단, (결혼이주여성에 의한) 손자·손녀의 미래, 사돈과의 관계, 결혼이주여성의 친구 관계 등 |
| 시어머니의 역할 | 아들에 대한 역할, 결혼이주여성에 대한 역할, 남편에 대한 역할: 정서적 도움, 경제적 도움, 사회적 도움 등 |
| 결혼이주여성에 대한 | 아들과의 결혼생활에 대한 기대, 시부모 부양에 대한 기대, 자녀양육에 대한 기대 등 |

# 4. 시어머니의 경험에 대한 의미 찾기

## 4.1. 치료의 의미: 심리적 안정 회복

결혼이주여성을 둔 시어머니에게 아들의 국제결혼은 심리적 안정을 회복하기 위한 치료의 의미를 가진다. 국제결혼을 선택하는 남성의 대다수는 한국여성에 대한 실망과 부정적인 경험을 토대로 외국여성을 선택하거나(한건수 외, 2006), 한국여성과의 결혼을 기대하기 힘든 상황에서 타인의 권유에 의해 어쩔 수 없이 선택하는 경향이 있다. 이 경우 남성은 한국여성과의 결혼에 대한 자신감을 상실하게 되면서 비자발적이고 소극적인 모습을 보이게 된다. 특히 어머니와 함께 거주하는 경우 정서적으로 불안정한 아들의 상태는 어머니에게 전이될 수밖에 없고, 심리적 안정을 회복하기 위한 현실적인 방안의 하나로 국제결혼을 고민하게 되는 것이다.

"그렇게 몇 년을 지나다가 아들이 우울증에 대인기피증이 생긴 거야. 이러다가는 하나 있는 아들 잡겠다 싶었는데, 어느 날 친정 여동생이 '언니 외국에서라도 찾아 봐' 하는 소리에 아들한테 꺼냈더니 아들이 펄쩍펄쩍 뛰면서 싫다고 하는 거야. 그래서 내가 결혼중개업소에 찾아가서 상담하고 계약금을 다 내고 왔지. 아들은 죽어도 싫다는 것을 내가 비행기표 예약하고 다 했어. 그랬더니 결혼중개업소에서 나도 가라고 해서 나도 같이 갔다왔어."(김순희 할머니)

김순희 할머니의 아들은 초혼을 한국여성과 했는데, 며느리가 몸이 약하고 임신이 되지 않아 늘 걱정을 했다. 그런데 어느 날 며느리가 집 안에 있는 자금을 모두 챙겨서 잠적했다가 건강이 매우 좋지 않은 상태로 열흘 만에 다시 돌아왔다. 하지만 얼마 지나지 않아 며느리는 죄책감으로 면목이 없다는 말을 남기고 집을 나갔다. 그래서 이혼을 하게 됐는데 그 이후부터 김순희 할머니의 아들은 우울증, 대인기피증 등 심각한 정서적 장애를 겪었다. 힘들어하는 아들을 바라보는 어머니의 안타까운 마음이 국제결혼을 선택하게 한 것이다. 이렇게 받아들이게 된 결혼이주여성은 다음 내용처럼 매우 긍정적인 효과를 낳았다.

"내가 제일 달라진 것은 며느리 오기 전에 아들 때문에 나도 우울증도 오고 여기 저기 다 아팠는데, 며느리가 오고부터 우울증이 없어졌어."(김순희 할머니)

"할아버지와 셋이 함께 살았지. 우울증도 있었는데 지금은 괜찮아. 그때는 아무도 없어서 혼자였잖아. 할아버지가 며느리를 정말 보고 싶어 했는데, 할아버지 막 돌아가시고 한 달 후에 그린이가 왔어."(박영순 할머니)

박영순 할머니의 아들은 3대 독자로 귀하게 자랐는데, 한국여성과 성격 차이로 이혼을 했다. 아들은 이혼 후에 10여 년이 넘는 동안 재혼을 하지 못하고 홀로 살았다. 그 이유는 한국여성이 원하는 물질적·사회적 조건을 충족시킬 수 없었기 때문이었다. 박영순 할머니는 홀로 지내는 아들의 모습을 보면서 우울증이 생겼고, 그나마 의지할 수 있었던 할아버지가 세상을 떠나면서 더욱 심한 정서적 장애를 겪었다고 했다. 하지만 결혼이주여성이 집에 들어오고 난 후 할머니의 우울증이 사라졌고, 집안에 생기도 되찾을 수 있었다.

"외국인은 별로였는데…… 레드는 마음에 들더라구. 홀로 떨어져 살고 있는 아들

을 생각하니 며느리로 삼고 싶은 마음이 있었지. 마음속으로는 며느리 해도 되긴
되겠다하고 딸한테 얘기했지."(최순자 할머니)

최순자 할머니의 아들은 소극적인 성격으로 한국여성과 교제하지 못하고 결혼
적령기를 넘겼다. 아들의 결혼 문제를 고민하고 있던 할머니는 슬하의 딸들과 친
하게 지내던 외국여성(현재의 결혼이주여성)을 알게 되었고, 영어·아랍어·러시아
어 등을 구사하며 성격이 밝고 쾌활한 그녀를 보면서 외국인에 대한 편견을 버릴
수 있었다. 최순자 할머니의 적극적인 권유로 아들은 국제결혼을 하게 됐고 현재
생활에 만족하고 있다.

## 4.2. 보살핌의 의미: 문화적 지식 전수와 결혼생활 감독

결혼이주여성을 둔 시어머니에게 아들의 국제결혼은 한국문화의 지식을 전수
하고 결혼생활을 감독하고 지원하는 보살핌의 의미를 가진다. 이 연구에 참여한
시어머니들은 결혼이주여성에 대한 매우 긍정적인 태도를 가지고 있었는데, 그
이유로 제시된 것이 검소하고 사치스럽지 않다는 것, 순종적이고 시어머니의 의
견에 잘 따른다는 것 등이다. 또한 시어머니는 시장을 보는 일, 돈을 계산하는 방
법, 여러 가지 한국음식을 요리하는 것 등을 가르쳐 결혼이주여성이 한국사회에
잘 적응할 수 있도록 돕는다. 이와 같은 시어머니의 결혼이주여성에 대한 관심과
보살핌은 한국문화의 지식들을 전수하는 의미와 더불어 아직 어리고 미숙한 결혼
이주여성의 생활을 감독한다는 뜻으로 볼 수 있다.

"딸 옷도 시누가 주면 싫다고 안 하고 다 입히고, 비싼 것 사지 않고, 사치하지 않
아 좋아."(김순희 할머니)

"재래시장 가는 것을 좋아혀. 비싼 거 안 사. 잘 깎어. 극성이야, 한국사람이 아닌데
어떻게 그렇게 깎어."(최순자 할머니)

"그린이는 교회 가자고 하면 같이 가고, 거부하지 않고 '네' 하고 따라나서서 좋아.
순종적이야. 가자고 하면 '싫어요' 하지 못하고 '예' 하고 따라다녀. 교회 사람들도
다 이뻐하지. 이쁘잖아."(박영순 할머니)

앞의 내용처럼 이 연구에 참여한 시어머니들은 검소하고 생활력이 강한 모습을 결혼이주여성의 장점으로 생각하고 있었다. 또한 시어머니의 의견에 순종적이고 잘 따라주는 결혼이주여성의 모습을 선호한다는 것도 알 수 있었다. 이는 검소함, 순종적임, 강한 생활력 등이 시어머니가 결혼이주여성에게 기대하는 모습이며, 시어머니가 한국 생활문화를 가르치고 결혼생활을 감독하는 방향의 나침반으로 간주될 수 있다.

> "청소…… 닦는 걸 내가 계속 하다가 내가 병이 들어서 못하는데. 그런 거를 잘해야 하는데 그냥 대충 닦아. 그런이는 깨끗이 해놓고 살줄 모르나 봐. 화분도 내가 몸이 안 좋아서 물을 못 줄 때는 저게 막 시들 때가 있어. 뒤에 베란다 여기 베란다 아무리 드러워도 치울 줄을 모르더라고." (박영순 할머니)

박영순 할머니의 경우 그녀의 결혼이주여성에게 가장 불만스럽게 여기는 점이 위생에 대한 문제였다. 박영순 할머니는 그녀의 결혼이주여성을 본국에서 5남매를 키운 살림꾼이라고 칭찬했는데, 집 안 청소에 대해서는 며느리를 부족하다고 느끼며 늘 자신이 관여해야 한다고 생각하고 있었다. 점점 거동이 불편해지면서 할머니 스스로 청소를 하기 어려운 상황이 되었고, 며느리가 청소한 결과를 만족스럽지 못하게 여겼다.

> "나는 이제 살림을 났잖아요. 생활비는 날 주지만 살림을 났으니까……. 아직은 지가 세금 내는 거나 그런 걸 모르니까 내가 하고 있지 그걸 지가 할 줄 알면 넘겨줘야지. 근데 그것만 내가 쥐고 있지 다른 건 없어. 나는 이제 보이지도 않고 못해. 내가 못하니까 '니가 알아서 해'. 어떨 때는 계량기 보고 얼마라고 가르쳐주면 그런 걸 써. 아직 그런 걸 잘 모르니까 맡길 수가 없어. 아직 맡기지는 못해요. 지가 어느 정도 할 줄은 알아야지." (최순자 할머니)

최순자 할머니의 경우 그녀의 결혼이주여성이 경제적인 능력이 아직 부족하다고 판단하고 있었다. 살림의 주체는 결혼이주여성이라고 생각하고 집안일의 대부분을 맡겨놓았지만, 실제로 생활비를 관리하는 역할은 시어머니가 하고 있다. 집안을 운영하는 데 사용되는 생활비는 매달 아들로부터 시어머니가 직접 받고 있는데, 결혼이주여성에게는 필요할 때마다 생활비의 일부를 나누어주고 있다. 경제적인 권리는 어떤 상황에서의 주체적인 선택의 가능성과 밀접한 관련을 가진다. 결혼이주여성에게 경제권이 없기 때문에 모든 판단과 선택을 시어머니에게 의지해야 하는 구조가 형성된다고 볼 수 있다.

> "도망가지 말고 끝까지 살아주면 여한이 없어. 얼마 전에 우리 집에 놀러왔다 갔다 하던 베트남 사람이 도망갔어. 그러니 내가 마음을 놓을 수가 없어. '우리 며느리는 행복하니까 그럴 일이 없을 거야' 하다가도 친구들하고 나가서 놀다가 늦게 들어오면 가슴이 철렁하지. 내가 참아야지 방법이 없잖아. 난 속상한 일이 있으면 혼자서 꾹꾹 참아. 베트남으로 휙 가버리면 어떻게 해. 우리 아들 혼자 있을 때를 생각해, 그러면 아무리 힘들어도 참을 수 있어. 아들 때문에 참는 거야."(김순희 할머니)

김순희 할머니는 그녀의 결혼이주여성이 본국으로 돌아가거나 가정을 버리고 도주할 것에 대한 두려움을 가지고 있었다. 이웃에서 또는 미디어에서 한국생활에 적응하지 못하고 돌아가거나 도망가버렸다는 등의 이야기가 항상 불안을 야기하는 것이다. 아들이 지금처럼 안정된 생활을 하기 위해서는 그녀의 결혼이주여성에 대한 불쾌한 상황도 싫은 내색을 하지 않고, 아들의 행복을 위해 희생과 고난을 참을 수 있어야 한다고 생각하고 있었다.

> "그렇게만 잘 한다면 누가 거시기 혀. 근데 못되고 가버리는 사람들이 많더라 그거야. 며느리가 처음 왔을 때 친구들을 오지 못하게 했어. 못된 사람들을 만나면 또 자주 얘기를 하다 보면 변동도 생기고, 그런 점도 있고, 노골적으로 말한 게 거시기 한 것도 있고, 안 좋은 친구 만나면 뭐 헐꺼바 못 오게 했어. 좋은 사람들 만나서 뭐 하믄 좋은데, 그렇지 않은 것도 있잖여."(최순자 할머니)

최순자 할머니는 그녀의 결혼이주여성이 가정을 저버릴 것에 대한 두려움을 해소하기 위해 며느리의 인간관계를 관리하는 모습을 보였다. 앞에 나타나 있는 내용처럼 처음에는 그녀의 결혼이주여성과 다른 친구들을 만나지 못하도록 제재했던 것이다. 결혼이주여성과 친구들이 주고받는 외국어를 이해할 수 없기 때문에 어떠한 내용으로 대화를 하는지 알 수 없는 불안함에 친구들과의 만남 자체를 제한했다. 이러한 판단과 행동에는 시어머니가 가지고 있는 외국인에 대한 불신과 선입견이 영향을 끼쳤다고 볼 수 있다.

## 4.3. 부양의 의미: 신체적 정서적 의존

　기존의 연구결과에 의하면 국제결혼부부 간의 연령 차이 평균은 한국남성-외국여성의 경우 평균 11.8세로 한국남성의 연령이 상대적으로 많은 것으로 나타났다(이삼식 외, 2009). 이를 통해서 결혼이주여성과 시부모는 최소한 30살 이상의 차이가 난다는 것을 유추할 수 있다. 특히 시부모와 함께 살고 있는 결혼이주여성에게 기대되는 부양의 의미는 실생활 속에서 매우 구체적으로 드러난다. 이는 다음과 같은 내용들을 통해 살펴볼 수 있다.

> "해외여행을 갈 생각도 못했지, 먹고살기 바쁘고. 또 아들 때문에 속상해서 어디
> 가고 싶지도 않았고, 허리도 아파서 디스크 수술도 했어. 어디 가서 오래 있지도 못
> 하고, 멀리도 못 가."(김순희 할머니)

> "제주도밖에 못 갔어. 풍이 와서 걸음을 못 걸어서. 거기는 두 번 갔다 왔는데. 베트
> 남에도 가자고 하는데 못 가. 따라다니지도 못하는데 뭐하러 가요, 괜히 옆의 사람
> 들만 고생시키고."(박영순 할머니)

　결혼이주여성과 함께 살고 있는 많은 시부모들은 신체적인 불편함을 겪고 있다. 김순희 할머니는 허리 디스크 수술을 받아서 오래 서 있지 못하기 때문에 장거리 이동이 불편하고, 허리에 무리가 가는 움직임은 불가능한 상황이다. 박영순 할머니 역시 오랫동안 중풍을 앓고 있어 야외활동은 거의 하지 못한다. 이처럼 신체가 불편한 시어머니들은 외부 일정이 거의 없기 때문에 대부분의 시간을 집 안에서 보내게 되면서 결혼이주여성과 함께 있는 시간이 더욱 많아지게 된다. 또한여러 가지 상황에서 움직일 때마다 며느리의 도움이 필요하기 때문에 신체적으로 많은 부분을 의존하게 된다. 이와 관련하여 신체가 불편한 시부모일수록 결혼이주여성과의 관계 만족도가 더욱 높다는 연구 결과가 있다(정순둘·박현주·이혜정, 2010).

> "한국말 잘하고 음식도 눈으로 보면 배우고, 맛있게 잘해. 처음에는 내가 음식을
> 해서 같이 먹었는데 내 건강이 불편해지면서 며느리를 시켰어. 이제는 며느리가
> 스스로 먹거리 준비하고 음식 만들어."(박영순 할머니)

"그리고 학교 갔다가 오면 다 얘기해. '오늘 선생님이 이런 말 했다, 저런 말 했다',
다 얘기해."(김순희 할머니)

거동이 불편한 시어머니들에게 대화 상대로서의 결혼이주여성은 정서적 의존
의 대상이 될 수 있다. 박영순 할머니의 경우 그녀의 결혼이주여성이 처음에는 한
국말도 서툴고 의사소통이 되지 않아 많은 부분 불편함을 느꼈지만, 한국음식을
가르쳐주고 배우는 과정에서 결혼이주여성과 더 많은 이야기를 나누고 서로에 대
한 이해의 범위를 넓힐 수 있었다. 김순희 할머니의 경우에는 그녀의 결혼이주여
성이 학교(다문화가족지원센터)에서 있었던 일들을 웃으면서 이야기할 때 더 친밀
한 감정을 느꼈다. 시어머니들은 결혼이주여성이 경험한 일상의 작은 일들을 공
유하면서 정서적인 안정감을 가질 수 있는 것이다.

"어휴, 두말하면 잔소리지. 난 찬성해요. 아이구, 버릇없는 한국 며느리보다 훨씬
낫다니까. 누가 요즘 시부모랑 같이 살려고 해요? 또 싹싹해. 나랑 얘기도 잘해. 결
혼하자마자 임신해서 애도 이쁘게 잘 낳지, 무엇보다 정이 많아. 또 제사 이런 것도
싫어하지 않고, 친척 집에 일이 있어서 가자고 하면 두말없이 따라나서고."(김순희
할머니)

이 연구에 참여한 시어머니들은 결혼이주여성과 함께 생활하면서 어려움도 많
았지만 한국생활에 적응하려고 노력하는 며느리를 이해하고 포용하는 태도를 보
였다. 이는 집안의 여러 행사를 준비하고 치름에 있어 한국인 며느리에 비해 시어
머니를 잘 따라주고 순종적이라는 것과 미래에도 병약해진 자신을 잘 돌봐줄 것
이라는 기대에 바탕을 두고 있음을 추론할 수 있다.

## 4.4. 출산과 양육의 의미: 자손의 보존

한국에서 결혼이주여성에게 기대되는 역할 중 하나는 출산 및 양육에 대한 것
이다. 이는 한국사회가 원하는 '가족 만들기'의 필수적인 과정으로 국제결혼을 선
택하는 남성의 평균 연령이 결혼적령기를 지난 중년이 대부분이므로 매우 중요하
게 생각될 수 있다. 고령의 시어머니에게는 손자를 원하는 마음이 절실해지기 때
문이다. 따라서 시어머니와 함께 살고 있는 결혼이주여성의 경우 출산과 양육의

의미는 더욱 특별하다고 볼 수 있다. 시어머니에게 있어서 그녀의 결혼이주여성이 출산한 자녀는 며느리에 대한 신뢰로서의 의미를 가지며 아들을 위한 안정적인 가정의 증표가 된다.

> "우리 손녀는 나만 보면 함박꽃이야. 지 엄마 부업할 때는 내가 꼭 봐주지. 눈이 동그란 게 얼마나 영리한지 몰라요. 우리 손녀가 우리 동네에서 제일 예뻐. 아주 이뻐 죽겠어."(김순희 할머니)

> "얼마나 이쁜지 몰라. 나 닮았다니까, 그렇지 잉, 넘덜이 다 닮았다고 하더라고. 눈이 초롱초롱해서 얼마나 이쁜지. 우리 애긴게 이쁘지, 애들이고 어른들이고 다 말 안 하는 사람이 없어."(최순자 할머니)

이 연구에 참여한 시어머니들에게 손주의 존재는 그녀의 결혼이주여성이 가정을 버리고 도망가지 않을 것이라는 신뢰가 생기도록 했다. 또한 손주의 존재는 시어머니가 그녀의 사회적 관계망 속의 사람들에게 자랑할 만한 이야기를 무한히 만들어낼 수 있는 소재가 되었으며, 결혼이주여성과의 관계에서 만족도를 더욱 향상시켰다.

> "아이가 있으면 지가 테이프라도 사서 듣고 책이라도 보고 했으면 좋겠는데 그걸 잘 모르더라고요. 지 누나들이 와서 가르쳐줘도 안 해."(박영순 할머니)

반면 자녀양육의 방식에서 오는 갈등 양상도 나타났다. 앞의 인터뷰 내용을 보면 박영순 할머니와 그녀의 결혼이주여성이 가지고 있는 교육관이 일부 다르다는 것을 알 수 있다. 박영순 할머니는 다른 한국 여성들이 자녀를 키우는 것처럼 그녀의 결혼이주여성도 아이와 함께 책을 읽고 공부하기를 원했지만 뜻대로 되지 않았다.

> "지 애들한테 베트남어 열심히 가르치면 나중에 학교 다닐 때 얼마나 좋겠어요. 그런데 지금 베트남 말 안 해. 그래서 내가 만날 베트남어도 같이 하라고 해."(김순희 할머니)

김순희 할머니의 경우에는 그녀의 손주가 결혼이주여성의 본국 언어도 함께 배우고 익히기를 원하고 있었다. 세계화 시대에 한국어 외의 다른 외국어를 할 수 있다는 것은 중요한 재능이라고 여기고 있어 이중언어교육에 대한 개방적인 시각을 가지고 있음을 알 수 있었다.

## 5. 나가기

이 글의 목적은 도시지역의 결혼이민자 가정을 중심으로 결혼이주여성을 둔 시어머니들이 일상생활 경험에서 겪고 있는 문화적 적응과 갈등 양상을 살펴보는 데 있다. 연구 결과를 요약해보면 다음과 같다. 시어머니들에게 있어서 결혼이주여성과의 경험은 첫째, '치료'의 의미로 나타났다. 이는 아들의 국제결혼은 결혼이주여성을 둔 시어머니에게 심리적 안정을 회복하기 위한 치료의 의미를 가진다. 둘째, '보살핌의 의미'로 나타났는데, 이는 결혼이주여성을 둔 시어머니에게 아들의 국제결혼은 한국문화의 지식을 전수하고 결혼생활을 감독하고 지원하는 보살핌의 의미를 가진다. 셋째, '부양의 의미'로 이는 결혼이주여성과 함께 살고 있는 시어머니의 실생활 속에서 신체적·정서적 의존이 매우 구체적으로 드러났다. 마지막으로 '출산과 양육의 의미'로 나타났다. 한국에서 결혼이주여성에게 기대되는 역할 중 하나는 출산 및 양육이다. 따라서 시어머니에게 있어서 그녀의 결혼이주여성이 출산한 자녀는 며느리에 대한 신뢰로서의 의미를 가지며 아들을 위한 안정적인 가정의 증표이자 자손의 보존이라는 의미가 된다.

따라서 이주여성에게 한국문화에 대한 소개와 교육이 잘 이루어지는 것도 중요하지만, 보다 바람직한 다문화적 태도를 구축하기 위해서는 가족들에게도 결혼이주여성의 문화를 이해하고 수용하는 교육이 동시에 이루어져야 한다. 특히 시부모와 함께 거주하는 결혼이주여성들의 경우에는 시어머니와 결혼이주여성 간의 생활 경험을 보다 깊이 이해하고 원활한 관계를 촉진하는 사회적인 지원이 필요하다.

결혼이주여성을 둔 시어머니들을 인터뷰한 결과 공통적으로 다음과 같은 내용을 확인할 수 있었다. 아들을 생각하는 어머니의 마음과 어머니를 생각하는 아들의 효심으로 국제결혼이 진행되었다는 점, 다시 말하면 한국남성의 국제결혼에 가장 큰 영향을 미친 사람이 시어머니였다는 점이다. 그리고 시어머니가 경제권을 가지고 있다는 점과 결혼이주여성이 아들과 안정적인 가정을 이루어 잘 살아주기를 바라는 마음에서 어떤 문제가 발생했을 시에 시어머니가 많은 부분을 양보하고 이해하려는 경향도 확인할 수 있었다. 이를 다시 정리하면 시어머니들에게 있어서 결혼이주여성은 치료, 보살핌, 부양, 출산과 양육이라는 네 가지 의미의 형태로 경험되고 있었다. 지금까지 살펴본 내용을 바탕으로 더 많은 연구참여자를 찾아 인터뷰하고 분석하여 보다 정교한 의미 구성의 체계를 밝히는 작업을 추후 과제로 남긴다.

# 5장

## 제주지역
## 결혼이민여성과
## 다문화정책

# 제주지역 결혼이민여성과 다문화정책*

김영순 · 이미정 · 최승은

\* 이 글은 2013년 『탐라문화』 제44호에 게재된 논문 「제주지역 결혼이민여성의 다문화정책 실태에 관한 연구」를 수정 · 보완한 것이다.

## 1. 다문화사회로 진입한 제주

최근 거주 외국인의 시도별 증가 현황을 살펴보면 2012년 대비 2013년의 거주 외국인 증가율이 전국 2.6%인데 이해 제주특별자치도의 경우 21.6%라는 높은 증가율을 나타내고 있다(제주특별자치도 여성가족정책과, 2013). 이 글은 전국 평균의 거의 10배가 되는 거주 외국인의 증가율을 보이고 있는 제주특별자치의 다문화정책, 특히 결혼이민여성을 위한 다문화정책을 분석한 것이다. 결혼이민여성이라 함은 한국에 거주하는 외국여성 중 국제결혼 형태로 들어온 여성들을 말한다. 이들의 존재는 현재 한국사회의 특성을 극명하게 보여준다. 1960년대부터 지속된 가족계획과 남아선호사상으로 인해 결혼 적령기 여성이 절대적으로 부족한 것이 우리의 상황이며, 많은 한국여성들이 농어촌에서 생활하기를 꺼려하면서 결혼이민여성들의 존재는 이제 더 이상 부인할 수 없는 현실이다(염미경 외, 2008).

이와 같은 결혼이민여성의 등장에 있어서 제주특별자치도의 경우도 예외가 될 수 없다. 제주지역의 다문화현상에 대한 기존의 논의들을 살펴보면 다음과 같다. 장승심(2012)은 제주지역 다문화가족의 특징에 대해 분석하였고, 도 전체 평균 내용과 더불어 지역별 내용을 파악하여 이를 정책 수립에 반영할 필요가 있다고 말하였다. 염미경 · 김규리(2008)는 국제결혼을 통해 제주특별자치도로 이주해온 아시아 출신 여성들의 삶 이야기를 바탕으로 제주사회와 결혼이민여성 간의 문화적

대면관계의 현실을 드러내었다. 강준혁·남진열(2012)은 다문화가정에 대한 제주지역 주민들의 인식조사를 통해 다문화에 대한 인식의 실태를 분석하고, 다문화가정에 대한 인식의 수용 정도를 향상시킬 수 있는 방안을 모색하였다. 오고운·김성봉(2011)은 제주지역의 다문화교육의 문제점을 도출하고 이에 대한 개선방안을 제시하였다. 그리고 교육의 구체적인 계획과 실행을 위해서는 지자체의 의지와 시민단체의 협조가 중요하다고 주장했다. 김민호·오성배(2011)는 제주지역사회기반 다문화교육의 논리와 프로그램 개발을 토대로 프로그램을 제시하며, 향후 지역사회 다문화교육 현장과의 교류를 통해 개발한 프로그램의 적합성과 현실성을 제고해나가는 연구가 필요하다고 하였다. 황석규(2009)는 제주국제자유도시가 진행하는 현재의 다문화정책과 프로그램 운영 실태, 이로 파생된 과제를 살펴보고, 제주국제자유도시의 미래지향적인 범문화사회로의 대안을 제시하였다.

이런 논의들은 주로 제주특별자치도의 결혼이민여성을 위한 다문화정책과 다문화교육 프로그램 실태에 관한 현황 기술에 치중해 있다. 하지만 이 글에서는 다문화정책 수행 기관의 프로그램 분석과 함께 다문화센터 관계자와 정책 수혜 대상자인 결혼이민여성들을 직접 만나 심층면담을 실시하였다.

이 글은 결혼이민여성에 대한 한국어교육과 한국사회 이해교육을 넘어서 결혼이민여성들이 제주사회에 적극적으로 참여할 수 있는 방안에 대한 모색으로 이해할 수 있다. 따라서 지역사회를 기반으로 한 정책의 기획 단계부터 다른 지역과 구분되는 제주의 특수성에서 오는 문제점에 대한 고찰이 요구된다. 다시 말해 제주라는 지역사회를 기반으로 다문화교육의 현실성 있는 프로그램에 대한 냉철한 고찰이 무엇보다 중요하다는 이야기다. 현재 한국의 다문화정책은 호주·미국·캐나다 등 우리와 다른 역사적·문화적·사회적 배경을 가진 외국의 다문화주의와 다문화교육 정책을 차용하고 있는 경우가 많다. 물론 외국의 사례를 통해 우리에게 필요한 시사점을 얻을 수도 있다. 하지만 이제는 한국사회의 특징에 맞는, 더 나아가 지역사회의 특징을 반영한 다문화정책에 대한 연구가 더욱 필요하다. 즉, 지역성에 기반을 둔 다문화정책의 수립과 실행, 그리고 사회통합과 한국의 현실에 맞는 정책을 고려해야 한다(김영순, 2010).

한국사회의 이주민과 정주민 모두가 성숙한 민주시민으로 성장하려면, 지역사회를 올바로 활성화하고 회복시키는 일이 중요하다. 국가 차원의 획일적인 정책이 아니라 지역사회 안에서 지역사회의 특성에 맞는 다문화정책이 실천되어야 한다. 해당 지역사회의 특수한 맥락을 반영하고, 지역사회 내 다양한 자원의 연계와 연대를 통한 지역사회기반 다문화교육이 한국사회에 필요하다(김민호 외, 2011).

따라서 이 글에서는 지역의 다문화정책의 현황을 분석하고, 결혼이민여성을 위하여 제주지역의 특수성을 반영한 다문화정책의 방향을 제안하였다.


## 2. 한국의 다문화정책

### 2.1. 다문화정책의 개념

Troper(1999)에 의하면 다문화정책은 사회문화적 다양성을 보호하고 인종·민족·국적에 따른 차별과 배제 없이 모든 개인이 동등한 기회를 접할 수 있도록 보장하는 정부의 정책과 프로그램이다. Mahtani(2002)는 다문화정책을 문화적 다양성과 관계를 맺는 구체적 메커니즘의 측면에서 정부의 인종적 다양성 혹은 다문화사회에 대한 입법과 집행이라고 정의한다. 그리고 Inglis(2009)는 다문화정책이란 모든 문화를 무조건적으로 받아들이자는 것을 의미하는 것이 아니라, 문화적 차이에 따른 사회적·경제적 불평등을 극복하고, 사회가 효과적으로 유지·운영되는 데 필요한 지식·기술·태도 등을 제공하고, 학교·병원·법원 등에서 이를 제도적으로 보장하며, 모든 참여의 장벽을 제거하는 것이라 주장한다.

Castles & Miller(2003)는 다문화정책을 타문화 수용방식에 따라 차별배제 모형(differential exclusionary model), 동화주의 모형(assimilationist model), 다문화주의 모형(multicultural model)으로 구분하고 있다. 차별배제 모형은 내국인과 외국인의 차별적 대우를 통해 국가나 사회가 원하지 않는 이민자의 이민 가능성을 차단하는 정책이다. 이 정책은 소수집단의 제거 또는 최소화를 목표로 하며, 국가는 적극적으로 이민을 규제하는 역할을 하고, 문화적으로도 타문화와 분리·배제를 시도한다. 동화주의 모형은 이민자가 자국민이 되는 것을 전제로 사회에 동화될 수 있도록 지원하는 정책으로 이민자가 출신국의 언어·문화·사회적 특성을 포기하여 주류사회의 일원이 되는 것을 목표로 한다. 다문화주의 모형은 소수자의 가치를 동등하게 인정하고 그에 대한 보호를 지원하는 정책이다. 소수민족이 주류사회에 동화되는 것이 아니라 공존할 수 있게 하며, 궁극적으로 다양성을 인정하는 사회통합을 목표로 한다.

위에서 살펴본 것처럼, 다문화정책은 다양성과 포용성을 기반으로 강력한 국제 경쟁력을 획득한다는 설득도 가능하지만, 국내 빈곤 계층과의 형평성 문제, 재정적·사회적 부담이 문제시될 경우에는 난관에 봉착할 수도 있다. 최근 프랑스에서 나타나고 있는 다문화주의에 대한 비판이나 다문화정책 포기 선언 등은 프랑스에 국한된 문제가 아니다. 다문화주의에 대한 이해가 부족한 가운데 다문화라는 용어가 남용되고 있는 한국에서는 더욱 심각한 상황이 발생할 가능성도 배제할 수 없다.

## 2.2. 한국의 다문화정책

한국의 다문화정책을 이해하기 위해 다문화정책 관련 주관부서들을 살펴보면, 법무부가 다문화정책의 총괄부서 역할을 담당하고 이민행정(출입국, 이민, 귀화)과 외국인 인권보호 업무를 전담하고 있다. 외국인력정책은 노동부, 국민 대상 다문화 이해교육 및 이민자2세 교육은 교육부, 다문화가족지원 관련 사업과 지원센터 지원은 여성가족부, 결혼이민자의 생계, 의료, 주거, 건강보험 등의 복지 관련 업무는 보건복지부 등에서 담당하고 있다. 하지만 실제로 한국의 다문화정책의 대부분을 차지하고 있는 것은 다문화교육 정책이다. 국제결혼자는 이민 1세대로 사회교육 대상이며, 한국어와 한국문화교육이 필수적이다. 그리고 그들의 자녀들은 한국인으로 학교교육 대상자이다. 한국 다문화교육에서 사회교육은 여성가족부, 학교교육은 교육부가 주로 담당한다. 여성가족부는 지방자치단위별로 다문화가족지원센터를 두고 다문화교육과 다문화가족을 지원하며, 주요 대상은 국제결혼 다문화가족이다(황갑진, 2011).

본 연구의 주요 대상인 결혼이민여성들과 그들의 자녀들에 관한 다문화교육은 여성가족부와 교육부에서 담당한다. 그래서 여러 정부 부처 중에서 여성가족부의 다문화정책과 교육부의 다문화정책을 살펴보고자 한다.

여성가족부의 다문화정책은 다문화가족을 위한 가족교육 · 상담 · 문화 프로그램 등 서비스 제공을 통해 결혼이민자의 한국사회 조기적응 및 다문화가족의 안정적인 가족생활 지원을 기본 방향으로 한다. 여성가족부의 정책은 크게 두 개의 축으로 진행되고 있는데 '생애주기별 맞춤형 서비스'와 '다문화센터 운영'이다. 주요사업으로는 방문교육사업, 결혼이민자 통·번역서비스 사업, 다문화가족 자녀 언어발달지원사업, 언어영재교실사업 등이 있다.

교육부의 다문화정책은 '다문화교육 정책'으로 일컬어진다. 2006년 5월 교육부에서 '다문화가정 자녀교육 지원 대책'을 수립·실시한 이후, 매년 명칭은 조금씩 다르나 이와 같은 대책 또는 계획을 수립하였다. 2007년 교육과학기술부(現교육부)는 서울대학교 '다문화교육연구센터'를 '중앙다문화교육센터'로 지정하여 다문화교육 정책을 연구하고, 시·도 교육청을 중심으로 대학, 지자체, NGO, 언론사 등 지역사회 관련 단체들로 '다문화교육 지원협의회'를 구성하여 지역단위 세부사업을 담당하게 하였다. 또한 참여기관 중 대학 등 적절한 기관을 선정하여 '시·도 다문화교육센터'로 지정하여 지역 특성에 맞는 다문화교육 사업계획 수립과 공모 사업의 관리를 담당하게 하였다. 2008년에는 중앙다문화센터를 통하여 학교 다문화교육 실태를 분석하고, 다문화가정 자녀를 위한 초급교재를 발간하였으며, 지도교사에 대한 연수를 실시하였다(서범석, 2009).

2009년에는 다문화교육 관련 연구·개발을 지원하고, 전국에 있는 교대에 '다문화교육 강좌'를 개설하였으며, 다문화학생 멘토링 사업을 지원하였다. 2010년에는 교대와 사범대의 대학생과 교사 연수 지원을 위한 교사의 다문화교육 전문성을 제고하고, 다문화가정 학부모 지원과 활용, 중도입국 자녀교육 지원, 다문화교육 기반 및 지원 체제를 강화하였다(황갑진, 2011).

한국사회에서 상당수 이주민들은 빈곤에 따른 차별과 배제, 차별과 배제에 따른 빈곤, 교육과정에서의 차별과 배제 등으로 피차별 소수 집단에서 전형적으로 나타나는 악순환을 경험하게 될 가능성이 크다. 그러므로 무엇보다도 현재 시급히 요구되는 것은 다문화사회에 대한 이해와 사회적 합의 도출과 이민국가에 대한 장기비전 수립이 필요하다. 편중되고 왜곡되어 있는 다문화정책이 아니라 균형적이고 사회통합적인 다문화정책 마련에 집중하여야 할 것이다. 또한 체류외국인에 대한 우리 문화의 이해와 수용과 더불어 그들의 입장에서 생각해보는 사회 분위기 조성이 필요하다. 정부는 다문화사회의 올바른 정착을 위한 인종차별금지

법을 조속히 만들어야 한다. 그리고 다문화가정 및 외국인 근로자의 지속적인 사후관리를 위해 각 부처에 산재해 있는 다문화정책, 행정 및 교육에 관한 통합적이고 체계적인 시스템을 갖추어야 한다.


## 3. 연구방법

연구방법은 크게 문헌연구와 심층면담으로 진행되었다. 문헌연구의 경우 제주지역의 특성과 인구통계학적 자료를 통해 제주지역의 다문화현황을 파악하였다. 아울러 심층면담의 경우 제주지역에 위치한 다문화센터의 관계자들과 제주지역에 거주하고 있고 결혼이민여성들을 대상으로 수행하였다.

이 글의 목적에 따라 제주지역의 센터 관계자들과 이 센터에서 교육을 받고 있는 결혼이민여성들을 연구참여자로 선정하였다. 연구참여자는 센터 관계자 4명과 결혼이민여성 6명으로 총 10명이며 다음 〈표 5-1〉과 같다.

〈표 5-1〉 연구참여자 개요

| 구 분 | 부 호 | 대 상 |
|---|---|---|
| 그룹 A (운영자 집단) | A-01 | '가'센터 센터장 |
| | A-02 | '나'센터 센터장 |
| | A-03 | '다'센터 팀장 |
| | A-04 | '다'센터 센터장 |
| 그룹 B (수혜자 집단) | B-01 | 베트남 출신 결혼이민여성('나'센터) |
| | B-02 | 중국 출신 결혼이민여성('나'센터) |
| | B-03 | 필리핀 출신 결혼이민여성('나'센터) |
| | B-04 | 중국 출신 결혼이민여성('가'센터) |
| | B-05 | 필리핀 출신 결혼이민여성('가'센터) |
| | B-06 | 몽골 출신 결혼이민여성('가'센터) |

〈표 5-1〉과 같이 연구참여자 그룹 A의 센터 관계자는 1년 이상 센터에 근무한 경험이 있고 센터 운영에 책임이 있는 인물로 구성하였다. 또한 그룹 B의 결혼이민여성들은 한국에 거주한 지 1년 이상, 한국어 의사표현에 큰 어려움이 없는 여

성들이다. 또한 연구참여자의 익명성을 보장하기 위해 센터 관계자는 연구참여자 A-01, A-02, A-03, A-04로 표기하고, 결혼이민여성은 연구참여자 B-01, B-02, B-03, B-04, B-05, B-06으로 표기하였다.

인터뷰 대상에 대한 인터뷰 일시와 장소를 정리하면 다음 〈표 5-2〉와 같다.

〈표 5-2〉 인터뷰 개요

| 구 분 | 일 시 | 장 소 | 대 상 |
|---|---|---|---|
| 1차 | 2011. 10. 12 | 센터 내 사무실 | A-01, B-04, B-05, B-06 |
|  | 2011. 10. 13 |  | A-02, B-01, B-02, B-03 |
| 2차 | 2013. 08. 06 | 센터 내 사무실 | A-02, A-03, A-04 |
|  | 2013. 08. 07 |  | A-01 |

〈표 5-2〉와 같이, 1차 인터뷰는 2011년 10월 12~13일, 2차 인터뷰는 2013년 8월 6~7일에 진행하였다. 인터뷰는 연구참여자 별로 1~2회, 회기당 1시간 30분~2시간 정도 진행하였다.

질문지 구성은 개방형 질문으로 구성하였으며 그외 에피소드나 사례들을 들을 수 있도록 자유로운 분위기에서 면담을 하였다. 질문지 구성은 다문화정책의 유형 중 다문화주의 모형(multicultural model)을 채택하여 정책 수행자와 정책 수혜자로 나누어 대상을 선별하였다. 다문화주의 모형은 사회통합의 개념이 동화가 아닌 공존과 문화다양성에 대한 인정을 목표로 한다. 이에 현재 제주지역의 다문화정책이 올바른 다문화주의를 실현해가고 있는지를 점검하였다. 센터 관계자들에게는 센터의 운영, 교육대상, 그리고 교육 프로그램 등에 대하여 물어보았고, 결혼이민여성들에게는 다문화정책 수요자로서 제주에서의 가족, 이웃, 센터와의 관계성과 다문화정책에 대한 실질적인 수혜에 대한 경험과 요구사항을 알아보았다.

센터 운영에 있어서 신규 센터에 대해서는 센터의 소개와 특성에 대하여 질문하였고, 이미 한 차례 방문하여 면담한 두 곳의 센터에는 그간의 변화를 중점으로 질문하였다. 또한 제주지역 내의 센터 간의 네트워크와 어떠한 협력체계를 갖추고 있는지 알아보고자 하였다. 교육 대상에 대한 범위와 프로그램의 내용에서 어떠한 특성을 갖추고 있는지 살펴보고, 제주지역의 특수성을 반영한 교육 프로그램이 있는지 질문하였다.

결혼이민여성에 대한 심층면담은 그들의 한국사회 적응에 있어서 다문화정책이 어떠한 영향을 끼치는지 알아보고자 하였다. 가족, 이웃, 센터와의 관계를 통해 결혼이민여성들이 경험하는 한국에서의 실제적 삶과 그들이 겪는 어려움에 대하여 살펴보았다.

면담 장소는 주로 센터 내 사무실로, 참여자가 편안하게 느끼는 공간에서 이루어졌다. 면담 내용은 연구참여자의 동의하에 모두 녹음하였다. 면담을 하는 동안에는 참여자의 표정이나 어조 등을 주의 깊게 관찰하면서 면담의 진실성을 확보하기 위해 노력했다. 현장 기록과 메모가 함께 이루어졌으며, 면담 후 녹음 내용은 여러 번 반복해서 들으며 연구자가 필사하였다. 필사한 자료를 분석하기 위해서 Colaizzi(1978)의 현상학적 분석방법을 활용하였다. 이 방법을 통해 연구참여자가 진술한 내용에서 의미 있는 문장이나 구를 추출하고, 이를 기반으로 일반적이며 추상적인 진술을 만들어 의미를 구성한 후 주제, 주제 모음으로 범주화하였다. 즉, 개인적 속성보다는 전체 연구참여자의 공통적인 속성을 도출해내는 것에 초점을 맞추며, 주제(theme)는 연구참여자가 표현한 언어를 토대로 기술하였다.

이러한 분석방법은 연구참여자의 개인적 정보를 보호하고, 연구참여자들의 개별적 심층면담에서 개별적인 심층적 이해와 함께 소수 집단의 대표성을 나타낼 수 있다고 여겨져 이 방법을 차용하였다. 분석된 데이터를 바탕으로 인터뷰 내용을 다문화센터의 내용적 측면과 운영적 측면으로 분류하고, 6개의 주제로 구성하여 다문화정책을 범주화하여 기술하고 그 의미를 분석하였다.


## 4. 제주지역의 다문화현황

### 4.1. 제주지역의 다문화 인구 현황

정부가 2001년 제주특별자치도를 국제자유도시로 지정하고, 특별법을 제정하면서 제주특별자치도는 사람·상품·자본의 국제적 이동을 최대한 보장하는 지역이 되었다. 이 시기에 맞춰 국제결혼 이민자, 외국인 근로자 그리고 북한이탈주민 가족 등이 제주로 급속히 이주하게 되었다. 또한 2005년도에 평화의 섬으로 지정되었고, 2006년에는 제주특별자치도로서 중앙정부로부터 많은 자율성을 이양받게 되었다(황석규, 2009). 이에 따라 제주특별자치도의 거주 외국인 숫자가 증가하게 되었다. 다음 〈표 5-3〉은 제주특별자치도 내 외국인 주민 연도별 증감 현황이다.

〈표 5-3〉 제주특별자치도 내 외국인 주민 연도별 현황 (단위: 명)

| 구 분 | 도 | | | 제주시 | | | 서귀포시 | | | 전년 대비 증가 수 (증가율 %) |
|---|---|---|---|---|---|---|---|---|---|---|
| | 계 | 남 | 여 | 계 | 남 | 여 | 계 | 남 | 여 | |
| 2007년 | 4,015 | 2,156 | 1,859 | 2,694 | 1,392 | 1,302 | 1,321 | 764 | 557 | 1,370 (51.8%) |
| 2008년 | 5,052 | 2,719 | 2,333 | 3,372 | 1,702 | 1,670 | 1,680 | 1,017 | 663 | 1,037 (25.8%) |
| 2009년 | 6,944 | 3,675 | 3,269 | 4,887 | 2,499 | 2,388 | 2,057 | 1,176 | 881 | 1,892 (37.5%) |
| 2010년 | 7,343 | 3,781 | 3,562 | 5,195 | 2,606 | 2,589 | 2,148 | 1,175 | 973 | 399 (5.7%) |
| 2011년 | 8,499 | 4,371 | 4,128 | 5,925 | 2,934 | 2,991 | 2,574 | 1,437 | 1,137 | 1,156 (15.7%) |
| 2012년 | 10,406 | 5,533 | 4,873 | 7,119 | 3,615 | 3,504 | 3,287 | 1,918 | 1,369 | 1,907 (22.4%) |
| 2013년 | 12,656 | 6,798 | 5,858 | 8,518 | 4,326 | 4,192 | 4,138 | 2,472 | 1,666 | 2,250 (21.6%) |

출처: 제주특별자치도 여성정책과(2013)

〈표 5-3〉에서 제시된 바와 같이 제주특별자치도의 거주 외국인은 2007년 4,015명에서 2013년에는 12,656명으로 증가하였다. 2013년 1월 기준으로 제주지역의 거주 외국인 12,656명 중에서 남성은 6,798명, 여성은 5,858명이다. 지역별로 제주시에는 8,518명, 서귀포시에는 4,138명으로 제주지역 내에서도 지역별 차이를 보이고 있다. 그리고 전년 대비 증가율을 2012년과 비교해보면 2013년에는 21.6%의 외국인 주민의 증가율을 나타낸다. 서울은 오히려 거주 외국인 수가 감소하고, 외국인이 가장 많이 거주하는 경기지역이 3.7%의 증가율을 나타낸 것에 비해 제주특별자치도는 높은 수치를 나타내고 있다. 이는 외국인 근로자와 유학생의 급증과 결혼이민여성의 증가로 인한 제주지역의 인구분포의 변화를 보여주고 있는 것이다. 또한 제주특별자치도에는 총 583,713명의 주민이 주민등록 인구로 집계되는데 그중 거주 외국인은 총 12,656명으로 전체 인구의 2.2%를 차지하고 있다. 거주 외국인 중 결혼이민자와 혼인귀화자들은 총 2,423명으로 이는 전체 인구의 0.42%에 해당한다(제주특별자치도 여성정책과, 2013).

## 4.2. 제주지역의 다문화교육 현황

제주특별자치도의 다문화교육 정책은 2007년 '외국인거주지 원조례'와 2008년 제정된 '다문화가족 지원조례'에 힘입어 지자체와 민간단체에 확산되었다. 제주특별자치도 교육청 또한 이 조례들을 바탕으로 2010년 1월 21일 '다문화가정 학생 교육지원 계획'을 발표하였다. 그 내용의 골자는 "다문화가정 학생에 대한 학교 내외의 지원을 통해 학교생활 적응 및 학력 향상을 도모하며 일반학생과 학부모에 대한 다문화 이해교육과 교원 연수를 강화한다"는 것이다. 제주지역에서 실시되고 있는 다문화교육은 정부의 정책과 지원 법률, 제주지역의 조례를 바탕으로 외국인 이주민과 결혼이민자의 안정적 정착, 이민 자녀의 성장환경 조성, 다문화 이해 증진이라는 세 측면에서 이루어지고 있다(오고운·김성봉, 2011: 104).

제주특별자치도는 2009년 외국인 주민 정착지원 업무계획에서 추진목표로 외국인 주민의 안정적인 정착과 지역사회 참여 확대로 국정과제인 '외국인과 함께하는 지역공동체 구축 실현' 그리고 '다문화에 대한 사회인식 개선과 포용분위기 확산으로 질 높은 사회통합 구현'을 제시하고 있다. 제주지역의 다문화교육 정책과 사업 진행은 도교육청 주도하에 진행되고 있다. 도교육청의 다문화교육 정책과 사업을 살펴보면 역시 대부분 중앙정부가 주도하는 정책과 사업에 근거하고 있다. 도교육청은 다문화가정 자녀의 학교교육 지원, 다문화교육 기반 구축, 다문화이해 제고 및 확산, 유관기관·단체와 교육지원 협력의 정책을 수립하고 있으며, 학교별 다문화 상담실 운영, 한국어 수준별 보충 프로그램 운영, 다문화교육 정책연구학교 운영, 다문화교육 사례집 발간 등의 사업을 진행하고 있다(황석규, 2011).

2013년 현재 결혼이민여성은 2,423명으로 제주 인구의 0.42%를 차지하지만, 증가하는 다문화가정 2세, 3세들은 머지않아 제주지역의 시민으로 자리매김할 것이다. 제주지역의 다문화가정 학생들의 현황은 다음 〈표 5-4〉와 같다.

<표 5-4> 다문화가정 학생 현황 (단위: 명)

| 구분 | 유치원 | 초등학교 | | | | | | | 중학교 | | | | 고등학교 | | | | 총계 |
|---|---|---|---|---|---|---|---|---|---|---|---|---|---|---|---|---|---|
| | | 1 | 2 | 3 | 4 | 5 | 6 | 계 | 1 | 2 | 3 | 계 | 1 | 2 | 3 | 계 | |
| 국제결혼 가정 | 85 | 95 | 76 | 68 | 50 | 48 | 53 | 390 | 43 | 28 | 22 | 93 | 13 | 10 | 7 | 30 | 598 |
| 외국인 가정 | 9 | 7 | 3 | 4 | 2 | 3 | 2 | 21 | 1 | 4 | 1 | 6 | 0 | 0 | 0 | 0 | 36 |
| 합계 | 94 | 102 | 79 | 72 | 52 | 51 | 55 | 411 | 44 | 32 | 23 | 99 | 13 | 10 | 7 | 30 | 634 |

출처: 제주시교육지원청(2013)

제주지역의 다문화교육은 크게 학교 안과 밖으로 구분된다. 학교의 다문화교육은 보육시설을 포함한 유치원, 초등학교, 중학교, 고등학교, 특수학교, 대학교 등에서 이루어진다. 학교 밖은 공공기관과 민간단체에서 다문화교육이 이루어지고 있다. 제주지역의 다문화교육기관 현황은 다음 〈표 5-5〉, 〈표 5-6〉과 같다.

<표 5-5> 제주지역 다문화교육기관(학교)

| 제주시 | 서귀포시 |
|---|---|
| 보육시설(373개), 유치원(67개), 초등학교(61개), 중학교(27개), 고등학교(18개), 특수학교(2개), 대학교(4개) | 보육시설(129개), 유치원(42개), 초등학교(45개), 중학교(15개), 고등학교(12개), 특수학교(1개), 대학교(1개) |

출처: 제주시교육지원청(2013)

〈표 5-5〉와 같이, 제주지역 전체에는 보육시설 502개, 유치원 109개, 초등학교 106개, 중학교 42개, 고등학교 30개, 특수학교 3개, 대학교가 5개가 있으며, 이러한 학교들에서 다문화교육이 이루어지고 있다.

<표 5-6> 제주지역 다문화교육기관(공공기관)

| 제주시 | 서귀포시 |
|---|---|
| 제주다문화교육센터, 제주시다문화가족지원센터(제주이주민센터), 제주시건강가정지원센터, 제주종합사회복지관, 동제주사회종합복지관, 서부종합사회복지관, 주민자치센터 | 서귀포다문화가족지원센터(서귀포이주민센터), 서귀포시건강가정지원센터, 서귀포종합사회복지관, 주민자치센터 |

출처: 제주시교육지원청(2013)

〈표 5-6〉과 같이, 제주지역 전체에는 다문화교육센터 1개, 다문화가족지원센터 2개, 이주민센터 2개, 건강가정지원센터 2개, 사회복지관 4개, 주민자치센터가 2개 있으며, 이러한 공공기관에서 다문화교육이 이루어지고 있다.

그 밖에 민간단체에서 이루어지는 다문화교육기관으로 제주시에는 이주민 단

체에서 운영하는 제주이주민센터, 제주외국인쉼터, 국제가정문화원, 제주다문화
가정센터와 이주민 지원센터에서 운영하는 제주YMCA, 제주국학평화봉사단이
있다. 반면, 서귀포시에는 서귀포이주민센터만이 이주민 단체에서 운영되고 있다
(제주시교육지원청, 2013).

　　제주특별자치도의 다문화교육기관 중 제주다문화교육센터, 제주시다문화가족
지원센터, 서귀포시다문화가족지원센터를 연구자가 직접 방문하고 센터 관계자
들을 인터뷰하여 3곳의 센터를 비교·분석하였다. 제주시다문화가족지원센터와
서귀포시다문화가족지원센터는 여성가족부에서 지정하고, 제주다문화교육센터
는 제주특별자치도 교육청에서 지정하여 직영하는 기관이다.

## 4.2.1. 제주다문화교육센터

　　제주다문화교육센터는 폐교된 제주시 소재 조천초등학교 신흥분교장을 리모
델링하여 2012년 4월 개관하였다. 건물을 신축할 경우 많은 예산이 소요되고 기
간도 오래 걸리지만, 폐교를 활용하여 효율성 있는 교육 시설을 갖추었다. 다문화
가정 자녀들을 위하여 한글·문화교육 프로그램을 운영하며 기초 학력 도달과 함
께 학력 증진을 위한 맞춤형 교육을 실시하고 있다. 다문화가정 자녀뿐만 아니라
일반 초·중·고등 학생들에게 세계 각국의 문화 체험을 실시하여 다문화사회를
이해하도록 운영하고 있다. 지난 7월에 개최된 가족캠프에는 다문화가정과 일반
가정의 가족들이 함께 참여하여 '힐링캠프'라는 주제로 학교 운동장에서 캠핑을
하며 힐링의 시간을 가졌다고 한다. 제주다문화교육센터의 교육시설과 다양한 프
로그램들을 다문화가정 자녀뿐 아니라 그들의 학부모, 일반 학생들, 그리고 지역

〈표 5-7〉 제주다문화교육센터의 프로그램

| 교육사업 | 문화사업 | 특성화사업 |
| --- | --- | --- |
| • 한글교육프로그램<br>　– 센터운영 한글교육<br>　– 학교운영 한글교육<br>• 다문화 이해교육<br>　– 유·초·중등학교 학생 대상<br>• 다문화가정 학부모 교육<br>• 취학 전 다문화교육 프로그램<br>　– 다문화 담당교사 연찬회<br>　– 다문화가정 학부모 입학 설명회<br>• 다문화교육 교원 직무연수<br>　– 초·중등 일반교사 대상 | • 즐거운 다문화가족 한마당<br>　– 다문화가정, 일반가정, 다문<br>　　화교육관련자, 지역주민 대상<br>• 다문화 요리체험 교실<br>　– 다문화가정 및 일반가정 학부모<br>　　와 학생 | • 노릇돌 다문화 예비학교<br>　– 중도입국 문화가정 및 외국인 근<br>　　로자 자녀 대상<br>• 부모와 함께하는 이중언어 말하기<br>　대회<br>　– 다문화가정 학부모와 학생<br>• 다문화가정 청소년 캠프<br>• 다문화 정보실 운영<br>　– 다문화 도서관 |

주민들과 공유하려고 노력하고 있는 점은 다문화교육에 있어서 큰 의미가 있다고 여겨진다. 제주다문화교육센터의 프로그램을 교육 · 문화 · 특성화 사업으로 정리해보면 앞의 〈표 5-7〉과 같다.

### 4.2.2. 제주시다문화가족지원센터

제주시다문화가족지원센터는 2008년 다문화가족지원법 제정에 의거하여 제주특별자치도다문화가족지원센터로 운영되다가 서귀포시에 서귀포시다문화가족지원센터가 설립됨에 따라 2010년 4월에 제주시다문화가족지원센터로 명칭을 변경하고 관할지역도 제주시로 한정하였다. 제주시다문화가족지원센터는 다문화가족을 위한 한국어교육, 다문화가족 통합교육을 실시하고, 다문화가족의 경제활동 참여를 위한 취업연계 및 교육을 하고 있다. 전반적으로 다문화가족을 위한 한국어교육, 가족통합교육, 취업연계지원 등 다문화가족의 한국사회 조기적응과 사회 · 경제적 자립을 지원하고 있는 데 의의가 있다. 제주시다문화가족지원센터의 프로그램을 교육 · 문화 · 특성화 사업으로 정리해보면 다음 〈표 5-8〉과 같다.

〈표 5-8〉 제주시다문화가족지원센터의 프로그램

| 교육사업 | 문화사업 | 특성화사업 |
|---|---|---|
| · 한국어교육<br>· 다문화가족 통합교육<br>   – 가족통합교육<br>   – 다문화 이해교육<br>· 다문화가족취업연계 및 교육지원<br>   – 직업 기초소양교육<br>   – 유관기관과의 취업연계<br>· 방문교육 서비스<br>   – 한국어교육<br>   – 부모교육<br>   – 자녀생활서비스 | · 다문화가족 나눔 봉사단<br>   – 지역사회 및 사회복지시설 돕기<br>· 다문화가족 자조모임<br>   – 출신국 별, 통합국적 모임<br>   – 가족통합, 부부 모임<br>· 다문화 인식개선 및 지역사회 홍보 | · 다문화가족 자녀 언어발달지원사업<br>   – 12세 이하 다문화가족 자녀 언어 평가 및 언어교육<br>· 결혼이민자 통 · 번역서비스사업<br>   – 필리핀어(영어), 베트남어, 중국어, 몽골어<br>· 언어영재 교실사업<br>   – 지원언어: 중국어, 베트남어<br>   – 다문화가족 자녀 외 다문화가족(배우자, 시부모 등) 및 일반가정 자녀 |

### 4.2.3. 서귀포시다문화가족지원센터

2010년 4월 서귀포시에 개관한 서귀포시다문화가족지원센터는 제주시다문화가족지원센터와 마찬가지로 여성가족부 지정 공공기관이다. 한국어교육과 다문화가족 통합교육, 다문화가족 취업연계 및 교육지원 등과 같은 기본사업은 제주시다문화가족지원센터와 유사하게 운영되고 있다. 이곳은 상담사업에 특히 관심을 많이 기울이고 있는데 다문화가족을 대상으로 심리적 불안, 우울증, 조울증, 대인관계 기피 등 개인적인 고민을 상담하고, 문화적 차이에서 오는 부부갈등 및 성(性)문제, 성격차이, 이혼 등의 부부 상담, 시부모와의 갈등, 그 밖의 가족들과의 불화에 대한 가족 상담을 실시하고 있다. 서귀포시다문화가족지원센터의 프로그램을 교육·문화·특성화 사업으로 정리하면 다음 〈표 5-9〉와 같다.

〈표 5-9〉 서귀포시다문화가족지원센터의 프로그램

| 교육사업 | 문화사업 | 특성화사업 |
|---|---|---|
| ·한국어교육<br>　- 집합교육<br>　- 방문교육<br>　- 찾아가는 한국어교육: 읍면지역<br>·다문화가족통합교육<br>　- 가족관계향상프로그램<br>　- 방문부모교육서비스<br>　- 방문자녀생활서비스<br>·다문화가족취업연계 및 교육지원<br>　- 취업기초소양교육<br>　- 취업처 및 네트워크 연계 | ·다문화가족 나눔 봉사단 '맘'<br>·다문화가족 자조모임<br>　- 결혼이민자 자조모임<br>　- 다문화가족 자조모임<br>·다문화 인식개선 및 지역사회 홍보 | ·다문화가족 자녀 언어발달지원사업<br>　- 다문화가족 자녀 언어평가<br>　- 다문화가족 자녀 언어교육<br>　- 상담<br>·결혼이민자 통·번역서비스 사업<br>　- 다문화가족센터 내 업무<br>　- 외부 파견 업무<br>　- 베트남어, 필리핀어(영어), 캄보디아어, 중국어<br>·엄마(아빠)나라 언어습득지원을 위한 언어영재교실 사업<br>　- 지원언어: 중국어, 베트남어<br>　- 다문화가족 자녀 외 다문화가족 및 일반가정 자녀 |

이상의 3곳의 센터 관계자들은 다양한 다문화교육 프로그램으로 다문화사회의 올바른 정착을 위해 봉사하는 마음으로 일하고 있었다. 하지만 지역의 특징을 반영한 독자적인 프로그램을 개발하고 수행하는 데는 어려움도 있다고 한다. 예를 들면, 여성가족부의 기본사업 방안과 프로그램 매뉴얼을 꼭 이행해야 하고, 이에 따른 통제와 평가도 따르기 때문이다. 현장에서 직접 경험한 센터 관계자들의 심층면담을 통해 알 수 있었던 센터 운영상의 고충과 다문화정책의 문제점을 다음 장에서 다루고자 한다.


## 5. 제주지역 다문화정책의 현장

다문화정책 현장 분석은 정책 수행자인 센터 운영자들과 정책 수혜자인 결혼이민여성들을 대상으로 인터뷰하였다. 이 인터뷰 결과를 크게 센터의 내용적 측면과 운영적 측면으로 구분하여 제시하였다.

## 5.1. 내용적 측면

### 5.1.1. 지역특수성 반영의 부재

제주특별자치도라는 특수한 지역성에도 불구하고 다문화교육센터와 다문화가족지원센터에서는 모두 제주의 지역적 특성을 반영한 교육 프로그램은 진행되지 않았다. 제주만의 문화와 언어에 대한 교육의 부재는 결혼이민여성들의 제주 사회 적응을 더디게 하고 있다. 또한 다문화가정 자녀들의 언어 능력에도 영향을 끼치는 제주지역의 방언에 대한 이해교육은 거의 되고 있지 않아 언어 발달도 숙고해야 할 문제이다.

"제주 여성들은 생활력이 강한 것이 특징입니다. 결혼이민여성들도 마찬가지구요. 대부분 일을 하기 때문에 아이 양육은 주로 시어머니가 하고 있어요. (중략) 이곳 다문화가정 자녀들은 특히 언어가 문제에요. 엄마의 언어와 할아버지, 할머니의 제주도 방언으로 언어적 혼란을 겪는 아이들이 아주 많습니다."(연구참여자 A-02. 2013.08.06.)

"센터는 정부의 사업지침을 준수해야 할 의무가 있습니다. 기본사업을 잘 운영하는 것도 힘이 듭니다. (중략) 여가부에서 내려오는 사업들을 우선 잘 해야 좋은 평가를 받아 운영을 계속 지속할 수 있습니다. 제주지역의 특수성을 고려해야 한다고 생각은 하지만 현실적으로 프로그램을 개발해서 운영하기는 힘듭니다."(연구참여자 A-01. 2013.08.07.)

센터들은 다문화교육 프로그램의 내용적 측면에서 정부의 다문화정책 매뉴얼을 이행해야 하는 제한점을 가지고 있다. 연구참여자 A-02와 A-01은 제주의 특별한 상황을 인지함에도 불구하고, 제주특별자치도라는 지역적 특성을 살리거나 다른 지역의 다문화센터와의 차별성을 갖추기에는 현실적 어려움이 있다고 하였다. 특히 언어에서 제주특별자치도만의 독특한 방언이 있음에도 제주어를 배우는 교육 프로그램은 거의 부재한 것으로 나타났다.

"제주도에 온 지 6년 되서 지금은 한국말 좀 해요. 근데 처음에는 벙어리로 살았어요. 또 제주말은 못 알아듣잖아요. (중략) 친구들이 제주도말로 ~행, ~쩡, 이러는데

(중략) 제주말 열심히 배워서 4개월 만에 제주말 하기 시작했어요. 제주 토박이처럼은 할 수는 없지만, 이제는 많이 알아들어요. 근데 여기 결혼이민자 대부분은 제주말 못 알아들어요."(연구참여자 B-04. 2011.10.12.)

제주지역의 결혼이민여성들은 한국사회 적응 과정에서 다른 지역의 결혼이민여성들에 비해 문화와 언어에 어려움을 가지고 있었다. 인터뷰 중 많이 언급된 내용은 '제주도의 언어, 음식, 날씨'에 적응하기가 쉽지 않다는 것이었다. 특히 한국인에게도 낯설고 어려운 제주 방언은 결혼이민여성에게 한국어와 함께 극복해야 하는 현실적인 문제이다. 연구참여자 B-04는 제주에서의 초기 정착생활 중에 의사소통의 어려움으로 거의 '벙어리'처럼 살았다고 이야기하며 그 당시의 어려움을 토로하였다. 하지만 여성가족부의 한국어교육과 다문화 이해교육은 지역적 특성을 고려하지 않고, 표준어교육으로만 이루어지고 있다. 즉, 한국어교육인 경우 표준어를 기준으로 교육하고 있어 결혼이민여성들이 제주지역만의 독특한 방언을 접할 때 어려움을 겪게 된다.

특히, 제주특별자치도가 가지고 있는 지역적 특성을 살펴보면, 다른 지역에 비하여 거주 외국인의 구성이 결혼이민여성뿐 아니라 유학생과 외국인 근로자, 그리고 외국인 투자자 및 사업가 등 다양하게 존재한다. 또한 국제관광지로서 외국인의 방문 횟수도 많다. 이러한 환경적 요인은 제주지역의 결혼이민여성들에게 직간접적으로 영향을 미칠 수 있다. 따라서 보편적이고 획일적인 다문화정책이 아닌 지역의 상황과 특성이 반영된 다문화정책이 필요하다고 볼 수 있다.

## 5.1.2. 수혜자들의 낮은 접근성 및 참여도

제주시에는 제주다문화교육센터와 제주시다문화가족지원센터가 운영되고 있고, 서귀포시에는 다문화가족지원센터가 있지만 많은 다문화가정 구성원들이 다문화교육 프로그램에 대해 참여하려는 의지가 그리 높지 않았다. 그리고 육지에서 한 시간 내외는 그리 큰 시간이 아니지만 제주특별자치도와 같은 섬에서의 한 시간 거리는 상당히 먼 거리로 인식되어 접근성도 많이 떨어지는 것으로 나타났다. 특히 다문화교육센터의 경우 잘 정비된 교육시설을 갖추었음에도 불구하고 제주시 외곽에 위치하고 있어서 차가 없으면 접근하기가 많이 힘든 상황이다. 무엇보다 결혼이민여성들과 남편들도 생업 때문에 시간을 내서 교육 프로그램에 참여하는 것을 어려워하고 있었다.

> "센터에서 다문화가정 자녀들을 모으는 방법에서 어려움이 있어요. 여기서 차로 한 시간 이내에 사는 학생들은 많지만 제주도에서는 한 시간은 꽤 먼 거리거든요." (연구참여자 A-03. 2013.08.06.)

> "결혼이민여성들뿐 아니라 남편들에 대한 교육 프로그램도 많이 했습니다. 시내에 사는 분들은 그래도 오시지만, 시외 쪽에 사는 분들은 오기 힘들어 해요. (중략) 접근성도 어렵고, 농촌지역의 일꾼 인력으로 결혼이주가 많아졌기 때문에 일을 해야 해서 센터 교육에 참석하기 힘들다고 할 때가 많습니다. 특히 부부 교육 프로그램이 있어도 함께 나와서 참여하는 것은 굉장히 어렵다고 해요."(연구참여자 A-01. 2013.08.07.)

센터에서 다양한 프로그램을 마련하고 진행하려고 하여도 프로그램에 대한 참여도나 호응도가 높지 않으면 센터에서는 교육을 진행하기가 쉽지 않다. 제주특별자치도라는 지역 특성상 차로 한 시간 정도 거리면 아주 먼 거리로 인식되어져 센터 방문도 어려운 실정이다. 연구참여자 A-03은 센터에서 실무를 담당하면서 다문화 관련 다양한 프로그램들을 기획하고 있지만, 지리적 특성과 불편한 교통수단으로 인해 센터의 이용자는 한정적일 수밖에 없다고 하였다. 특히 결혼이민여성과 가족들이 생업으로 인해 시간을 낼 수 없는 경우는 센터 자체를 이용할 수가 없다고 한다. 그리고 연구참여자 A-01의 지적처럼 경제적 곤란을 겪고 있는 가정의 경우는 다문화가족을 위한 유용한 프로그램이 있어도 참석 자체가 어려운 다문화가족들이 많은 것으로 나타났다.

### 5.1.3. 지역사회와의 연계성 부족

센터마다 다양한 다문화교육 프로그램을 제공하며 사회통합을 위해 부단히 노력하고 있다. 하지만 제주지역 내 센터 간의 네트워크 구축이나 지역사회와의 연계는 매우 미흡한 실정이다. 이벤트 성격을 갖는 다문화축제는 지역사회와의 유대감을 형성하기에 한계가 있었고, 일반 시민 교육에 대한 교육 프로그램이 부족한 실정이다.

"다문화 관련 행사를 진행할 때 일반 시민들의 관심과 참여는 매우 일시적입니다. 봉사단체나 시민단체가 있긴 한데, 어떤 행사를 하면 그 행사 때에만 도와 주십니다. 지속적이거나 정기적인 관계는 미비한 실정입니다."(연구참여자 A-01. 2013.08.07.)

"다문화축제와 같은 문화행사에는 일반 지역주민들의 관심과 참여가 높았습니다. 호응도가 좋아서 앞으로도 매년 행사를 계획하고 있어요. 하지만 문화 체험과 같은 프로그램에는 관심이 있지만 심도 있는 다문화교육에 대해서는 아직 관심이 적은 것 같아요."(연구참여자 A-04. 2013.08.06.)

연구참여자 A-01과 A-04는 다문화에 대한 사회적 이슈로 인하여 일반인들이 다문화 관련 행사에 참여하는 비율은 높아졌지만, 일시적이고 단순한 문화 체험에 그치는 것에 대해 우려를 나타냈다. 문화 체험을 통한 다양한 문화를 접하는 것도 중요하지만, 좀 더 깊이 있는 다문화에 대한 이해교육을 통하여 현재의 다문화사회를 비판적으로 바라볼 수 있는 시각을 갖는 것이 필요하다. 무엇보다 소수의 다문화가정을 위한 다문화교육을 넘어선 일반 시민에 대한 다문화교육이 매우 시급한 문제이다.

"한국에 처음 왔을 때 지금은 많이 좋아졌지만, 외국사람이라고 많이 쳐다보구…… 옛날엔 진짜 기분 나빴어요. 왜 나도 사람인데, 왜 그렇게 보냐, 어떻게 말해야 하는지, 왜 그렇게 보는지 모르겠어요. 나도 똑같은 사람인데……."(연구참여자 B-03. 2011.10.13.)

"물건 구입할 때는 주로 재래시장이나 마트를 이용해요. 어렵지 않아요. 근데 물건을 반품할 때는 어려움이 있어요. 잘못 구입해서 실수할 때가 많지만 그냥 참아요. 옷을 바꾸고 싶은데 미움 받을까봐 그냥 입어요. 미안해서 교환하지 못하겠어요……."(연구참여자 B-01. 2011.10.13.)

연구참여자 B-01과 B-03뿐 아니라, 인터뷰 전반에 걸쳐 결혼이민여성들은 한국사회에서 일반 시민들의 편견과 차별로 인해 '상처를 받고 있다'고 나타났다. 한국사회에서 다수를 이루고 있는 일반 시민들은 아직 이들을 온전히 받아들이지는 못하고 있다. 다문화가족을 특별한 대상으로 강조하여 분리하기보다는 모두가 동등한 인간임을 인정하고, 똑같은 사회의 구성원으로 함께 살아갈 수 있는 사회적 분위기 조성이 필요하다.

## 5.2. 운영적 측면

### 5.2.1. 전문 인력의 부족 및 업무 과다

센터 관계자들은 다문화센터의 운영에서 다문화에 대한 교육을 전문적으로 받은 전문 인력이 부족하고, 현재 센터에서 일을 하고 있는 직원의 경우에도 다문화 교육에 대한 이해가 부족하다고 하였다. 게다가 행정 업무와는 달리 상담의 경우는 전문 상담가가 필요함에도 그에 맞는 전문가가 부족한 실정이다. 또한 통·번역서비스를 제공하는 센터에서는 필요한 인력을 구하는 것도 쉽지 않다고 했다.

"센터의 존재 이유는 다문화가정이 한국사회에서 겪는 아픔을 알고, 그들이 속마음을 털어놓는 장소입니다. 하지만 직원들이 그들을 위한 마인드는 있지만, 많은 업무에 시달리고 있어요. 대부분 행정적인 업무죠. 전문적인 인력이 매우 부족한 실정입니다. (중략) 센터의 목표는 Healing, Sustaining, Guiding입니다. 그러기 위해서는 직원들의 업무를 줄이고 다문화가족을 위한 지지를 목적으로 해야 합니다."(연구참여자 A-02. 2013.08.06.)

"센터를 운영하려면 다른 기관들과 연계해서 사업을 실행해야 합니다. 그러기 위해서는 예산지원을 받기 위해 서류 작성이 필요하죠. 그러면 직원들 업무량은 또 더 많아집니다. 직원들은 초과근무 수당도 없이 일해요."(연구참여자 A-01. 2011.10.12.)

"상담을 전문으로 담당하는 분이 있으면 좋을 것 같은데 아직은 상담 기능은 센터에서 없어요. 전문가가 없어서 상담이 들어와도 전문적으로 상담해주기는 어려운 실정입니다. 상담사 채용에 대해 적극적으로 고려해보고 있습니다."(연구참여자 A-04. 2013.08.06.)

연구참여자 A-01, A-02, A-04의 공통적인 의견은 정책의 효과적인 실행을 위한 전문 인력이 부족하다는 것이다. 다양한 수요자들의 요구사항을 수렴하고, 이를 반영함은 물론 다문화에 대한 전반적인 이해 능력을 가진 전문 인력은 센터 운영에 있어서 중요한 요소이다. 센터 직원들을 대상으로 하는 교육 프로그램도 제주특별자치도 내에서 진행하지 않으면 참석하는 것이 어렵고, 섬 지역 특성상 외부에서 전문가를 섭외하는 것도 쉽지 않다고 한다. 또한 센터 직원들은 막중한 업무로 인해 결혼이민여성들에 대해 세심한 관심을 갖기 어려운 실정이었다. 다문화가정에게 필요한 실제적인 문제보다는 행정적으로 처리해야 하는 일들이 많아서 정작 도움이 필요한 곳을 돌보지 못하는 경우도 있는 것으로 나타났다.

### 5.2.2. 통합교육의 필요

센터의 다문화정책이 교육부와 여성가족부를 중심으로 나누어져 운영되다 보니 현장에서 센터를 운영하는 관계자들 또한 정책에 대한 혼돈과 수혜 대상의 구분에 어려움이 있었다.

"교과부는 교육을, 노동부는 이민을, 법무부는 사회통합을…… 이건 시스템에 문제가 있다고 봅니다. 국무총리산하 컨트롤 타워를 세워 체계를 갖춰야 해요. 중복 정책이 너무 많습니다. 여가부는 회원관리를 철저히 해서 중복 수혜를 방지하는 시스템을 만들어서 역차별 논란을 줄여야 합니다. (중략) 포괄적인 시스템이 꼭 필요합니다."(연구참여자 A-02. 2013.08.06.)

"다문화교육센터는 자녀 중심이고, 다문화가족지원센터는 여성 중심으로 따로 교육하고 있습니다. 물론 다문화교육센터와 연계가 되어 있지만 접근성이 어렵습니다. 어머니와 자녀를 따로 분리할 수 없는데 교육은 분리가 되고 있는 실정이에요. 통합교육이 필요합니다."(연구참여자 A-01. 2013.08.07.)

"다문화센터에 여러 프로그램이 있지만, 내가 프로그램 만드는 사람이라면 제일 만들고 싶은 건 애들 교육 프로그램이에요. (중략) 그러니까 특별한 교육이 있으면 좋겠어요."(연구참여자 B-03. 2011.10.13.)

교육부와 여성가족부의 이원화되어 있는 정책 실시로 센터 관계자뿐만 아니라 결혼이민여성들도 혼란스러울 때가 많다고 한다. 예를 들어, 여성가족부에서는 교육의 주요 대상을 결혼이민여성으로 삼고 있고, 교육부에서는 다문화가정 자녀를 주요 대상으로 교육 프로그램을 진행하기 때문에 현장에서는 운영상의 어려움이 많다고 한다. 따라서 연구참여자 A-01과 A-02는 다문화가족이 모두 참여 가능한 통합적인 교육이 필요하다고 하였다. 연구참여자 B-03을 비롯한 결혼이민여성들은 그들의 자녀교육에 높은 관심을 나타냈다. 즉, 센터 관계자와 결혼이민 여성 모두 어머니와 아이가 함께 교육받을 수 있는 교육적 환경과 여건을 필요로 하고 있다. 따라서 통합교육 형태의 다문화교육이 이루어질 수 있는 체계적인 시스템 구축의 필요성을 강조하였다.

### 5.2.3. 재정적 어려움

센터 관계자들은 센터 운영에 있어서 재정적 문제의 어려움에 대해 많이 이야기했다. 부족한 재정을 채우기 위하여 많은 사업에 공모를 하고, 이것은 직원들의 행정 업무 과다에도 영향을 미치는 악순환을 유발하고 있다. 이러한 센터는 대부분 시민단체에서 운영하고 봉사와 희생에만 의존하는 경향을 나타내어 현실적으로 재정에서 가장 큰 어려움을 겪고 있다.

> "예산이 부족한 현실입니다. 예산은 한정되어 있고, 펀딩을 받고 있긴 하지만 부족하죠. 시에서도 지원이 많이 없습니다."(연구참여자 A-02. 2013.08.06.)

> "정부 지원이 많이 부족합니다. 기증이나 직원들이 월급을 반납하거나 센터장의 사비로 일이 진행될 때가 많아요. 사무실 임대도 자체적으로 해결하고 있습니다. 도지사에게도 이야기했지만 어려움이 많습니다."(연구참여자 A-01. 2013.08.07.)

센터들은 정부의 예산을 받기 위해 사업공모 참여 등으로 행정적 업무에 대한 부담이 커지게 되고, 이로 인해 다문화가정에 대한 세심한 관심을 가질 수 없는 상황에 처하게 된다. 심지어 A-01의 경우 재정적 위기를 극복하기 위해 자체적으로 해결하거나 사비를 사용하는 등의 방식으로 센터를 운영하고 있는 것으로 나타났다. 이러한 부족한 재정을 해결하기 위해 정부는 중복되는 사업을 피하고, 실제로 필요한 곳에 알맞게 예산을 사용할 수 있도록 관리하는 역할을 해주어야 한다.

이상에서 살펴본 것처럼, 다문화정책 수행자인 센터 관계자들과 정책 수혜자인 결혼이민여성들을 대상으로 한 인터뷰를 통해 센터의 내용적 측면과 운영적 측면의 문제점을 파악하였다. 분석 결과를 통해, 다문화교육이 공급자 중심의 프로그램 위주로 구성된 것은 아닌지 검토해보아야 한다. 즉, 수요자인 결혼이민여성들이 원하는 것이 무엇인지 올바로 인식하고, 나아가 그들과 공감대가 형성되어야 한다. 그리고 사회통합을 위해서 다문화가정에 대한 교육뿐만 아니라 일반 시민에 대한 교육이 더욱 절실하다는 것을 알 수 있다. 이와 같이 센터 운영의 내용적 측면과 운영적 측면의 문제점을 보완한다면 제주의 지역적 특성을 반영한 다문화정책이 수립될 것이다.

## 6. 지역 특성이 반영된 다문화정책을 기대하며

이 글은 지역의 특성을 기반으로 하는 다문화정책의 필요성을 강조하기 위해 급속한 다문화사회로의 변화를 나타내는 제주특별자치도의 다문화정책 현황을 분석하였다. 분석 결과, 제주특별자치도의 다문화정책 수행에 있어서 다음과 같은 내용적 측면과 운영적 측면의 문제점이 나타났다.

내용적 측면에서는 첫째, 제주지역의 특수성을 반영한 다문화정책이 부재하다. 정부 차원의 다문화정책은 보편적이고, 일반적인 교육 수준에서 머무른다. 제주라는 섬의 지역적 · 문화적 · 언어적 교육 프로그램은 찾아보기 힘들었다. 둘째, 결혼이민여성들과 그 가족들이 센터를 이용하는 것 자체가 어렵거나 현실적으로 참여하는 것이 힘들 수 있다. 제주지역의 지리적 특성과 대중교통 상황으로 센터에 대한 접근성이 어렵다. 셋째, 지역사회와의 연계성이 낮다. 제주지역 내의 많은 다문화교육기관들의 긴밀한 네트워크도 부족하고 지역사회와 함께 하는 프로그램도 많지 않다.

운영적 측면에서는 첫째, 센터에 필요한 전문 인력이 부족하고, 직원들의 업무가 과다하다. 둘째, 통합적인 다문화교육이 미흡하다. 그 이유는 여성가족부는 결혼이민여성을, 교육부는 그들의 자녀를 다문화교육정책 수혜 대상으로 간주하고 있기 때문이다. 셋째, 센터 운영의 재정적 어려움이다. 경제적 어려움을 극복하기 위하여 센터들이 여러 사업에 공모를 하고 기부금을 받고 있지만, 재정 부족으로 많은 고충이 있다고 하였다.

이러한 결과를 바탕으로 결혼이민여성들을 위한 제주특별자치도만의 특수성이 반영된 다문화정책을 다음과 같이 세 가지로 제언하고자 한다. 첫째, 제주지역의 특수성이 반영된 다문화정책의 수립과 실천이다. 다문화교육의 환경으로서 제주 사회는 경제적·문화적·지리적 차원에서 특수성을 나타내고 있다. 경제적 차원에서 제주 거주 결혼이민여성들의 구직 행위와 학습활동도 제주지역의 제조업의 낮은 비율과 관련된다. 제주지역은 제조업체가 적어 결혼이민여성들이 출산 이후 취업하고자 할 때 일자리 확보가 어렵다. 대부분 이들의 일자리는 식당 일이나 감귤 밭일로 높은 수준의 한국어 구사 능력이 요구되어지지 않아서 구조적 한계를 지닐 수밖에 없다. 문화적 차원에서는 무엇보다 제주의 폐쇄적 공동체 문화와 제주어가 지닌 독특함도 결혼이민여성들에게 장애요소이다. 또한 제주 정주민의 노동 및 여가문화 역시 결혼이민여성과 가족 간에 갈등을 유발할 수도 있다. 지리적 차원에서 제주지역 사회가 지닌 섬이라는 지리적 고립성과 제주지역의 특수성을 올바로 이해하고, 이곳에 거주하는 결혼이민여성들을 위한 다문화정책이 필요하다. 뿐만 아니라 현재 날로 증가하는 제주지역의 외국인들에 대하여 결혼이민여성들을 인적자원으로 활용할 수 있는 방안도 고려되어야 한다.

둘째, 교육부와 여성가족부의 다문화정책 통합 시스템의 지속적 실천이다. 정부 부처의 중복 사업과 시스템은 어제오늘의 문제가 아니다. 이는 현장에서 몸소 일하고 있는 관계자들의 고충에서도 잘 드러나고 있다. 가족을 어머니와 자녀를 나누어서 생각할 수 없는 것처럼 교육을 정부 부처가 나누어서 관리하거나 혼선되어 관리하는 것은 합리적이지도 효율적이지도 않다. 통합적이고 체계적인 시스템 구축을 통하여 한국사회에 정착하고 적응하려는 결혼이민여성들에게 필요한 교육을 실시하여야 한다.

셋째, 제주시 거주 일반 시민에 대한 다문화교육 체제 구축이다. 일반 시민에 대한 교육의 중요성이 요즘 많은 연구에서 논의되고, 또한 교육현장에서도 다문화교육이 일반 시민을 대상으로도 시행되고 있다. 하지만 현장연구를 통해서 알 수 있듯이 일반인 대상의 다문화교육은 다문화 이해교육이나 세계 시민성 교육이 아닌 문화 체험에 그치는 경우가 많다. 이제는 진정한 시민 교육이 우리 사회에 필요한 때이다. 이는 민주사회로 가는 첫걸음이기도 하다.

민주사회는 정치적 의사 결정에서 시민의 참여를 최대한 권유하며, 다수에 의해 정해진 규칙을 존중하고, 소수의 권리를 보호한다. 민주주의 헌법의 기본 가치는 정의, 평등, 개인 권리의 보호 및 공익의 증진을 포함한다. 민주주의는 모든 사람이 법 앞에 동등한 가치와 평등한 대우를 받을 권리를 가진다는 가치를 기반으로 한다(Campbell, 2010: 55).

민주적인 시민성은 포괄적이며 다원적이어야 하므로 다문화교육과 올바른 시민 교육은 서로 밀접한 관계가 있다. 따라서 다문화교육은 계층, 민족, 인종, 종교, 소득 등에 상관없이 모두를 위한 것이며, 적극적이고 참여적인 시민성을 준비시켜야 하는 것이다. 공동체가 존속되기 위해서는 구성원들이 공동체 안에서의 삶의 질을 향상시키기 위한 공통의 목표와 가치를 공유해야만 한다. 경쟁과 개인주의만이 팽배한 사회에서 사람들은 그에 일치하는 가치에 따라 행동한다. 공동체는 각 구성원이 나 자신보다 타인 또는 공동체 전체를 먼저 생각하는 가치가 공유되지 않는다면 존속되기 어렵다(Johnson & Johnson, 2002: 386). 제주 사회의 사회통합을 위해서는 다문화교육이 소수의 결혼이민여성 혹은 그들의 자녀들을 대상으로 하는 교육을 넘어서 일반 시민을 위한 다문화교육으로 나아가야 할 것이다.

# 6장

## 도서지역
## 결혼이주여성의
## 문화적응 실태

# 6 도서지역 결혼이주여성의 문화적응 실태

이미정 · 강현민    * 이 글은 2011년 『교육문화연구』 17권 2호에 게재된 논문 「도서지역 결혼이주여성의 문화적응 실태 조사 연구」를 수정 · 보완한 것이다.

## 1. 들어가기

　이 글의 목적은 기존의 농촌지역과 도시지역 중심의 다문화가정 연구를 탈피하여, 연구적 관심 및 정책적 지원으로부터 소외받고 있는 도서지역 다문화가정 구성원들의 문화적 적응을 위해서 비공존의 실체와 특성을 파악하고, 문화적 공존이 어떠한 방향으로 가능한지를 다학문적으로 연구하는 데 있다. 이를 위해서 도서지역에 거주하는 결혼이주여성을 대상으로 설문조사를 실시하여 다문화가정의 문화적 비공존 양상을 파악하고, 원인 규명과 아울러 해결 방안을 제시할 것이다. 도서지역의 지리적 범위는 연구대상지 접근의 용이성을 고려하여 연구자가 소속된 기관과 근거리에 있는 강화도 · 대부도 · 영종도 · 영흥도를 연구대상지로 삼았다.

　국제결혼 이주자, 외국인 노동자의 비율이 지속적으로 증가하면서 노동 현장, 각급학교, 지역공동체에서 다인종적 · 다문화적 공존과 상호 존중이 중요한 사회적 과제가 되고 있다. 그러나 다수의 경우에서 비공존이 발생한다. 예를 들면, 언어와 관습 등의 차이와 문화적 이질감에서 오는 가족갈등이 한 사례인데, 한국남성과 외국여성배우자의 가정에서 이혼과 폭력이라는 비공존 현상이 종종 발생한다. 다문화가정 자녀들의 경우에도 상황은 더욱 열악하다. 다문화가정 자녀는 피부색이 달라 학교에서 곤란과 차별을 당하고 있다. 통계자료에 따르면 다문화가족 아동 5명 중에 1명은 어린이집과 유치원, 학교생활에 적응하지 못하는 것으로 나타났다. 언어 능력과 학습의 부진 및 학교에서의 부적응을 겪고 있으며, 집단따돌림, 정체성 혼란, 정서장애 등을 경험하는 비율이 비다문화가정 학생들보다 상대적으로 높게 나타나고 있다. 현재 이들은 주로 유치원·초등학생들이지만 수년 내에 청소년의 한 층을 형성하게 될 것이다. 이들의 한국어 능력 향상, 학교 적응, 차별과 소외감 해소는 우리 사회가 해결해야 할 사회적·교육적 과제로 부각되었다. 이와 같이, 상이한 문화가 공존하지 못하는, 비공존 상태에서는 불평등이 발생하기 마련이다. 다양한 문화가 교류하면서 갈등과 충돌이 발생하는 것은 당연한 일이지만, 이것을 최소화하기 위해서는 비공존 실태와 그 발생 원인을 먼저 규명하는 것이 절실하다.

이러한 문제를 해결하기 위해 최근 몇 년 동안 도시지역과 농촌지역의 문화적 응에 대한 연구가 언어·종교·문화 등 특정 분야에서 부분적으로 진행되고 있다. 하지만 학술연구 및 정책 수혜에서 소외받고 있는 도서지역에 거주하는 다문화가정과 지역사회 간의 문화적 비공존 실태에 대한 연구는 전무한 실정이다. 따라서 이 글에서는 도서지역 다문화가정의 비공존 실태를 파악하기 위하여 가족관계·언어문화·종교문화·사회정책·보건의료·소비활동·여가문화 등 다학문적으로 접근하고자 한다. 여러 문제를 종합적으로 검토하여 도서지역에 거주하는 다문화가정의 사회통합 문제를 심층적이고 포괄적으로 접근할 수 있을 것이다. 이를 바탕으로 다른 도서지역에서 활용할 '문화적 적응 모형'을 연구할 수 있고, 다양한 문화적 배경을 지닌 그들과 우리가 상생하는 사회, 즉 상호 간의 문화와 가치를 존중하고 더불어 살아가는 환경을 조성하는 데 이바지할 것이다.

## 2. 도서지역의 문화적 특성

도서지역은 주위가 바다로 둘러싸여 있는 개방성과 폐쇄성이 동시에 존재하면서 생활중심권에서 멀리 떨어져 있어 경제적·문화적·행정적으로 소외되어 있는 지역이며, 토지이용공간이 협소하여 생산활동에 제한이 많은 지역이다(장희선·김윤정, 2010). 또한 도서지역은 그곳의 생산활동에 적용된 가치를 굳히게 하는 공동체 의식을 공유하며 이웃마을과 연결되어 당시의 소비수준에 걸맞은 생활양식을 갖는 일정 범위의 취락을 구성한 공간이다(유충렬, 1996). 도서지역의 특징에 대해 전반적으로 살펴보자면 먼저, 산업적으로는 수산업이 주축을 이루며, 직업과 인구의 측면에서도 수산업자가 큰 비중을 차지한다. 자연적·지리적 조건으로는 임해지역인 연안이나 도서지방을 중심으로 구성되어 있는 도시와 농촌과 구별되는 지역이다(김현미, 2007). 이처럼 도서지역은 농·산촌, 도시와 달리 사면이 바다로 둘러싸여 고립되어 있다는 점에 기인하여 그 지역과 지역민만의 독특한 문화, 즉 정체성을 형성해왔다. 근대화를 거치면서 특수성을 잃고 획일화되었던 다른 지역과 달리 도서지역은 대체로 생활문화의 원형을 지켜왔다고 연구자들은 판단해왔다(이덕순, 2009).

그동안 도서지역의 연구는 주로 문화인류학·사회학·문학·지리학 등의 분야에서 조금씩 진행되었고, 최근에는 관광업·어업 혹은 수산업과 관련하여 점진적으로 연구되고 있다(현외성, 2010). 도서지역은 지리적 조건에 의한 연구의 어려움 등 여러 가지 이유로 인해 연구대상에서 어느 정도 소외되어 왔다. 사회복지나 노인복지 분야에서도 도서지역의 복지에 대한 연구는 극히 소수로 한정되어 있고, 도서지역의 문화에 관한 연구도 지역문화의 활성화 방안에 관한 연구나, 가정신앙, 전설, 금기언 등 지역문화에 대한 연구 그리고 지역공동체 형성과 유지에 관한 연구 등이 간헐적으로 진행되어왔을 뿐이다.

다문화사회를 이주민의 유입 측면에서 바라보았을 때, 도서지역에서 다양한 문화를 지닌 채 유입해온 이들은 도시나 농촌의 이주민과 또 다른 의미를 지니고, 또 다른 양상을 보일 수 있을 것이다. 하지만 현재 농촌의 결혼이주여성의 문화적응에 대한 연구나 도시의 결혼이주여성에 대한 연구는 존재하지만 도서지역의 결혼이주여성이 어떻게 문화적 공존을 이루며 살아가고 있는가에 관한 연구는 전무하다. 따라서 이 글에서는 설문조사를 통해 도서지역에 거주하고 있는 결혼이주여성들의 문화적응 실태를 파악하고자 한다.

## 3. 문화적응의 개념과 이론적 논의

　문화적으로 서로 다른 배경을 지닌 사람들이 만날 때 문화접촉이 이루어진다. 문화접촉은 크게 사회 내 접촉과 사회 간 접촉으로 나눌 수 있다. 사회 내 접촉은 한 사회 내에서 다양한 문화를 가진 하위문화 구성원 간에 이루어지는 접촉이고, 사회 간 접촉은 한 사회의 사람이 다른 나라에 여행 · 유학 · 업무 등의 일정한 목적을 가지고 갔을 때 생기는 접촉이다(Bochner, 1982). 세계화로 인한 유학생, 외국여행자, 해외파견자, 외국인 노동자의 증가 등으로 사회 간 접촉에 대한 연구가 집중되어왔지만, 최근에는 많은 국가에서 한 국가 내에 다양한 문화가 공존하는 사회로 변화해감에 따라 사회 내 접촉에 대한 관심이 증가하고 있는 추세이다.

　문화접촉 상황에서의 적응 문제에 대한 관심으로 인해 문화적응(acculturation)이라는 개념이 나타나게 되었다. 인류학자와 사회학자들은 초기에 문화적응을 문화접촉 상황에서 문화적 근원이 다른 사람들 간의 지속적이고 직접적인 접촉의 결과로 일어나는 변화(Redfield, Linton & Herskovits, 1936)라고 정의하였다. 문화적응은 원칙적으로 중립적인 용어로써 사용되고 있으나, Berry(1990)는 두 집단 간의 상호작용을 통해 발생하는 문화접촉 현상은 어느 한 집단이 다른 집단에 비하여 더 많은 변화를 겪는 경우가 대부분이라고 보았다. 이후 심리학자들이 문화적응에 대해 관심을 가지게 되면서 문화적응은 정서적 · 행동적 · 인지적 측면을 포함한 개인 수준에서의 변화로 개념화되었다(Berry, 1997). 이와 같이 문화적응에 대한 개념은 초기 단계에서는 집단 수준의 변화에 관심을 가졌고, 후에는 개인의 심리적 변화에 초점을 맞추게 되었다. 그러나 최근에는 문화적응이라는 용어를 집단 수준과 개인 수준을 가리지 않고 일반적으로 사용하고 있다. Berry(1997)는 용어는 같이 쓰더라도 문화적응 연구에서 개인 수준과 집단 수준을 혼동하지 않는 점이 중요하다고 지적하였는데, 그 이유는 모든 개인의 경험이 같거나 참여의 정도가 같은 것은 아니기 때문이다. 이를 정리하자면, 문화적응이란 문화적 접촉으로 인하여 경험하게 되는 변화가 개인과 집단의 행동적 · 정서적 · 인지적 대처 반응에 영향을 주는 총체적인 상호작용의 과정이라고 할 수 있다.

　문화적응 이론의 흐름을 살펴보면, 1960년대에 다른 문화권으로 이동해서 살게 되면서 겪는 문화적응 단계의 변화에 초점을 맞춘 연구로 Oberg(1960)의 '문화충격' 이론이 있다. 그는 개인이 타문화에 체류하면서 경험하게 되는 정서적인 반응을 네 단계로 분류하였다. 첫 번째 단계는 우호적(honeymoon) 단계로, 새로운 문화를 접해서 황홀·감탄·열정을 느끼는 시기이다. 두 번째는 위기 단계로 좌절·분노·불안·부적절함 등을 느끼는 단계이다. 세 번째는 회복 단계로 위기를 해결하고 문화를 배워나가는 시기이다. 마지막 단계는 적응 단계로 새로운 문화를 즐기고 기능적으로 유능해지는 단계이다. 1970년대부터 문화적응에 대한 연구자들은 문화적응 양태와 유형에 관심을 가지기 시작하였다. 문화적으로 다양한 집단의 사람들이 서로 만나게 되면 사회적 구조, 제도, 정치, 가치체계의 영향을 미치게 된다. Bochner와 Furnham(1986)은 문화에 적응하는 개인적 수준을 네 가지로 설명하고 있다. 첫째, 통과(Passing)이다. 이는 보통 사회적·경제적 수준이 보다 낮다고 여겨지는 사회에서 높다고 여겨지는 사회로 이주했을 때 나타나는 개인의 태도로, 본국의 문화를 거부하고 새로운 문화를 받아들이는 것이다. 그 결과 자신의 민족적 정체감은 상실하게 된다. 즉, 소수집단에 속한 사람이 자신의 진짜 정체성을 숨기고 주류집단의 구성원인 척하고 사는 것을 의미한다. 두 번째는 국수주의(Chavinism)로의 새로운 문화를 거부하고 원래 자신의 문화를 과장하는 형태이다. 세 번째는 주변화(Marginalization)인데, 이는 두 문화 사이에서 망설이다 어느 것도 택하지 못하는 형태이다. 두 문화가 서로 양립할 수 없다고 느낄 때 나타나는 현상이다. 마지막으로 조정(Mediating)이다. 이는 두 문화를 모두 받아들여서 성공적으로 통합하는 것을 의미한다. 이 형태가 개인적 성장과 집단 간 조화에 도움을 줄 수 있다.

다문화사회를 이미 형성한 유럽 및 아메리카 국가들에서는 다문화적 배경을 지닌 구성원들의 문화적 공존에 대한 연구가 활발하게 진행되고 있다. 그러나 대부분의 연구가 다문화를 교육적으로 접근하고 있고, 도서지역 다문화가정의 문화 공존에 대한 연구가 전무하기 때문에 이 연구에서는 외국 관련 선행연구를 거론하지 않고 국내 선행연구만을 검토하고자 한다.

도시와 농촌지역에 거주하는 다문화가정의 적응에 관한 연구를 정리하면 다음과 같다. 먼저, 농촌지역을 살펴보면, 정영성(2008)은 다문화가정이 농촌지역에 미치는 영향을 분석하여 우리 사회와의 통합 방안을 제안하였고, 황윤주(2008)는 결혼이민자 여성이 한국에 적응할 수 있도록 도와주는 지원방안을 제시하였다. 송지현(2009)은 다문화가정 부부를 대상으로 이들 부부의 결혼적응에 영향을 미치는 요인들을 밝히고, 부부 간에는 어떠한 양상을 보이는가를 비교·분석하였다. 박상규(2009)는 국제결혼이 도시보다 농촌에서 더 많이 이루어지고 있는 것을 감안하여 다문화가정 여성결혼이민자들의 증가 배경, 여성결혼이민자 현황 및 관련 문제와 이들을 위한 기본적인 정책 현황을 살펴보았다. 김선희(2009)는 전국적인 여성결혼이민자의 실태를 알아본 후, 결혼행복감을 변인별로 분석하고 결혼행복감에 영향을 미치는 요인을 분석하였다. 강득자(2009)는 농촌지역 다문화가족의 생활실태를 사회인구학적 변수에 따른 가족가치관, 부부관계, 생활만족도 및 이들 간의 상관관계를 살펴보고자 하였다. 이석형(2008)은 다문화가정의 문제를 해결하기 위한 근본적이고 실질적인 토대를 마련하기 위해 이론적 고찰을 실시하였다.

도시지역 다문화가정의 문화적응 연구를 살펴보면, 김보라(2008)는 경기도, 특히 남양주시 내 국제결혼 이민자여성의 한국사회 적응의 실태에 대해 연구하였다. 홍석기(2008)는 급속히 진행되는 서울의 다문화 현상과 글로벌 도시 파리의 외국인 정책을 살펴보고, 서울의 글로벌 도시 전략을 제시하였다. 이와 같이 다문화가정의 문화적 다양성과 문화적응에 대한 기존의 연구를 정리하자면 도시지역과 농촌지역에 거주하는 다문화가정에 대한 문화적응 논의만 진행되었고, 그 연구 역시 총체적 관점이 아니라 언어·종교 등 특정 생활 영역을 독자적으로 연구하는 데 머물러 있는 실정이다. 따라서 기존 연구의 한계점을 보완하기 위해 학술 연구 및 정책 수혜에서 소외받고 있는 도서지역에 거주하는 다문화가정과 지역사회 간의 문화적 비공존 실태와 공존 실태를 다학문적으로 연구하고자 한다. 이를 위해서 다문화가정의 가족관계·언어문화·종교문화·사회정책·보건의료·소비활동·여가문화 등 다문화가정이 직접적으로 겪고 있는 여러 문제를 종합적으로 접근하여 도서지역에 거주하는 다문화가정의 사회통합 문제를 심층적이고 포괄적으로 접근할 것이다. 이를 바탕으로 다른 도서지역에서 활용할 '문화적 적응 모형'을 연구할 수 있고, 다양한 문화적 배경을 지닌 그들과 우리가 상생하는 사회, 즉 상호 간의 문화와 가치를 존중하고 더불어 살아가는 환경을 조성하는 데 이바지할 것이다.

## 4. 연구방법

이 글은 도서지역에 거주하는 결혼이주여성의 문화적 적응 실태를 파악하기 위해서 2011년 3월 2일부터 5월 25일까지 총 200부의 설문지를 배포한 뒤, 128부(64%)를 회수하여 분석을 진행한 결과다. 연구대상자를 정리하면 〈표 6-1〉과 같다.

〈표 6-1〉 연구대상자

| 설문지역 | 구 분 | 빈 도 | 퍼센트(%) |
|---|---|---|---|
| 강화도 | 강화다문화가족지원센터 | 47 | 36.7 |
| | 통일교회 | 19 | 14.8 |
| | 강화 유치원, 초등·중학생 학부모 | 36 | 28.1 |
| 대부도 | 대부 어린이집 부모 | 8 | 6 |
| 영흥도 | 영흥 면사무소 한국어교실 | 5 | 3.9 |
| 영종도 | 중구다문화가족지원센터 | 13 | 10 |
| | 합계 | 128 | 100 |

〈표 6-1〉과 같이, 강화도에서는 강화다문화가족지원센터에서 한국어교육에 참가한 결혼이주여성 47명, 통일교회를 다니는 결혼이주여성 19명, 강화교육지원청의 도움을 받아 유치원, 초등·중학생 학부모 36명 등 모두 102명의 설문조사를 진행하였다. 강화도 이외의 도서지역으로는 대부도 8명, 영흥도 5명, 영종도 13명 등과 같이 26명의 설문조사를 진행하였다. 연구대상자의 인구통계학적 특성은 다음과 같다.

### 4.1. 결혼 전 국적

〈표 6-2〉와 같이 결혼 전 여성의 국적을 보면 베트남 출신의 여성이 45명으로 (35.2%) 가장 높은 비율을 차지하고 있다. 그다음이 일본, 캄보디아, 중국(한족, 기타) 순으로 나타났다. 이러한 결과는 국내 전체 결혼이주여성의 국적 순위가 중국(조선족), 베트남, 필리핀, 일본 등인 것과는 다소 차이가 있다. 설문조사 대상자들의 다수를 차지하는 강화도에는 베트남여성과 일본여성이 많이 거주하고 있다는 것을 알 수 있다.

〈표 6-2〉 결혼 전 국적

| 국 적 | 빈 도 | 퍼센트(%) |
|---|---|---|
| 몽골 | 3 | 2.3 |
| 베트남 | 45 | 35.2 |
| 우즈베키스탄 | 1 | 0.8 |
| 일본 | 29 | 22.7 |
| 중국(조선족) | 9 | 7.0 |
| 중국(한족, 기타) | 17 | 13.3 |
| 캄보디아 | 21 | 16.4 |
| 필리핀 | 1 | 0.8 |
| 무응답 | 2 | 1.6 |
| 합계 | 128 | 100 |

## 4.2. 연령

〈표 6-3〉 연령

| 연 령 | | | | |
|---|---|---|---|---|
| | 여 성 | 20~24 | 9 | 7.2% |
| | | 25~29 | 31 | 24.8% |
| | | 30~34 | 29 | 23.2% |
| | | 35~39 | 20 | 16.0% |
| | | 40~44 | 17 | 13.6% |
| | | 45~49 | 15 | 12.0% |
| | | 50이상 | 4 | 3.2% |
| | | 무응답 | 3 | 2.3% |
| | 배우자 | 30~34 | 2 | 1.7% |
| | | 35~39 | 18 | 14.8% |
| | | 40~44 | 36 | 29.8% |
| | | 45~49 | 39 | 32.2% |
| | | 50~54 | 22 | 18.2% |
| | | 55이상 | 4 | 3.2% |
| | | 무응답 | 7 | 5.5% |

〈표 6-3〉과 같이 결혼이주여성과 배우자의 나이를 살펴보면, 여성의 경우 30대가 49명(39.2%)으로 가장 많고, 그다음은 20대가 40명(32%)을 차지하고 있다. 이

러한 결과를 통해, 결혼이주여성의 상당수가 20~30대임을 알 수 있다. 배우자의 나이를 살펴보면, 40대가 75명(62%)으로 가장 많고, 그다음이 50대가 26명(21.4%)을 차지하고 있다. 남성의 경우 40대 중후반의 비율이 전체에서 54%를 차지하는 것으로 나타났다. 여성은 20~30대의 비율이 높은 반면, 남성은 40~50대의 비율이 가장 높게 나타나고 있음을 알 수 있다.

## 4.3. 학력

〈표 6-4〉 학력

| 학 력 | 여 성 | 무학 | 1 | 0.8% |
|---|---|---|---|---|
| | | 초등학교 | 5 | 3.9% |
| | | 중학교 | 24 | 18.8% |
| | | 고등학교 | 47 | 36.7% |
| | | 전문대학 | 24 | 18.8% |
| | | 대학교 | 20 | 15.6% |
| | | 대학원 | 3 | 2.3% |
| | | 무응답 | 4 | 3.1% |
| | 배우자 | 무학 | 1 | 0.8% |
| | | 초등학교 | 4 | 3.1% |
| | | 중학교 | 21 | 16.4% |
| | | 고등학교 | 71 | 55.5% |
| | | 전문대학 | 13 | 10.2% |
| | | 대학교 | 10 | 7.8% |
| | | 대학원 | 2 | 1.6% |
| | | 무응답 | 6 | 4.7% |

〈표 6-4〉와 같이, 결혼이주여성과 배우자의 학력을 살펴보면, 여성의 경우 '고등학교 졸업'이 47명(36.7%)으로 가장 많고, 그다음은 '중학교 졸업'과 '전문대 졸업'(18.8%) 순으로 나타났다. '대학교 졸업'도 20명(15.6%)이나 응답했다. 설문자 중 전문대 졸업 이상의 학력을 가진 여성은 47명으로 전체에서 36.7%의 비율을 차지하고 있다. 남성 역시 '고등학교 졸업'이 71명(55.5%)으로 가장 많았고, 그다음은 '중학교 졸업'(16.4%) 순으로 나타났다. 전문대 졸업 이상의 학력자는 25명

으로 전체에서 19.6%를 차지하고 있다. 이를 통해 결혼이주여성의 학력이 배우자의 학력 수준보다 높다는 것을 알 수 있다. 여성의 학력이 배우자보다 낮을 것이라는 생각은 우리의 편견이고, 이러한 편견을 없애기 위한 노력이 필요하다.

## 4.4. 국적 취득

〈표 6-5〉 국적 취득 및 향후 계획

| | | | |
|---|---|---|---|
| 국적 취득 여부 | 있음 | 42 | 32.8% |
| | 없음 | 83 | 64.8% |
| | 무응답 | 3 | 2.3% |
| 국적 취득 계획 | 국적 취득 | 49 | 38.3% |
| | 영주권만 취득 | 11 | 8.6% |
| | 모름 | 23 | 64.8% |
| | 무응답 | 45 | 35.2% |

〈표 6-5〉와 같이 결혼이주여성이 현재 한국 국적을 취득한 경우는 128명 중 42명(32.8%)에 불과하다. 국적이 없다고 답한 83명 중 49명(38.3%)이 향후 국적 취득을 희망하고 있는 것으로 나타났다.

## 4.5. 혼인

〈표 6-6〉 혼인 상태

| | | | |
|---|---|---|---|
| 혼인 상태 | 결혼 | 120 | 93.8% |
| | 이혼 | 3 | 2.3% |
| | 사별 | 2 | 1.6% |
| | 무응답 | 3 | 2.3% |

〈표 6-6〉에서 보는 것과 같이, 결혼이주여성 중 '결혼' 상태 120명(93.8%), '이혼' 상태 3명(2.3%), '사별' 상태 2명(1.6%)으로 나타났다. 전체 4% 정도가 가정해체를 보이고 있다. 2010년 인천광역시에 거주하는 다문화가정의 이혼 건수가 7,354건(인천광역시교육청 자료)으로 조사된 것처럼, 다문화가정도 여러 원인으로 인해 가정이 해체되는 사례가 늘고 있다. 따라서 이에 대한 정책적 대비가 필요하다.

## 4.6. 직업

〈표 6-7〉 직업 유형

| 직업 | | | |
|---|---|---|---|
| | 농업 | 19 | 14.8% |
| | 일용직근로자 | 9 | 7.0% |
| | 자영업 | 4 | 3.1% |
| | 사무직 | 3 | 2.3% |
| | 전문직 | 10 | 7.8% |
| | 공무원 | 2 | 1.6% |
| | 아르바이트 | 3 | 2.3% |
| | 주부 | 61 | 47.7% |
| | 기타 | 8 | 6.3% |
| | 무응답 | 9 | 7.0% |

〈표 6-7〉과 같이, 결혼이주여성들의 직업 현황을 살펴보면, 61명(47.7%)이 집 안에서 주부의 역할을 하고 있고, 50명(39%)이 직업을 가지고 있는 것으로 나타 났다. 직업의 있는 경우에도 전문직은 10명(7.8%)뿐이다. 대부분이 농업 및 일용 직 근로자에 참여하고 있다. 고학력자인 여성들의 비율이 높은 만큼 취업 교육 등 을 통해 결혼이주여성들이 능력을 발휘해서 일할 수 있는 기회가 마련되어야 한다.

## 5. 영역별 문화적응 실태 분석

### 5.1. 가족관계 분석 결과

#### 5.1.1. 배우자와의 갈등 원인

〈표 6-8〉과 같이, 배우자와의 갈등 여부를 묻는 질문에 55명(43%)이 갈등이 있 다고 대답했다. 갈등의 내용을 묻는 질문에서는 '경제 문제'(14.8%)가 가장 심각했 다. 그 다음은 '언어소통 문제'(13.3%), '문화의 차이'(8.6%) 순으로 나타났다. 도서 지역은 지역적 특성상 개방성과 폐쇄성이 동시에 존재하면서 생활중심권에서 떨

어져 있는 경우가 많아 경제적 · 문화적 · 행정적으로 소외되는 경우가 많다. 이러한 특성 때문에 경제적인 문제가 초래되고, 배우자와의 심각한 갈등 요인이 되고 있는 것으로 보인다.

〈표 6-8〉 배우자와의 갈등 원인

| | | 있다(55명, 43%) | 없다 | 무응답 |
|---|---|---|---|---|
| 배우자와 갈등이 있다면, 어떤 갈등입니까? | 언어소통 문제 | 17(13.3%) | 58(45.3%) | 15(11.7%) |
| | 문화의 차이 | 11(8.6%) | | |
| | 경제 문제 | 19(14.8%) | | |
| | 자녀 문제 | 7(5.5%) | | |
| | 종교 문제 | 1(0.8%) | | |

## 5.1.2. 시부모와의 갈등 원인

〈표 6-9〉와 같이, 결혼이주여성의 절반 정도가 시부모와 함께 거주하고 있는 것으로 나타났다. 이들 중에서 시부모와의 갈등 원인을 살펴보면, 배우자의 경우와는 달리 '언어소통 문제'(24.2%)가 가장 많았다. 그다음은 '문화의 차이'(11.7%)로 인한 갈등 순으로 나타났다. 결혼이주여성은 시부모와 관계에서 배우자와의 갈등 원인이었던 '경제 문제'에 대한 응답 비율은 낮은 반면, 서로 간 언어와 문화 등 의사소통의 문제를 가장 심각한 갈등 원인으로 보고 있다. 이를 해결하기 위해 서로의 문화를 이해하고 존중하는 다문화적 감수성을 길러주는 교육 프로그램이 필요하다.

〈표 6-9〉 시부모와의 갈등 원인

| | | 있다(61명, 47.6%) | 없다 | 무응답 |
|---|---|---|---|---|
| 시부모를 부양하고 있다면, 시부모와 어떤 갈등이 있습니까? | 언어소통 문제 | 31(24.2%) | 43(33.6%) | 24(18.8%) |
| | 문화의 차이 | 15(11.7%) | | |
| | 경제 문제 | 8(6.3%) | | |
| | 자녀 문제 | 5(3.9%) | | |
| | 종교 문제 | 2(1.6%) | | |

## 5.1.3. 자녀와의 갈등 원인

〈표 6-10〉과 같이, 결혼이주여성이 자녀와 갈등이 있는 경우는 배우자(43%)와 시부모(47.6%)의 갈등에 비해 낮았다(21%). 자녀와 갈등이 있는 여성의 경우에 '언어소통 문제'(14.1%)가 가장 많았다. 그 외의 갈등 요인 간에는 별다른 차이가 없었다. 언어소통의 문제를 해결하기 위해 결혼이주여성의 한국어교육도 중요하지만, 이중언어교육도 필요하다고 볼 수 있다.

〈표 6-10〉 자녀와의 갈등 원인

| 자녀와 갈등이 있다면, 어떤 갈등입니까? | 있다(27명, 21%) | | 없다 | 무응답 |
|---|---|---|---|---|
| | 언어소통 문제 | 18(14.1%) | 74(57.9%) | 27(21.1%) |
| | 문화의 차이 | 2(1.6%) | | |
| | 경제문제 | 5(3.9%) | | |
| | 종교문제 | 2(1.6%) | | |

## 5.1.4. 모국에 있는 가족과 연락하는 횟수

〈표 6-11〉과 같이, 모국에 있는 가족과 연락하는 횟수를 보면 주 1회가 57명(44.5%)으로 가장 높게 나타났다. 그다음은 월 1회 37명(28.9%) 순으로 나타났다. 정보통신의 발달로 결혼이주여성들이 모국의 가족들과 어느 정도 연락을 하며 지내는 것으로 보인다.

〈표 6-11〉 모국에 있는 가족과 연락하는 횟수

| 모국에 있는 가족들과 얼마나 자주 연락을 하고 있습니까? | 거의 매일 | 11 | 8.6% |
|---|---|---|---|
| | 주 1회 | 57 | 44.5% |
| | 월 1회 | 37 | 28.9% |
| | 연 1회 | 6 | 4.7% |
| | 거의 없음 | 1 | 0.8% |
| | 무응답 | 16 | 12.5% |

### 5.1.5. 모국에 있는 가족과 연락하는 데 어려운 점

〈표 6-12〉 모국에 있는 가족과 연락하는 데 어려운 점

| 모국에 있는 가족들과 연락하는 데 가장 어려운 점은 무엇입니까? | 비싼 전화요금 | 46 | 35.9% |
|---|---|---|---|
| | 시차 | 2 | 1.6% |
| | 한국 가족들의 눈치 | 4 | 3.1% |
| | 바빠서 | 23 | 18.0% |
| | 이유 없음 | 31 | 24.2% |
| | 무응답 | 22 | 17.2% |

〈표 6-12〉와 같이, 모국에 있는 가족들과 연락하는 데 가장 어려운 이유는 '비싼 전화요금'(35.9%) 때문인 것으로 나타났다. 그다음에는 '이유 없음'(24.2%)과 '일이 바빠서'(18.%) 등의 순이다. 결국 결혼이주여성들은 경제적인 문제(비싼 전화요금)과 노동의 부담 때문에 모국에 있는 가족들과 연락하는 데 어려움을 겪고 있는 것으로 보인다.

## 5.2. 언어문화 분석 결과

### 5.2.1. 언어적인 문제로 가장 힘든 사람

〈표 6-13〉 언어적인 문제로 가장 힘든 사람

| 가족구성원 중 언어적인 문제로 가장 힘든 사람은 누구입니까? | 배우자 | 1 |
|---|---|---|
| | 자녀 | 4 |
| | 시부모 | 2 |
| | 시댁 가족 | 3 |

〈표 6-13〉에서와 같이, 가족구성원 중 언어로 인해 겪게 되는 어려움이 가장 큰 사람은 '배우자'와 '시부모'인 것으로 나타났다. 그다음이 자녀임을 알 수 있다. 이러한 결과를 통해 결혼이주여성은 배우자뿐만 아니라 시부모와 언어소통의 어려움이 크다고 볼 수 있다.

## 5.2.2. 타인과의 언어적 갈등

〈표 6-14〉 타인과의 언어적 갈등

| 가족이 아닌 다른 사람과 언어적 갈등이 있다면 가장 심각한 문제는 무엇입니까? | 대인관계의 어려움 | 6 | 4.7% |
|---|---|---|---|
| | 부정확한 발음으로 인한 의사전달의 어려움 | 63 | 49.2% |
| | 정보를 얻는 어려움 | 8 | 6.3% |
| | 문화적 차이 | 12 | 9.4% |
| | 한국어를 잘하지 못해서 느끼는 소외감 | 15 | 11.7% |
| | 무응답 | 19 | 14.8% |

〈표 6-14〉에서와 같이, 가족이 아닌 타인과의 가장 심각한 언어적 갈등의 원인으로 63명(49.2%)이 '부정확한 발음으로 인한 의사전달의 어려움'이라고 대답했다. 그다음은 '한국어를 잘하지 못해서 느끼는 소외감'과 '문화적 차이' 등의 순으로 나타났다. 결혼이주여성들은 타인과의 언어소통의 어려움으로 인해 문화적응 스트레스를 겪을 것으로 보인다. 이러한 스트레스가 여성들에게 위축감, 좌절감, 소외감 등을 느끼게 하므로 이들을 위한 정서적인 배려가 필요하다.

## 5.2.3. 모어를 쓸 수 없는 환경적 요인

〈표 6-15〉 모어를 쓸 수 없는 환경적 요인

| 모어를 쓸 수 없는 환경적 요인은 무엇입니까? | 배우자가 못 쓰게 해서 | 11 | 8.6% |
|---|---|---|---|
| | 시부모님이 못 쓰게 해서 | 4 | 3.1% |
| | 아무도 못 알아들어서 | 52 | 40.6% |
| | 모어를 쓸 대상이 없어서 | 18 | 14.1% |
| | 기타 | 9 | 7.1% |
| | 무응답 | 34 | 26.6% |

〈표 6-15〉에서처럼, 여성이 모어를 쓸 수 없는 가장 큰 환경적 요인으로 52명(40.6%)이 '아무도 못 알아들어서'라고 대답했다. 그다음은 '모어를 쓸 대상이 없어서'(14.1%) 등의 순으로 나타났다. 이러한 내외부적인 제약조건으로 인해 여성들이 모어를 쓸 수 없는 상황에 놓이게 되고, 자신의 언어를 쓰지 못하는 여성들

은 정체감 상실을 초래할 수 있을 것이다.

## 5.2.4. 모어를 자녀에게 가르치고 싶은 정도

〈표 6-16〉 모어를 자녀에게 가르치고 싶은 정도

| 모어를 자녀에게 가르치고 싶으십니까? | 매우 그렇다 | 48 | 37.5% |
| --- | --- | --- | --- |
| | 그렇다 | 38 | 29.7% |
| | 그렇지 않다 | 11 | 8.6% |
| | 전혀 그렇지 않다 | 11 | 8.6% |
| | 무응답 | 20 | 15.6% |

〈표 6-16〉에서처럼, 여성들은 모어를 자녀에게 가르치고 싶은 정도를 묻는 질문에서 '매우 그렇다'가 48명(37.5%)으로 가장 높게 나타났고, 그다음은 '그렇다'가 38명(29.7%) 순으로 나타났다. 이를 통해 여성들의 대부분이 본인의 모어를 자녀에게 전수하고자 하는 강한 의지가 있음을 알 수 있다.

## 5.2.5. 모어를 자녀에게 가르치고 싶은 가장 큰 이유

〈표 6-17〉 모어를 자녀에게 가르치고 싶은 가장 큰 이유

| 모어를 자녀에게 가르치고 싶은 가장 큰 이유는 무엇입니까? | 학교에 진학할 때 유리하도록 | 8 | 6.3% |
| --- | --- | --- | --- |
| | 자녀가 자신의 문화를 잘 이해하기 위해 | 51 | 39.8% |
| | 이중언어 능력 향상에 도움이 되기 위해 | 31 | 24.2% |
| | 출신국 문화 이해 프로그램에 참여할 기회가 주어지기 때문에 | 10 | 7.8% |
| | 기타 | 7 | 5.5% |
| | 무응답 | 21 | 16.4% |

〈표 6-17〉에서와 같이, 여성들이 자녀에게 모어를 가르치고 싶은 가장 큰 이유로 51명(39.8%)이 '자녀가 자신의 문화를 이해하기 위해서'라고 대답했고, 31명(24.2%)이 '자녀들의 이중언어 능력 향상에 도움이 되기 위해'라고 대답했다. 이를 통해 여성들은 자녀들이 자신을 이해해주기를 바라는 마음이 상당히 크다는 것을 알 수 있다. 기타에는 '자신의 현지 가족과 원활한 의사소통을 위해'라는 의견이 있다.

## 5.3. 종교문화 분석 결과

### 5.3.1. 현재 종교

〈표 6-18〉 현재 종교

| | | | |
|---|---|---|---|
| | 불교 | 20 | 15.6% |
| | 개신교 | 13 | 10.2% |
| 현재 종교는 무엇입니까? | 가톨릭 | 22 | 17.2% |
| | 통일교 | 28 | 21.9% |
| | 무교 | 23 | 18.0% |
| | 기타 | 3 | 2.3% |
| 현재 종교는 무엇입니까? | 무응답 | 19 | 14.8% |

〈표 6-18〉과 같이, 현재 믿고 있는 종교를 묻는 질문에서 통일교가 28명(21.9%)으로 가장 높은 비율을 차지했다. 그다음으로 무교(18%), 가톨릭(17.2%), 불교(15.6%) 순으로 나타났다. 이를 통해 결혼이주여성의 종교활동은 다양하게 이루어지고 있음을 알 수 있다.

### 5.3.2. 종교갈등 정도

〈표 6-19〉 종교갈등 정도

| | | 있다(40명, 31%) | | | |
|---|---|---|---|---|---|
| | 대상 | 거의 없음 | 약간 있음 | 많음 | 매우 많음 |
| 종교로 인한 갈등이 있다면, 어느 정도입니까? | 시부모 | 14 (10.9%) | 11 (8.6%) | 4 (3.1%) | 5 (3.9%) |
| | 배우자 | 16 (12.5%) | 9 (7.0%) | 1 (0.8%) | 2 (1.6%) |
| | 자녀 | 13 (10.2%) | 8 (6.3%) | 0 (0.0%) | 0 (0.0%) |
| | 이웃 | 13 (10.2%) | 7 (5.5%) | 2 (1.6%) | 1 (0.8%) |

〈표 6-19〉에서 보는 것과 같이, 종교갈등이 있다고 답한 40여 명을 대상으로 종교갈등 정도를 살펴보았다. 전반적으로 종교갈등이 크게 드러나고 있지는 않지

만, 시부모와의 종교적 갈등이 배우자, 자녀, 이웃보다 더 심각한 것으로 나타났다. 이를 해결하기 위해 타종교 이해교육 프로그램이 필요함을 알 수 있다.

### 5.3.3. 타종교에 대한 이해교육 경험 및 교육 장소

〈표 6-20〉 타종교 이해교육 경험 및 교육 장소

| 타종교 이해교육을 받은 경험이 있습니까? 있다면 어디에서 받았습니까? | 있다(57명, 44.5%) | | 없다 | 무응답 |
|---|---|---|---|---|
| | 다문화가족지원센터 | 19(14.8%) | 38(29.7%) | 33(25.8%) |
| | 학교 | 22(17.2%) | | |
| | 인터넷(온라인) | 5(3.9%) | | |
| | 정부기관 | 2(1.6%) | | |
| | 기타 | 9(7.0%) | | |

〈표 6-20〉과 같이, 타종교에 대한 이해교육을 받아본 경험이 있는 경우가 57명 (44.5%)로 나타났다. 이들 대부분이 학교와 지역 다문화가족지원센터에서 교육을 받은 것으로 보인다. 하지만 교육을 받지 못한 경우도 38명(29.7%)이나 차지했다. 유럽과 달리 한국 다문화사회에서는 종교로 인한 갈등이 두드러진 편은 아니지만, 대비적 차원에서 타종교 이해교육이 이루어져야 한다.

## 5.4. 사회정책 분석 결과

### 5.4.1. 배우자와 결혼하길 잘 했다고 느낄 때

〈표 6-21〉 배우자와 결혼하길 잘 했다고 느낄 때

| 배우자와 결혼하길 가장 잘 했다고 생각할 때는 언제입니까? | 배우자가 자신에게 잘 대해줄 때 | 54 | 42.2% |
|---|---|---|---|
| | 배우자의 가족이 자신에게 잘 대해줄 때 | 22 | 17.2% |
| | 자녀들이 자라는 것을 볼 때 | 26 | 20.3% |
| | 생활이 경제적으로 여유롭다고 느낄 때 | 2 | 1.6% |
| | 없다 | 3 | 2.3% |
| | 기타 | 4 | 3.1% |
| | 무응답 | 17 | 13.3% |

〈표 6-21〉과 같이, 도서지역 결혼이주여성이 현재의 배우자와 결혼하길 가장 잘 했다고 생각할 때는 54명(42.2%)이 '배우자가 자신에게 잘 대해줄 때'라고 대답했다. 그다음은 '자녀들이 자라는 것을 볼 때'(20.3%), '배우자의 가족이 자신에게 잘 대해줄 때'(17.2%) 등의 순으로 나타났다. '생활이 경제적으로 여유롭다고 느낄 때'라고 답한 사람은 2명(1.6%)뿐이었다. 이러한 결과는 한국이라는 나라에서 경제적인 안정 등 더 나은 인생을 살기 위해 결혼한 여성들에게 이상과 현실 간의 큰 차이를 느끼게 할 수 있다. 기타 의견에는 '다른 나라의 문화를 배울 수 있어서' 등이 있었다.

### 5.4.2. 배우자와 결혼한 것을 가장 후회할 때

〈표 6-22〉 배우자와 결혼한 것을 가장 후회할 때

| 배우자와 결혼한 것을 가장 후회할 때는 언제입니까? | | |
|---|---|---|
| 과도한 음주 | 15 | 11.7% |
| 구타 | 3 | 2.3% |
| 자녀교육으로 인한 갈등 | 6 | 4.7% |
| 경제적 어려움 | 24 | 18.8% |
| 문화적 차이 | 15 | 11.7% |
| 시부모와의 갈등 | 12 | 9.4% |
| 기타 | 23 | 18.0% |
| 무응답 | 30 | 23.4% |

〈표 6-22〉와 같이, 배우자와 결혼한 것을 가장 후회할 때는 '경제적 어려움'(18.8%)인 것으로 나타났다. 그다음은 '문화적 차이'와 '과도한 음주'(11.7%) 등의 순으로 응답했다. 기타 의견에는 '한국어가 어려워서', '배우자가 너무 무지해서' 등이 있었다. 기타 의견에 대답한 여성들이 많았지만 직접 기재하는 방식의 설문이라 다양한 의견을 구하지 못하는 연구의 제약요건이 있었다.

### 5.4.3. 상담 경험 및 갈등 대상

〈표 6-23〉과 같이, 전문적인 상담기관에서 상담을 받은 경험이 있는 여성은 22명(17.3%)으로 나타났다. 상담 경험이 '없다'라고 응답한 91명(71.1%)에 비하면 그

<표 6-23> 상담 경험 및 갈등 대상

| 전문적인 상담기관에서 상담을 받은 적이 있습니까? 있다면 누구와의 갈등 때문입니까? | 있다(22명, 17.3%) | | 없다 | 무응답 |
|---|---|---|---|---|
| | 배우자 | 6(4.7%) | 91(71.1%) | 15(11.7%) |
| | 배우자의 가족 | 7(5.5%) | | |
| | 자녀 | 5(3.9%) | | |
| | 이웃 | 1(0.8%) | | |
| | 기타 | 3(2.3%) | | |

비율이 상당히 낮은 편이다. 결혼이주여성의 경우 여러 가지 문제로 인해 상담이 필요한 상황임에도 불구하고 실제 상담이 충분히 이루어지지 못하고 있다는 것을 알 수 있다. 따라서 이들을 위한 전문 상담가가 필요한 실정이다. 그리고 일부 상담을 받아본 여성 중 누구와의 갈등 때문이냐는 질문에 '배우자 가족과의 갈등'(5.5%), '배우자'(4.7%), '자녀'(3.9%) 등의 순으로 나타났다. 이를 통해 결혼이주여성을 둘러싼 가족들과 여러 상황에서 갈등이 발생함을 알 수 있다.

### 5.4.4. 상담 희망대상

<표 6-24> 상담 희망대상

| 상담 프로그램을 통해 가장 관계를 개선하고 싶은 사람은 누구입니까? | 배우자 | 46 | 35.9% |
|---|---|---|---|
| | 배우자의 아버지 | 8 | 6.3% |
| | 배우자의 어머니 | 20 | 15.6% |
| | 배우자의 형제자매 | 13 | 10.2% |
| | 자녀 | 14 | 10.9% |
| | 무응답 | 27 | 21.1% |

〈표 6-24〉와 같이, 상담 프로그램을 통해 가장 관계를 개선하고 싶은 사람으로 46명(35.9%)이 '배우자'라고 응답했다. 그다음은 '시어머니'(15.6%), '배우자의 형제자매'(10.2%) 등의 순으로 나타났다. 여성들이 시댁 식구들과의 여러 가지 어려움을 겪고 있음을 알 수 있다.

## 5.4.5. 상담 프로그램 형태

〈표 6-25〉 상담 프로그램 형태

| | | | |
|---|---|---|---|
| | 개인면담 | 48 | 47.5% |
| | 같은 국적 집단면담 | 22 | 17.2% |
| 상담 프로그램은 어떤 형태가 적절하다고 생각하십니까? | 가족과 함께하는 집단면담 | 20 | 15.6% |
| | 다문화가정 외국인 집단면담 | 11 | 8.6% |
| | 비공개 개인면담 | 1 | 0.8% |
| | 무응답 | 26 | 20.3% |

〈표 6-25〉와 같이, 상담 프로그램 형태를 묻는 질문에서 48명(47.5%)이 '개인 면담'이 가장 좋다고 응답했다. 이러한 결과는 자신의 어려움을 남에게 노출하고 싶어하지 않기 때문으로 보인다. 그다음은 '같은 국적 여성들 간의 집단면담' (17.2%), '가족과 함께하는 집단면담'(15.6%) 등의 순으로 나타났다. 같은 나라 출신의 여성들과 집단면담을 통해 서로를 이해하고 어려움을 공유하고자 하는 것으로 해석된다.

## 5.5. 보건의료 분석 결과

### 5.5.1. 최근 1년간 식생활 환경

〈표 6-26〉 최근 1년간 식생활 환경

| | | | |
|---|---|---|---|
| | 충분한 양과 다양한 종류의 음식 | 52 | 40.6% |
| 다음 중 최근 1년 동안 가정의 식생활 형편을 가장 잘 나타낸 것은 무엇입니까? | 충분한 양의 음식 | 43 | 33.6% |
| | 가끔 먹을 것이 부족 | 12 | 9.4% |
| | 자주 먹을 것이 부족 | 3 | 2.3% |
| | 무응답 | 18 | 14.1% |

〈표 6-26〉와 같이, 최근 1년 동안 가정의 식생활 형편을 묻는 질문에서 52명 (40.6%)이 '충분한 양과 다양한 종류의 음식'을 섭취하고 있다고 대답했다. 반면 12명(9.4%)은 '가끔 또는 자주 먹을 것이 부족'하다고 응답했다. 이를 통해 일부 다문화가정은 사회에서 저소득계층을 이루고 있음을 알 수 있다.

## 5.5.2. 스트레스 정도

〈표 6-27〉 스트레스 정도

| | | | |
|---|---|---|---|
| 평소 일상생활 중에서 스트레스를 어느 정도 느끼고 있습니까? | 대단히 많이 느낀다 | 15 | 11.7% |
| | 많이 느끼는 편이다 | 32 | 25.0% |
| | 조금 느끼는 편이다 | 58 | 45.3% |
| | 거의 느끼지 않는다 | 9 | 7.0% |
| | 무응답 | 14 | 10.9% |

〈표 6-27〉와 같이, 평소 일상생활 중에서 스트레스를 느끼는 정도에 대한 질문에서 58명(45.3%)이 '조금 느끼는 편이다'라고 응답했다. 반면 '많이 느끼는 편이다'와 '대단히 많이 느낀다'라고 대답한 사람도 47명(36.7%)이나 차지했다. 이를 통해 여성들이 스트레스 상황에 많이 노출되고 있음을 알 수 있다.

## 5.5.3. 건강검진 여부와 종류

〈표 6-28〉 건강검진 여부와 종류

| | 있다(65명, 50.8%) | | 없다 | 무응답 |
|---|---|---|---|---|
| 최근 2년 동안 건강을 위해 건강검진을 받은 적이 있습니까? 있다면 어떤 종류의 건강검진을 받으셨습니까? | 국가건강검진 | 35(27.3%) | 44(34.4%) | 19(14.8%) |
| | 본인 직접 부담 검진 | 17(13.3%) | | |
| | 기타 | 13(10.1%) | | |

〈표 6-28〉과 같이, 최근 2년 동안 건강검진을 받아본 적이 없는 여성이 44명(34.4%)으로 나타났다. 건강검진을 받아본 여성의 경우, 국가에서 정기적으로 건강검진을 받은 경우가 35명(27.3%)으로 가장 많았고, 본인이 직접 부담을 해서 검진을 받은 경우는 17명(13.3%)에 지나지 않았다. 기타 의견에는 '무료봉사진료'를 받는다는 의견이 있었다. 이를 통해서 도서지역에 거주하는 결혼이주여성들의 경우에 물리적인 환경과 경제적 여건 등의 이유로 질병을 예방하거나 치료하기가 어렵다는 것을 알 수 있다.

## 5.6. 소비활동 분석 결과

### 5.6.1. 월수입

〈표 6-29〉와 같이, 현재 일을 하고 있는 여성은 45명(35.1%)으로 나타났다. 일을 하는 여성의 경우 월수입을 묻는 질문에서 24명이 '50만~100만 원 미만'이라고 대답했다. '50만 원 미만'도 12명이나 차지했다. 반면 '200만 원 이상'이라고 답한 여성은 1명뿐이었다. 이를 통해 여성들이 저임금을 받으며 직장생활을 한다는 것을 알 수 있다. 전문대졸 이상의 고학력자의 여성이 많았지만 한국에서의 경제활동에서는 능력에 따른 대우를 받고 있지 못하고 있다.

〈표 6-29〉 월수입

| | | 예(45명, 35.1%) |
|---|---|---|
| 현재 일을 하고 있다면 본인의 현재 월수입은 얼마입니까? | 50만 원 미만 | 12(8.6%) |
| | 50만~100만 원 미만 | 24(15.3%) |
| | 100만~150만 원 미만 | 6(5.1%) |
| | 150만~200만 원 미만 | 2(1.8%) |
| | 200만 원 이상 | 1(0.8%) |

### 5.6.2. 경제권 소유

〈표 6-30〉 경제권 소유

| | | | |
|---|---|---|---|
| 가정의 경제권(돈)을 갖고 있는 사람은 누구입니까? | 시부모 | 23 | 18.0% |
| | 배우자 | 56 | 43.8% |
| | 본인 | 20 | 15.6% |
| | 기타 | 4 | 2.3% |
| | 무응답 | 25 | 19.5% |

〈표 6-30〉과 같이, 가정의 경제권을 갖고 있는 사람이 누구인가를 묻는 질문에서 '배우자'(43.8%)라고 가장 많이 대답했다. 그다음은 '시부모'(18%), '본인'(15.6%) 등의 순으로 나타났다. 이러한 결과를 통해 대부분의 여성이 경제권을 갖는 한국사회와 달리 결혼이주여성의 경우 배우자와 시부모가 경제권을 가지고

있음을 알 수 있다. 기타 의견에는 '부부'가 공동으로 경제권을 갖는다고 의견이 있다.

### 5.6.3. 소비 관련 정보를 얻는 곳

〈표 6-31〉 소비 관련 정보를 얻는 곳

| 물건을 구입하기 전에 소비 관련 정보를 얻는 곳은 주로 어디입니까? | 가족 | 12 | 9.4% |
| | 친구 | 14 | 10.9% |
| | TV | 6 | 4.7% |
| | 인터넷 | 34 | 26.6% |
| | 관공서 | 2 | 1.6% |
| | 인쇄물(전단지, 홍보물) | 7 | 5.5% |
| | 시장 | 31 | 24.2% |
| | 기타 | 3 | 2.3% |
| | 무응답 | 19 | 14.8% |

〈표 6-31〉과 같이, 물건을 구입하기 전에 소비 관련 정보를 가장 많이 얻는 곳은 인터넷(26.6%)이고, 그다음은 시장(24.2%) 등으로 나타났다. 그 외에는 친구와 가족을 통해서 물건에 대한 정보를 얻는 것을 알 수 있다.

### 5.6.4. 물건 구입 장소

〈표 6-32〉 물건 구입 장소

| 물건을 구입하기 위해 주로 이용하는 곳은 어디입니까? | 재래시장 | 37 | 28.9% |
| | 대형할인마트 | 39 | 30.5% |
| | 동네 슈퍼 | 21 | 16.4% |
| | 인터넷 | 9 | 7.0% |
| | 기타 | 2 | 1.6% |
| | 무응답 | 20 | 15.6% |

〈표 6-32〉와 같이, 물건을 구입하는 장소를 보면 대형할인마트를 이용하는 여성이 39명(30.5%)으로 가장 많았다. 그다음이 재래시장(28.9%), 동네 슈퍼(16.4%) 순으로 나타났다. 인터넷을 통해 물건을 구입한다는 여성은 9명(7%)으로 나타났

다. 이러한 결과는 물건 관련 정보는 인터넷을 통해 많이 얻지만 실제 구매는 인터넷이 아니라 대형할인마트와 재래시장 등을 통해 이루어지고 있다는 것을 알 수 있다.

## 5.7. 여가활동 분석 결과

### 5.7.1. 여가활동 유형

〈표 6-33〉 여가활동 유형

| 본인이 주로 하는 여가활동의 유형은 무엇입니까? | TV시청, 라디오 청취 | 59 | 46.1% |
|---|---|---|---|
| | 문화예술 참여활동 | 3 | 2.3% |
| | 관광활동 | 8 | 6.3% |
| | 스포츠활동 | 4 | 3.1% |
| | 취미 · 오락활동 | 13 | 10.2% |
| | 없음 | 14 | 10.9% |
| | 기타 | 7 | 5.5% |
| | 무응답 | 19 | 14.8% |

〈표 6-33〉과 같이, 여성들이 가장 많이 참여하는 여가활동 유형은 'TV시청, 라디오 청취'(46.1%)였다. 그다음은 '여가활동을 하지 않는다'라는 응답이 14명 (10.9%), '취미 · 오락활동'(10.2%) 등의 순으로 나타났다. 도서지역의 여러 가지 여건상 여가활동이 다양하지 못하다는 것을 알 수 있다. 기타 의견에는 '인터넷 검색', '독서', '성경 읽기' 등이 있다.

### 5.7.2. 여가활동 제약 요인

〈표 6-34〉와 같이, 여가활동 제약 요인을 묻는 질문에서 '시간적 제약'(51%)이 가장 많았고, 그다음이 '경제적 제약'(25.8%) 등으로 나타났다. '시설 부족' (5.5%)이라는 의견도 일부 있었다. 이를 통해 여성들이 여가활동을 충분히 즐길 수 없는 이유가 시간적, 경제적, 여가시설의 부족 문제가 가장 크다는 것을 알 수 있다.

<표 6-34> 여가활동 제약 요인

| 본인이 여가활동을 하는데 가장 어려운 점은 무엇입니까? | | |
|---|---|---|
| 시간적 제약 | 51 | 39.8% |
| 경제적 제약 | 33 | 25.8% |
| 시설이 없어서 | 7 | 5.5% |
| 함께할 사람이 없어서 | 4 | 3.1% |
| 가족의 반대 | 3 | 2.3% |
| 기타 | 9 | 7.0% |
| 무응답 | 21 | 16.4% |

## 5.7.3. 여가활동 장소

<표 6-35> 여가활동 장소

| 본인이 주로 하는 여가활동 장소는 어디입니까? | | |
|---|---|---|
| 집 | 61 | 47.7% |
| 실내 여가 공간 | 7 | 5.5% |
| 야외 여가 공간 | 19 | 14.8% |
| 사이버 및 모바일 공간 | 12 | 9.4% |
| 기타 | 6 | 4.7% |
| 무응답 | 23 | 18.0% |

〈표 6-35〉와 같이, 여성이 주로 이용하는 여가활동 장소는 '집'(47.7%)이라는 의견이 가장 많았다. 그 이유는 여가활동 유형에서 찾아볼 수 있다. 그다음 일부 여성들이 '야외 여가 공간'(14.8%)과 '사이버 및 모바일 공간'(9.4%)을 이용하고 있었다. 이를 통해 대부분의 여성들이 실내에서 여가활동을 하고 있음을 알 수 있다.

## 5.7.4. 여가시간

<표 6-36> 여가시간

| 본인에게 주어진 여가시간이 충분하다고 생각하십니까? | | |
|---|---|---|
| 매우 충분 | 11 | 11.1% |
| 충분 | 47 | 47.5% |
| 부족 | 29 | 22.7% |
| 매우 부족 | 12 | 9.4% |
| 무응답 | 29 | 22.7% |

〈표 6-36〉과 같이, 여성들에게 주어진 여가시간에 대한 만족도를 묻는 질문에서 '충분'(47.5%)하다는 의견에 가장 많았고, 그다음은 '부족'(22.7%), '매우 부족'(9.4%) 등으로 나타났다. 30% 이상의 여성이 여가시간이 부족하다고 응답했다. 여성들에게 일과 생리적인 시간을 제외한 여가시간을 활용할 수 있는 기회의 확대가 필요하다고 볼 수 있다.

### 5.7.5. 희망 여가활동

〈표 6-37〉 희망 여가활동

| | | | |
|---|---|---|---|
| 앞으로 꼭 해보고 싶은 여가활동의 유형은 무엇입니까? | TV시청, 라디오 청취 | 6 | 4.7% |
| | 문화예술 참여활동 | 15 | 11.7% |
| | 관광활동 | 51 | 39.8% |
| | 스포츠활동 | 15 | 11.7% |
| | 취미·오락활동 | 13 | 10.2% |
| | 휴식활동 | 5 | 3.9% |
| | 없음 | 2 | 1.6% |
| | 기타 | 1 | 0.8% |
| | 무응답 | 20 | 15.6% |

〈표 6-37〉과 같이, 앞으로 꼭 해보고 싶은 여가활동을 묻는 질문과 현재 여가활동을 묻는 질문의 대답에서 많은 차이를 보이고 있다. 여성들은 '관광활동'(39.8%)을 가장 하고 싶어 하고, 그다음으로 '문화예술 참여활동'과 '스포츠활동'(11.7%)에 참여하고 싶어한다. 여가제약 요인인 시간적, 경제적, 여가시설의 부족 문제 등을 최소화하여 여성들이 희망하는 여가활동을 할 수 있도록 정책적 노력이 필요하다.

## 6. 나가기

이 글의 목적은 기존의 농촌지역과 도시지역 중심의 다문화가정 연구를 탈피하여, 연구적 관심 및 정책적 지원으로부터 소외받고 있는 도서지역 다문화가정

구성원들의 문화적 적응을 위해서 비공존의 실체와 특성을 파악하고, 문화적 공존이 어떤 방향으로 가능한지를 다학문적으로 연구하고자 하였다. 이를 위해 강화도를 중심으로 일부 도서지역에 거주하고 있는 결혼이주여성 128명을 대상으로 개인생활 영역인 '가족관계', '언어문화', '종교문화'와 사회 실천 영역인 '사회정책', '보건의료', '소비활동', '여가문화' 분야로 나누어 비공존의 실체와 특성을 파악하기 위한 설문조사를 진행하였다. 영역별 연구 결과를 정리하면 다음과 같다.

첫째, 가족관계 영역의 연구 결과를 보면, 배우자와의 갈등의 원인으로 '경제문제'가 가장 심각한 반면, 시부모와 자녀와의 갈등 원인으로는 '언어소통의 문제'가 가장 심각한 것으로 나타났다. 그리고 자녀와의 갈등은 배우자와 시부모와의 갈등에 비해 빈도수가 상당히 낮았다. 가족관계에서 언어소통 문제로 인한 갈등을 해소하기 위해서 결혼이주여성이 한국어를 배우는 것도 중요하지만 가족들이 결혼이주여성의 언어를 배우는 것도 필요하리라 생각한다. 그리고 모국에 있는 가족들과 연락하는 정도를 살펴본 결과 '주 1회'와 '월 1회'가 가장 많았고, 자주 연락을 하지 못하는 이유로 '비싼 전화요금'과 '바빠서'라는 의견이 많았다. 이러한 결과를 통해 도서지역에 거주하고 있는 결혼이주여성들은 한국의 가족들과도 경제적·언어적 어려움을 겪고 있으며, 모국에 있는 가족들과 경제적·시간적 이유로 연락을 자주 하지 못하는 것을 알 수 있다. 이러한 경우 여성들은 가족관계 속에서 심리적으로 문화적응 스트레스를 겪게 된다. 이를 개선하기 위하여 심리치료, 커뮤니케이션 기술 등 가족관계 프로그램 등이 필요하다고 볼 수 있다.

둘째, 언어문화 영역의 연구 결과를 보면, 결혼이주여성들이 타인과의 언어적인 갈등으로 인한 가장 심각한 문제는 '부정확한 발음으로 인한 의사전달의 어려움'이었다. 이렇듯 결혼이주여성들은 의사소통의 어려움으로 인해 문화적응 스트레스를 겪게 된다. 가족구성원뿐만 아니라 이웃들로부터 사회적 지지를 받아 한국사회에 적응해야 할 이들은 언어적인 문제로 문화적응 스트레스를 받고 있다. 여성들은 가족뿐만 아니라 이웃들에게도 사회적 지지를 받는 것이 중요하므로 이들을 위한 정서적인 배려가 필요하다. 그리고 결혼이주여성들은 자녀가 자신의 문화를 잘 이해하도록 하기 위해서 모어를 가르쳐주고 싶어 하는 정도가 상당히 높았다. 그러나 모어를 쓸 수 없는 환경적 요인을 보면 외부적으로는 모어를 잘 알아듣는 사람이 없고, 내부적으로는 배우자와 시부모가 모어 사용을 하지 못하게 하는 경우가 많았다. 결혼이주여성들은 모어 사용을 통해 자신의 사회적 정체감을 찾고자 하나 내외부적인 환경적 제약으로 인해 정체성을 찾기가 어려운 실정이다. 이중언어교육 등 다양한 정책을 통해 결혼이주여성들이 사회적 정체감을 갖도록 하는 것이 필요하다.

셋째, 종교문화 영역의 연구 결과를 보면, 종교로 인한 갈등은 크게 드러나지 않았지만, 시부모와의 종교적 갈등이 배우자, 자녀, 이웃과의 갈등보다 더 깊은 것으로 나타났다. 이를 해결하기 위한 방안의 하나로 타종교 이해교육에 대한 경험을 묻는 질문에서 '있다'라는 의견은 44.5%뿐이었다. 한국 다문화사회가 유럽사회와 같이 종교로 인한 갈등이 심각한 편은 아니지만, 타종교에 대한 기본적인 개념 이해, 종교의 다양성 교육 등 타종교 이해교육 등을 통해 대비가 필요함을 알 수 있다.

넷째, 사회정책 영역의 연구 결과를 보면, 배우자와 결혼하기를 가장 잘 했다고 생각할 때는 '배우자와 배우자 가족이 잘 대해줄 때'라고 대답했다. 반면 가장 후회할 때는 '경제적인 어려움' 때문이라고 대답했다. 그리고 전문기관에서의 상담을 받아본 결혼이주여성은 17.3%뿐이었다. 이들은 새로운 환경에서 살아가고 있으므로 전문가의 주기적인 상담이 필요한 상황임에도 불구하고 충분이 이루어지지 못하고 있는 것이 현실이다. 앞으로는 다문화 관련 기관에서 행해지는 단순한 들어주기 식 상담에서 벗어나 문제의 원인을 찾고 대안을 제시해줄 수 있는 전문적인 상담이 요구된다.

다섯째, 보건의료 영역의 연구 결과를 보면, 최근 1년간 가정의 식생활 형편을 묻는 질문에서 다수가 '충분한 양의 음식을 섭취한다'고 응답했지만, 12% 정도의 결혼이주여성은 '먹을 것이 부족'하다고 응답했다. 일부 다문화가정은 사회에서 저소득계층을 형성하고 있다는 것을 알 수 있다. 그리고 최근 2년간 건강을 위한 건강검진 여부를 묻는 질문에서 50%만이 검진을 받았다고 응답했다. 그중 본인이 직접 부담을 해서 검진을 받은 경우는 13.3%에 지나지 않았다. 이러한 결과는 도서지역이라는 물리적 환경과 경제적 여건으로 인해 결혼이주여성들이 질병을 예방하거나 치료하기가 어려운 상황임을 의미한다. 이러한 요인들은 그들의 사회적 정체감을 낮게 하여 문화적응을 더 어렵게 한다. 따라서 정부의 정책적 지원, 교육 등을 통해 이들의 사회경제적 지위를 높여서 사회적 정체감을 더 가질 수 있도록 해야 한다.

여섯째, 소비활동 영역의 연구 결과를 보면, 도서지역 결혼이주여성들의 경우 직업이 있어도 월수입이 100만 원 이하인 경우가 가장 많았다. 한국에 입국 전 이들의 학력을 보면 전문대졸 이상이 30%를 차지하는 고학력자들인 것에 비하면 상당히 낮은 수준의 임금이라고 할 수 있다. 그리고 가정의 경제권을 '배우자'나 '시부모'가 대부분 가지고 있는 것으로 나타났다. 한국의 많은 여성들이 가정의 경제권을 갖는 구조와는 다른 면을 보이고 있다. 마지막으로, 물건을 구입하기 전에 소비 관련 정보를 가장 많이 얻는 곳은 '인터넷'이지만 실제 소비가 일어나는 장소는 '대형할인마트'와 '재래시장'인 것으로 나타났다. 여성들이 가정 경제를 주체적으로 운영할 수 있도록 하는 합리적인 경제교육 프로그램을 확대하여, 여성도 가정에서 적극적이고 주도적으로 경제활동을 할 수 있는 여건을 마련해야 한다.

일곱째, 여가활동 영역의 연구 결과를 보면, 결혼이주여성들은 여가시간에 주로 'TV 시청, 라디오 청취'를 하며 지냈지만, 이들이 희망하는 여가활동은 '관광활동', '문화예술 참여활동', '스포츠활동'인 것으로 나타났다. 이렇듯 여가활동 유형의 차이가 생기는 가장 큰 이유는 '시간 부족'과 '경제력', '여가시설의 부족' 등으로 나타났다. 결혼이주여성들이 충분한 여가활동을 통해 한국사회에서 한국의 다양한 문화를 접한다면 훨씬 더 빠르게 문화적응을 할 수 있으리라 생각한다.

이상에서와 같이 도서지역의 결혼이주여성을 대상으로 설문조사를 실시한 결과를 통해 다문화가정 구성원들의 비공존의 실체와 특성을 개인생활 영역과 사회생활 영역으로 나누어 총체적인 관점으로 살펴보았다. 무엇보다도 우리 사회의 구성원들이 그들과의 '차이'를 '차별'로 만들지 않는 인식의 전환이 시급하다. 서로의 문화를 이해하고 공존하는 사회를 이룩하기 위해서는 소수자의 '사회적응단계'에서 다수자의 '의식변화단계'로 확대 발전시켜야 한다. 우리 사회가 제대로 된 다문화사회로 성숙하기 위해서는 문화의 다양성을 인정하고, 이해하고 존중하는 자세와 의식이 선행되지 않으면 안 된다. 일방적으로 한국화를 강요하는 동화주의가 아니라, 다름이 함께 공존하는 사회가 되기 위해서 오랫동안 우리 사회에 군림해온 순혈주의에 대한 배타적 믿음을 수정하고 한민족의 동질성에 관한 신화적 믿음을 적극적으로 재해석하고 재구성할 필요가 있다. 다문화사회에 걸맞은 의식 전환과 이에 상응하는 포괄적인 통합정책이 오늘날 요구되는 것도 바로 그런 이유에서 비롯된다. 결국 '우리'와 '그들'이 아닌, 우리 모두가 다문화사회의 주체임을 인식하고 삶의 방식을 거기에 맞게 재구성하는 일, 즉 우리의 의식을 전환하는 일이야말로 다양한 문화에 대한 상호 이해와 존중, 편견을 극복하고 관용을 기본으로 삼는 우리 인식의 변환에서부터 출발해야 할 것이다.

# 7장

## 도서지역
## 결혼이주여성의
## 언어문화 실태

# 7 도서지역 결혼이주여성의 언어문화 실태*

성상환 · 한광훈

* 이 글은 2011년 『교육문화연구』 17권 3호에 게재된 논문 「도서지역 결혼이주여성의 언어문화 실태 조사 연구」를 수정 · 보완한 것이다.

## 1. 들어가기

이주민의 증가는 소수집단의 문화적 특수성, 사회 전반적인 문화적 다양성에 대한 관심을 불러일으키는 중요한 계기로서 한국사회에서도 2000년대 중반 이후 결혼이민자의 사회적 가시화와 함께 이들의 언어 · 문화적 특수성과 이것이 결혼이민자 개인과 가족관계, 자녀의 성장 등에 미치는 영향에 대한 관심이 높아지고 있다(김이선, 2010). 우리나라의 다문화가족의 유입은 1950년대 주한미군의 주둔으로부터 본격적으로 시작되었다. 서로 다른 문화적 배경을 지닌 이들의 대면을 계기로 한 문화적 역동성이 증가하는 가운데 특히 서로 다른 문화와 언어를 둘러싸고 가족의 일상이 구성되는 이중문화 가족 또는 이중언어 가족의 증가는 주목할 만하다. 소쉬르는 "나는 심오한 이론적 문제를 탐구하려는 것이 아니라 언어의 가장 근본적인 바탕을 연구하고자 한다. 이것이 없이는 모든 것이 중심을 잃어 제멋대로인 상태에서 표류하게 될 것이다"라고 말하면서 "인간을 이해한다는 것은 무엇인가?"라는 명제를 던졌다. 인간을 이해한다는 것은 인간이 만들어낸 체계를 연구하는 것이며, 그 체계는 인간의 문화가 세계를 조직하고, 거기에 의미를 부여하며 또 그렇게 하여 인간 주체성을 창조하는 과정, 바로 그것이다(Culler, 1984). 이처럼 언어는 인간과 사회의 이해에 매우 밀접한 연관을 맺고 있다. 그간 정부에서는 다문화가족의 한국사회로의 적응을 위한 교육과 지원 중심의 정책에 주력해온 반면, 다문화가족이 지니는 독특한 언어·문화적 배경에 긍정적 가치를 부여하고 이를 사회적으로 발굴하려는 노력은 부족하였다. 이러한 점에서 결혼이민자가 자신의 모국어나 출신문화를 활용하여 취업할 수 있도록 지원하거나 그 자녀들이 결혼이민자 부모의 모국어와 출신문화를 습득하고 이를 바탕으로 원활한 가족관계를 발전시키는 한편 '글로벌 인재'로서의 역량을 강화시킬 수 있도록 지원하는 등 다문화가족이 지니는 독특한 패러다임을 모색하고 있는 정부의 최근 시도는 주목할 만하다. 다문화가족을 글로벌 인재로 육성하고 결혼이민자의 언어, 문화 배경이 경제적 자원으로 활용되면서 긍정적 가치를 부여받도록 하기 위한 정책이 성과를 내기 위해서는 일차적으로 가족 내외에서 언어, 문화 사용 및 세대간 전수 현황을 파악하고 이를 저해하거나 증진하는 요인을 규명함으로써 정책과제를 도출하는 작업이 선행되어야 한다. 이러한 이중언어·문화가족은 다양한 형태로 구성될 수 있는데, '문화 간 혼인'이라고도 일컬어지는 국제결혼으로 구성된 가족은 대표적인 이중언어·문화가족으로 분류될 수 있다(김이선 외, 2010). 이러한 이중언어·문화가족이 2011년 1월 현재 126만 명을 넘어서서 우리나라 주민등록 인구수의 2.5%에 달하고 있다.[1] 한국사회에서는 이주민들의 빠른 증가와 함께 다양한 영역에서 문화역량에 대한 요구가 늘어나고 있다. 그럼에도 불구하고 한국사회에서 이주민이 갖는 문화역량에 대한 인식은 정책적으로 간과되었을 뿐만 아니라 학문적 관심도 아직은 미흡하다(김이선 외, 2010). 김영순(2010)은 "정책 제시보다도 더욱 중요한 것은 다문화가정을 바라보는 우리 사회 구성원들의 인식 변화이다"라고 하여 다문화시대에 시민들이 갖추어야 할 '다문화 시민성' 함양을 강조하였다. 또한 박수정(2011)은 국내 결혼이주 가정이 심각한 문제점을 안고 있음을 지적하였는데, "경제적 문제를 포함하여, 외국인으로서 한국의 낯선 문화에 적응하는 과정에서 생겨나는 스트레스, 언어적 소통문제로 인한 생활의 불편함 및 자신감 저하는 물론 시부모님과 배우자의 편견으로 인한 사회적 활동의 제한 등으로 인하여 결혼이주여성들은 한국사회에서 사회구성원으로 적응하기가 어려운 실정이다"라고 하였다. 이에 언어문화를 통한 인간 이해의 차원에서 결혼이주여성의 성공적인 한국문화 적응 및 그들의 정체성을 확립시켜주는 데 도움을 줄 필요가 있다고 생각한다. 따라서 이 글에서는 특히 도서지역의 결혼이주여성의 언어문화 실태에 대해 알아보고 이를 토대로 적극적인 언어문화 활성화 방안은 무엇이 있는가를 알아보는 데 그 목적이 있다.

또한 이 글의 목적은 기존의 농촌지역과 도시지역 중심의 다문화가정 연구를 넘어서서, 연구적 관심 및 정책적 지원으로부터 소외받고 있는 도서지역 다문화가정 구성원들의 문화적응을 위해서 비공존의 실체와 특성을 파악하고, 문화적 공존이 어떤 방향으로 가능한지를 연구하는 데 있다. 이를 위해서 도서지역에 거주하는 결혼이주여성을 대상으로 설문조사와 심층인터뷰를 실시하였다. 연구는 2010년 9월부터 2011년 5월까지 강화도 외 세 곳의 도서지역에서 시행된 설문조사 및 심층인터뷰를 중심으로 진행되었다. 앞의 문제 인식과 그 해결 대안 제시는 문헌자료와 학습현장에서의 전문연구자와의 인터뷰가 바탕이 되었다.

## 2. 도서지역의 문화적 특성

도서지역은 바다로 둘러싸여 있는 폐쇄성이 존재하면서 생활중심권에서 멀리 떨어져 있어 경제적 · 문화적 · 행정적으로 소외되어 있는 지역이다. 유충렬(1996)은 도서지역을 그곳의 생산활동에 적응된 가치를 굳히게 하는 공동체 의식을 공유하며 이웃마을과 연결되어 당시의 소비 수준에 걸맞은 생활양식을 갖는 일정 범위의 취락을 구성한 공간이라 정의했다. 다문화사회를 이주민의 유입 측면에서 바라보았을 때, 도서지역에서 다양한 문화를 지닌 채 유입해온 이들은 도시나 농촌의 이주민과 또 다른 의미를 지니고 있다. 하지만 현재 도서지역에 관한 연구는 전무하다. 따라서 이 글에서는 설문조사 및 인터뷰를 통해 도서지역에 거주하고 있는 결혼이주여성들의 문화적응 실태를 파악하고자 한다.

문화적으로 서로 다른 배경을 지닌 사람들이 만날 때 문화접촉이 이루어진다. Berry(1990)는 두 집단 간의 상호작용을 통해 발생하는 문화접촉현상은 어느 한 집단이 다른 집단에 비하여 더 많은 변화를 겪는 경우가 대부분이라고 보았다. 이후 심리학자들이 문화적응에 대해 관심을 가지게 되면서 문화적응은 정서적 · 행동적 · 인지적 측면을 포함한 개인 수준에서의 변화로 개념화되었다(Berry, 1997). 이 글에서는 기존 연구의 한계점을 보완하기 위해 학술연구 및 정책 수혜에서 소외받고 있는 도서지역에 거주하는 다문화가정과 지역사회 간의 문화적 비공존 실태와 공존 실태를 연구하고자 한다.

## 3. 연구방법

이 글에서는 자료수집과 분석에서 통합방법 설계를 적용하였다. 양적 자료와 질적 자료를 모두 수집하는 통합방법을 적용함에 따라 다양한 수준과 관점에서 이해의 폭을 넓히고, 심층적인 설명이 가능할 것으로 판단된다. 다만 연구의 한계점은 전국의 도서지역을 포괄적으로 연구된 것이 아니라 수도권 및 경기도 지역의 인근 섬 4곳을 중심으로 연구하였음을 밝히며, 향후 전라남도를 비롯한 전국의 도서지역으로 연구 범위를 확대할 예정이다.

도서지역에 거주하는 결혼이주여성의 언어문화 실태를 파악하기 위하여 2011년 3월 2일부터 5월 25일까지 총 128부의 설문지를 회수하여 분석을 진행하였으며, 양적 연구대상자는 〈표 7-1〉과 같다. 도서별로는 강화도 102명, 대부도 8명, 영흥도 5명, 영종도 26명의 연구대상자들을 대상으로 설문조사를 진행하였다.

〈표 7-1〉 양적 연구대상자

| 결혼 전 국적 | 연구대상자(명) | 퍼센트(%) |
|---|---|---|
| 베트남 | 45 | 35.4% |
| 일본 | 29 | 22.0% |
| 중국 | 26 | 20.5% |
| 캄보디아 | 23 | 18.1% |
| 몽골 | 3 | 2.4% |
| 우즈베키스탄 | 1 | 0.8% |
| 필리핀 | 1 | 0.8% |
| 합계 | 128 | 100% |

2011년 출입국관리사무소의 통계에 따르면 강화도에 거주하고 있는 결혼이주여성들의 수는 300명이 넘지만, 강화군다문화가족지원센터에 등록된 수는 218명이다. 출신 국가로는 중국·베트남·몽골·필리핀 등이 있으며, 이 중에서 한국

어교육 수업에 참여하는 사람은 약 60명이다. 이들 가운데 질적 연구대상자로서 심층인터뷰에 응한 결혼이주여성 7명의 인구통계학적 결과는 〈표 7-2〉와 같다.

〈표 7-2〉 질적 연구대상자

| 연구대상자 | 출생연도 | 학 력 | 입국연도 |
|---|---|---|---|
| 베트남 A | 1977 | 고졸 | 2007 |
| 베트남 B | 1982 | 고졸 | 2009 |
| 베트남 C | 1984 | 대졸 | 2008 |
| 중국 A | 1975 | 고졸 | 2005 |
| 중국 B | 1980 | 고졸 | 2008 |
| 중국 C | 1982 | 중졸 | 2007 |
| 몽골 | 1980 | 대졸 | 2008 |

자료수집은 심층면담을 통해 이루어졌다. 한 차례의 공식면담과 설문조사를 실시하였고, 면담지의 형식은 구조화 면담법을 사용하였다. 면담 내용은 결혼이주여성의 언어문화에 관한 것을 주로 하였다. 자료 분석은 원자료를 검토한 후 내용분석을 하면서, 연구문제와 관련된 내용을 추출하였다. 또 양적 연구는 통계패키지 SPSS Win 12.0을, 연구참여자의 특성과 연구 결과는 빈도분석방법을 사용하였다.

## 4. 언어문화 실태

### 4.1. 언어문화에 대한 일반적 특성

#### 4.1.1. 언어문화 만족도

결혼이주여성들의 언어문화 만족도 결과는 〈표 7-3〉과 같이 나타났다. 이들은 언어문화 생활에서 전반적으로 만족한 삶을 살고 있음을 알 수 있다.

〈표 7-3〉 언어문화 만족도

| 갈 등 | 1순위 | 2순위 | 3순위 |
|---|---|---|---|
| 언어문화 만족도 | 만족(59.5%) | 불만족(23.5%) | 매우 만족(16.5%) |

### 4.1.2. 한국어학습량과 한국어교육 수요

이들의 한국어교육 상황과 한국어교육 수요를 파악하기 위하여 3명의 베트남여성, 3명의 중국여성, 1명의 몽골여성과 심층인터뷰를 하였으며, 조사 결과는 〈표 7-4〉와 같다.

〈표 7-4〉 한국에 오기 전후의 한국어학습량

| 연구대상자 | 모국에서 한국어학습 | 한국에서 한국어학습 | 한국에서 1주간 배운 시간 |
|---|---|---|---|
| 베트남 A | 3개월 | 35시간 | 2시간 |
| 베트남 B | 1개월 | 20시간 | 4시간 |
| 베트남 C | 1개월 | 90시간 | 4시간 |
| 중국 A | 없음 | 100시간 | 2시간 |
| 중국 B | 1개월 | 35시간 | 4시간 |
| 중국 C | 없음 | 100시간 | 5시간 |
| 몽골 | 없음 | 100시간 | 4시간 |

〈표 7-4〉는 결혼이주여성이 한국어수업에 대한 조사 결과이다. 베트남여성은 3명 모두, 중국여성은 3명 중 1명이 한국어를 배운 경험이 있고, 몽골여성은 한국어를 배운 경험이 없는 것으로 나타났다. 또한 〈표 7-4〉에 따르면 모국에서 한국어를 학습한 경험이 있는 4명 중 1명이 3개월 동안 한국어를 학습하였고, 나머지 3명은 1개월 동안 한국어를 학습한 경험이 있다. 한국에서의 한국어학습시간은 일주일에 평균 3.6시간으로 인터뷰에 참가한 해당 결혼이주여성이 전체 교육을 받은 시간은 평균 약 69시간 정도였다.

### 4.1.3. 한국어를 배우게 된 동기

〈표 7-5〉 한국어를 배우게 된 경로

| 연구대상자 | 배우게 된 경로 |
|---|---|
| 베트남 A | 개인의 의향 |
| 베트남 B | 개인의 의향 |
| 베트남 C | 개인의 의향 |
| 중국 A | 타인의 권유 |

| 중국 B | 타인의 권유 |
|---|---|
| 몽골 | 가족의 권유 |

〈표 7-5〉은 결혼이주여성이 한국어를 배우게 된 경로에 대한 조사 결과이다. 베트남여성은 개인의 의향에 따라 한국어를 배우게 되었고, 중국여성의 경우는 타인의 권유로, 몽골여성의 경우는 가족의 권유로 한국어를 배우게 되었다.

## 4.1.4. 결혼이주여성의 한국어학습 참여 여부

〈표 7-6〉은 한국어학습 참여 여부에 대한 조사 결과이다. 설문에 참여한 128명 중 71%의 결혼이주여성이 현재 한국어학습에 참여하고 있고, 그중 76.5%가 다문화가족지원센터에서 한국어교육을 받고 있다고 응답하였다.

〈표 7-6〉 한국어학습 상황

| 갈 등 | 1순위 | 2순위 | 3순위 |
|---|---|---|---|
| 현재<br>한국어학습 | 배우고 있다(71.0%) | 배우지 않고 있다(29.0%) | |
| 한국어학습기관 | 다문화가족지원센터(76.5%) | 사설학원(5.9%) | 시민단체기관(1.2%) |

## 4.1.5. 한국어능력시험 응시 경험

〈표 7-7〉에서처럼 13.2%가 한국어능력시험을 응시한 경험이 있다. 86.8%가 한국어능력시험을 응시한 경험이 없는 것을 볼 때, 홍보가 부족했거나 도서지역의 열악한 환경을 의미하는 것으로 볼 수 있다.

〈표 7-7〉 한국어능력시험 응시율

| 합계(100%) | 응시했다 | 응시하지 않았다 |
|---|---|---|
| S-TOPIK | 1.6% | 98.4% |
| KPE | 7.8% | 92.2% |
| KBS | 1.6% | 98.4% |
| KLPT | 1.6% | 98.4% |

### 4.1.6. 모어 사용 현황 및 모어 전수

〈표 7-8〉에서처럼 결혼이주여성이 가족 내에서 모어를 사용할 수 있는 1순위 대상이 자녀이고, 2순위 대상이 배우자로 나타났으며, 가족 외 모어를 사용할 수 있는 대상으로는 결혼이주여성들과 같은 국가 출신인으로 나타났다. 가족 내에서 모어를 사용할 수 없는 이유는 알아들을 수 있는 대상이 없다는 것이 53.8%, 모어를 사용할 대상이 없는 것이 18.9%이다. 또한 남편의 반대로 14.2%가 모어를 쓸 수 없는 환경이라고 답하였다. 이러한 내외부적인 제약조건으로 인해 여성들이 모어를 쓸 수 없는 상황에 놓이게 되고, 자신의 언어를 쓰지 못하는 여성들은 정체감 상실을 초래할 수 있을 것이다. 그러나 자녀에게 모어를 전수하고자 하는 희망은 78.2%로 나타났다. 모어 전수의 가장 큰 이유로는 '모국의 문화 이해'라고 답했다.

〈표 7-8〉 모어 사용 현황 및 모어 전수

| 갈 등 | 1순위 | 2순위 | 3순위 |
|---|---|---|---|
| 가족 내<br>모어 사용 대상 | 자녀<br>(30.6%) | 배우자<br>(17.7%) | 시댁가족<br>(1.6%) |
| 가족 외<br>모어 사용 대상 | 결혼이주여성들<br>(48.4%) | 같은 국가 출신인<br>(48.4%) | 기타<br>(3.2%) |
| 가족 내 모어<br>사용 못하는 요인 | 아무도 못 알아들음<br>(53.8%) | 사용 대상이 없다<br>(18.9%) | 남편의 만류<br>(14.2%) |
| 자녀에게 모어 전수 희망 | 매우 그렇다<br>(41.2%) | 그렇다<br>(37.0%) | 그렇지 않다<br>(10.9%) |
| 모어 전수 이유 | 모국의 문화 이해<br>(44.4%) | 이중언어 능력 향상<br>(30.8%) | 모국 참여 기회<br>(10.3%) |

## 4.2. 언어소통의 문제

### 4.2.1. 갈등 원인

〈표 7-9〉는 가족관계 속에서 언어소통의 문제를 시부모, 남편, 자녀와의 갈등을 유발하는 주요 원인으로 보았다. 전반적인 생활 가운데 언어소통의 문제가 가장 큰 비중임을 생각해볼 때, 원만한 가정생활을 영위하려면 언어교육에 각별한 관심이 필요하다고 본다.

<表 7-9> 갈등 원인 : 아래 가로 셀 너비 동일하게 해달랍니다(저자요청)

| 갈 등 | 1순위 | 2순위 | 3순위 |
|---|---|---|---|
| 시부모와 갈등 원인 | 언어소통의 문제(30.1%) | 문화의 차이(14.6%) | 경제문제(7.8%) |
| 남편과 갈등 원인 | 언어소통의 문제(15.2%) | 경제문제(17.0%) | 문화의 차이(9.8%) |
| 자녀와 갈등 원인 | 언어소통의 문제(17.8%) | 경제문제(5.0%) | 문화의 차이(2.0%) |

### 4.2.2. 언어학습의 장애 요인

〈표 7-10〉에서 보는 것처럼 한국어학습의 가장 큰 장애요소는 육아인 것으로 나타났다. 육아로 인한 시간 부족 26.4%, 직장일 24.5%, 가사일 18.9% 등의 순으로 나타났다. 따라서 보육시설을 제공할 수 있다면 결혼이주여성들의 한국어능력 신장에 큰 도움이 될 것이다. 본 연구의 설문에 참여한 이주민들은 타인과의 의사소통에서 가장 심각한 언어적 갈등의 요인으로 '부정확한 발음으로 인한 의사전달의 어려움'이라고 대답했다. 이것은 자녀교육에도 상당한 영향을 미친다. 그다음은 '한국어를 잘하지 못해서 느끼는 소외감'과 '문화의 차이' 등의 순으로 나타났다. '부정확한 발음'을 지도해줄 수 있는 개인튜터제도 등의 방안이 요구된다고 볼 수 있다. 결혼이주여성들은 타인과의 언어소통의 어려움으로 인해 문화적응 스트레스를 겪을 것으로 보인다. 이러한 스트레스가 여성들에게 위축감·좌절감·소외감 등을 느끼게 하므로 이들을 위한 정서적인 배려가 필요하다.

〈표 7-10〉 한국어학습의 장애요소

| 갈등 | 1순위 | 2순위 | 3순위 |
|---|---|---|---|
| 한국어학습의 장애요소 | 육아일(26.4%) | 직장일(24.5%) | 가사일(18.9%) |
| 언어적 갈등의 문제 | 부정확한 발음(53.0%) | 소외감(14.5%) | 문화의 차이(12.0%) |

# 5. 도서지역 언어문화 활성화 방안

## 5.1. 도서지역 언어문화의 특성

### 5.1.1. 한국어교육에 있어서 도서지역 언어문화의 특징

한국어교육에 있어서 도서지역 언어문화의 특징은 아이들에게 한국어교육이 부족하다는 것을 들 수 있다. 결혼이주여성들의 완벽하지 못한 발음은 어릴 때부터 자녀들과의 의사소통에 장애를 일으킨다. 어머니의 한국어발음 때문에 정기적으로 발음교정교육을 받는 아이들도 많다. 또한 많은 이주여성들이 자녀들에게 한국어교육 외에도 모어를 전수하는 데 있어서 어려움을 느낀다. 예를 들어 아이들은 어릴 때부터 어머니의 모어를 듣고 일상적인 표현을 이해하기는 하지만 말은 하지 않는다. 중국 배경을 가진 자녀들이나 베트남 배경을 가진 자녀들은 모어를 듣고 이해를 해도 모어로 답하지 않고 한국어로 답하는 경향이 있다. 또한 자녀들이 심리적으로도 위축되어 한국어로 표현하는 것을 꺼린다. 즉, 자기들이 한국어로 표현할 때 다른 아이들이 웃지 않을까 자신감이 없어서 말을 하지 않는다고 한다. 어린이집에서 배운 동요를 집에서 배우고 싶어도 적당한 동요 교재가 없거나 어머니의 발음이 달라서 자녀교육의 어려움이 있다. 다음은 베트남 C 여성과 중국 A 여성과 중국 B 여성의 사례이다.

질문: 어떻게 하면 아이들이 양쪽 언어를 좀 더 잘 배울 수 있을까요?

"우리 아이 20개월 정도예요. 어린이집에 보냈어요. 가면서도 말 안 해요. 항상 불안해해요. 말 시킬 때 말 안해요. 선생님이 말했을 때, 자기도 자기가 말 잘 못할까봐 말 안 해요. 자기도 이상할까 봐. 엄마처럼 말하는 것, 엄마 말 좀 이상하잖아요. 자기도 이상할까봐 말 안하는 거예요."(베트남 C 여성)

"말 뒤에서 조사요…에서 어려워요. 우리 애기 저 여기 2년 반 살았어요, 중국에서 남편 만났어요. 우리 신랑은 중국말 잘해요. 우리 아들 중국말 들을 수 있어요. 우리 애기요, 어린이집 갔다 와서요, 동화책 읽어주세요. 엄마, 아버지 틀려요. 말도 안 돼요 저 알았어요."(중국 A 여성)

"이런 것만 있어, 아이들 어린이집에서 무슨 노래할 때 무슨 공부할 때, 엄마한테 중국어, 베트남어, 잉글리시 이런 거 다 아니라 어린이집에서 무슨 동요할 때, 그면 우리한테 어떻게 배워야 하는데 이런 거 있으면 좋겠어요."(중국 B 여성)

### 5.1.2. 취업기회와 관련한 도서지역 언어문화의 특징

취업기회와 관련하여 도서문화의 특징을 강화군다문화가족지원센터 J 팀장과 의 인터뷰를 통해 살펴보았다.

질문: 강화지역의 특성, 즉 도서지역으로서 다른 다문화가족센터에 비해 지역적인 특성은 어떤 것이 있습니까?

"타지역과 같은 경우는 허브 역할을 할 수 있는 기관이 많습니다. 저희는 사실 역 량 부족일 경우가 많아요. 취업교육을 시킬 때 도서지역 센터들이 많이 부족하죠. 후원할 센터에서 다문화가정이 사업을 하고 싶다고 해도, 한국어교육 말고 뭐를 또 할 수 있겠는가? 하는 시선들이 많구요. 저희 센터도 제빵을 배우고 싶으나 시 설 자체가 구비 안 되니까 제약이 많죠. 서울 대도시 지역은 연계할 수 있는 기관 이 굉장히 많은데. 이곳은 겨울에 4시에 배가 끊기고 먼 지역은 차가 한 시간에 한 대씩 다니는 데가 있구요. 여성들의 지리적 접근성이 사실상 어렵습니다."(J 팀장)

이처럼 도서지역은 내륙지역과 비교해서 우선 경제적·지리적 환경이 열악하 여, 고립되고 제약이 많다는 것이다. 또한 사회에서의 인식 자체도 한국어교육 외 에 무엇을 할 수 있는가라는 인식으로 한계점을 갖고 있다.

## 5.2. 도서지역 결혼이주여성의 언어문화

### 5.2.1. 모어교육

결혼이주여성들에게 있어서 본인의 모어 사용은 중요한 문제이다. 다음은 모어 교육에 관한 심층인터뷰 결과이다.

〈표 7-13〉은 결혼이주여성의 자녀와의 모어 사용 및 전수의 필요성에 대한 조 사 결과이다. 대부분 자녀와 모어를 사용하고 있고, 자녀에게 모어 전수의 필요성

〈표 7-13〉 자녀와 모어 사용 및 자녀에게의 모어 전수 필요성

| 연구대상자 | 자녀와 모어 사용 | 모어 전수 필요성 | 모어 전수 이유 |
|---|---|---|---|
| 베트남 A | 사용 안 한다 | 보통이다 | 자녀의 미래 |
| 베트남 B | 사용한다 | 아주 필요하다 | 문화 전수 |
| 베트남 C | 사용한다 | 필요하다 | 문화 이해 |
| 중국 A | 사용한다 | 아주 필요하다 | 자녀의 미래 |
| 중국 B | 사용한다 | 아주 필요하다 | 자녀의 미래 |
| 중국 C | 사용한다 | 아주 필요하다 | 자녀의 미래 |
| 몽골 | 자녀 없음 | 아주 필요하다 | 자녀의 미래 |

에 대해서는 중국과 몽골의 여성들은 모두 '아주 필요하다'고 응답하였고, 베트남의 여성은 평균적으로 '필요하다'로 응답하였다. 모어교육의 수요와 관련해 중국 출신과 베트남 출신 여성 사이에 차이가 있는 것에 주목할 필요가 있고 이러한 차이는 타지역의 다문화가족지원센터에서도 확인할 수 있었다(부산해운대). 또한 중국과 몽골의 여성은 모두 자녀의 미래에 대한 준비를 위해서 모어가 필요하다고 응답했고, 베트남의 여성들은 모어 전수의 이유로 자녀의 미래에 대한 준비, 출신국 문화 전수 프로그램에 참여할 기회로, 자녀가 출신문화를 잘 이해하기 위해서라고 응답하였다.

〈표 7-14〉 자녀에게 모어를 전수할 수 있는 환경

| 연구대상자 | 1순위 | 2순위 | 3순위 | 4순위 |
|---|---|---|---|---|
| 베트남 A | 대학진학 시 인정 | 교육기관에서 교육 | 모국에서 교육 | 가족이 분위기조성 |
| 베트남 B | 모국에서 교육 | 가족이 분위기조성 | 대학진학 시 인정 | 교육기관에서 교육 |
| 베트남 C | 대학진학 시 인정 | 교육기관에서 교육 | 모국에서 교육 | 가족이 분위기조성 |
| 중국 A | 가족이 분위기조성 | 모국에서 교육 | | |
| 중국 B | 가족이 분위기조성 | 모국에서 교육 | | |
| 중국 C | 가족이 분위기조성 | 교육기관에서 교육 | | |
| 몽골 | 가족이 분위기조성 | 모국에서 교육 | 교육기관에서 교육 | 대학진학 시 인정 |

〈표 7-14〉는 결혼이주여성이 자녀에게 모어를 전수할 수 있는 환경을 우선순위별로 조사한 결과이다. 우선순위가 베트남 여성과 몽골 여성이 반대로 나타나는데, 중국과 몽골의 여성은 가족이 분위기를 조성해주는 것을 자녀에게 모어를

전수할 수 있는 가장 좋은 환경이라 응답하였고, 베트남 여성은 대학에 진학 시 인정해주는 것과, 아이를 출신국에 보내 교육하는 것을 가장 좋은 환경이라고 응답하였다.

〈표 7-15〉 자녀에게 모어 전수나 사용에 있어서 지지해주는 정도

| 연구대상자 | 적극적으로<br>지지해준다 | 지지해준다 | 보통이다 | 관심 없다 |
| --- | --- | --- | --- | --- |
| 베트남 A | | | 남편, 부모, 자녀 | |
| 베트남 B | | | 남편, 부모, 자녀 | |
| 베트남 C | 남편, 자녀 | | | |
| 중국 A | | 남편, 부모, 자녀 | | |
| 중국 B | 남편 | 자녀 | 시부 | 시모 |
| 중국 C | 남편 | 자녀 | | |
| 몽골 | 남편 | | | |

〈표 7-15〉는 결혼이주여성이 자녀에게 모어 전수나 사용에 있어서 가족의 지지도 정도를 조사한 결과이다. 대체적으로 중국과 몽골 여성들의 남편들은 적극적으로 지지해주는 것으로 나타났고, 베트남 여성의 남편들은 보통인 것과 적극적인 지지로 나타났다.

그러나 실제로 한국에서의 결혼이주여성들은 한국에서 본인들의 모어를 사용하는 데 있어 많은 어려움을 겪고 있다. 다음은 중국 C 여성과 베트남 C 여성의 사례이다.

"네, 그거 이런 거 문제 한국 어머니, 아버님들 도와주어야 한다. 우리한테 시아버지 시어머니가 좀 도와줘야 한다. 우리 아이들한테 중국말 좀 시부모님이 좀 이해해줘야 한다. 왜냐면 우리 처음에 올 때 한국어 못해서 저는 중국어 절대로 안 썼어요. 왜냐하면 어머니한테 무슨 나쁜 얘기 할 것 같애, 저는 친구들 통화할 때 어머니가 3분 지나서 화났어요. 이거 좀 어려워요. 왜냐면 또 아이들한테 계속 중국말 왜 중국말을 해 같은 나라 친구랑 통화할 때 한국말 해야 해."(중국 C 여성)

"우리나라에서 한국말하면 좀 부끄러웠어요."(베트남 C 여성)

앞의 사례는 중국여성의 경우 한국에서 중국말을 쓰면 시부모가 욕하는 줄 오

해하고 한국말만 쓰도록 해서 중국친구에게도 한국말로 통화해야만 하는 어려움을 겪었다는 내용이다. 베트남 C 여성의 경우도 베트남 친구끼리 한국말로 통화해야만 하는 것에 부끄러움을 느끼게 되었다고 전하고 있다. 따라서 한국에서는 가정에서 결혼이주여성들이 모어를 쓰는 것을 부정적인 시각으로 보고 있고, 비우호적이다. 그러나 요즘 중국어를 배우는 사람들이 늘면서 중국어 강사로 취업을 하는 경우가 생기면서 시부모의 태도가 바뀌고 있다. 다음은 중국 C 여성의 사례이다.

"어머니가 지금 우리 집에 손님 올 때, 야, 너 중국노래 해봐, 한국노래 말고. 아이들한테 우리 애기 중국노래 할 수 있는데 지금 어머니 다른 사람한테 보여주고 싶어요, 지금."(중국 C 여성)

### 5.2.2. 취업

본 연구진은 한국에 있는 결혼이주여성들의 한국어교육 수요 외에 기타 수요에 대해 조사하였다.

질문: 강화군 다문화가족지원센터에서는 한국어교육 부분이 가장 큰 수요이고, 그러면 기타 어떤 수요들이 있나요?

"가장 많은 것은 취업의 수요예요. 작년 같은 경우에도 일자리수요사업이라 공장, 학교를 선별해서 취업을 시켰어요. 방과 후 과학보조로. 잘하지 못할 것 같다는 이민 여성들의 편견하에 국가에서 예산을 지원해주니까 써보자고 썼다가 의외로 원어민 교사보다 교육의 효과가 대단히 높게 나왔어요. 지금 제일 어려운 부분이 교육도 교육이지만 여성을 보는 시각이에요. 내국인들에 대한 여성들의 다문화 인식개선이 아직 안 된 상태입니다. '아마라'도 몽골에서 중국어 통역, 통번역사를 할 정도로 언어가 굉장히 뛰어나고, '마이짠깐번'의 경우에도 베트남에서 화학을 전공해서 사실 인테리예요. 수준이 낮은 사람들이란 편견들이 아직도 많아서, 취업하려고 해도 식당에 가서 일이나 하면 되지 사탕공장이나 가지. 이런 편견이 아직도 너무 심하기 때문에 내국인들에 대한 인식개선이 사실은 필요합니다."(J 팀장)

강화도에 있는 결혼이주여성의 취업에 있어서는 여성을 보는 인식개선이 필요한 상황이고, 결혼이주여성들은 사실상 지식인도 있고, 학교 등으로의 취업 후 교육의 효과도 높은 것으로 나타났다.

## 6. 나가기

이 글에서는 도서지역에 있는 결혼이주여성의 언어문화 실태와 언어소통의 문제를 알아보고 도서지역 언어문화 활성화 방안을 모색하였다.

첫째, 언어문화 실태를 보면 만족도 조사에서는 매우 만족이 16.5%, 만족이 59.5%로 전체 76.0%가 만족하는 것으로 나타났다. 한국에 오기 전의 한국어학습량은 약 3개월 미만으로 나타났고, 한국에 온 후 약 70시간의 학습시간을 가진 것으로 나타났다. 한국어를 배우게 된 동기는 베트남여성의 경우 개인의 의향으로 시작되었고, 중국여성의 경우 타인의 소개로 시작되었다.

한국어학습에 있어서는 71.0%가 참여하고 있고, 그중에 76.5%는 다문화가족지원센터에서 한국어를 학습하고 있다. 한국어능력시험의 경험에 있어서는 13.2%만이 응시한 경험이 있고, 86.8%는 아직 응시하지 않은 것으로 나타났다. 결혼이주민들이 모임 참여 시 얻게 되는 가장 큰 장점이 한국어능력 신장을 위해서라고 35.6%가 응답한 것으로 보아 이들에게 있어서 한국어능력에 대한 관심이 무엇보다 크다는 것을 알 수 있다. 또한 이들이 한국생활에서 겪는 갈등의 가장 큰 원인도 '한국어를 구사하지 못해서'라고 37.9%가 응답한 것으로 보아 한국어에 대한 비중을 알 수 있다.

모어 사용에 있어서는 가정에서 가장 빈번한 의사소통 대상으로 자녀로 꼽았고, 가족 내 모어 사용이 어려운 이유로는 73.7%가 못 알아듣거나 사용할 대상이 없다고 답했다. 그러나 설문대상자의 78.2%가 자녀에 대한 모어 전수에 대해서 '희망한다'고 답해 높은 의지를 나타냈다. 그 이유로 모국의 문화를 이해하기 위해서가 44.4%로 나타났고, 이중언어 향상이 30.8%로 나타났다.

자녀교육에 있어서는 가장 어려운 점으로 언어소통의 문제가 36.8%로 나타났고, 그다음이 경제적 지원 부족이 33.3%로 나타났다. 방과 후 자녀 학습방법에 있어서는 학원 및 과외가 29.1%로 나타났고, 결혼이주여성의 도움이 27.9%로 나타났다. 자녀의 한국어 이외 모어 능력에 대해서는 전혀 못함이 23.4%, 못함이 45.7%로 전체의 69.1%가 모국어 능력이 없음을 나타냈다.

언어소통의 문제와 관련하여 설문에 응답한 이주민들은 가족관계 속에서, 시부모 · 남편 · 자녀와의 가장 큰 갈등 원인이 모두 '언어소통의 문제'로 답한 것으로 보아 언어소통 문제의 심각성을 보여주었다. 환경적 측면에서는 한국어학습의 가장 큰 장애 요인으로 각각 육아가 26.4%, 직장일이 24.5%, 가사일이 18.9%로 나타났다. 또한 언어적 갈등의 문제로 부정확한 발음이 53.0%로, 소외감이 14.5%로, 문화의 차이가 12.0%로 나타났다.

이러한 언어문화 실태와 언어소통의 문제 원인을 토대로 도서지역 언어문화 활성화 방안을 다음과 같이 제시하고자 한다.

첫째, 도서지역의 한국어교육의 인프라를 다각도로 강화해야 한다. 도서지역의 아이들이 한국어교육의 필요성을 강하게 느끼고 있는 반면 결혼이주여성들의 부정확한 발음이 본인의 의사소통에 문제가 되고 자녀교육에도 심각한 문제를 야기하고 있다. 이에 따라 수준에 맞는 다양한 학습교재 개발이 요구된다. 이는 개인적 · 사회적 차원에서의 지원뿐만 아니라 국가적 차원에서의 지원도 함께 이루어져야 할 것이다.

둘째, 한국어교육에 있어서 사회적 인식변화가 필요하다. 도서지역의 지리적 접근성 및 취업을 위한 경제적 조건 등이 내륙지역과 비교해서 열악하다. 이러한 상황에서 이주민들은 '한국어교육이 무슨 필요가 있는가?'라는 사회적 인식 때문에 많은 한계성을 띠고 있다. 강화도 교동의 경우 한국어교육에 참여하지 못하는 결혼이주여성들이 많았다. 이들은 농업을 중심으로 한 생업에 많은 시간을 투자하고 있는 것으로 나타났다. 또한 이러한 지역의 경우 사실 지역농업에서 이주여성들이 차지하는 부분이 이미 상당히 크다는 사실도 고려할 필요가 있다.

셋째, 자녀에게 모어를 전수할 수 있는 기틀을 마련해야 한다. 결혼이주여성들이 모어 전수의 필요성에 대해 대체적으로 아주 필요하다고 응답하였고, 그 이유를 '자녀의 미래'라고 답하였다. 모어를 전수할 수 있는 가장 좋은 환경은 '가족이 분위기를 조성해주어야 한다'와 '대학진학 시 이러한 '능력'을 인정해주어야 한다'라고 답하였다. 현재 모어를 전수하는 데 가장 큰 지지자는 남편, 자녀의 순이었다.

넷째, 결혼이주여성이 방과 후 교사나 통·번역사 등으로 취업이 활성화되도록 지원해주어야 한다. 결혼이주여성들을 고용했을 때 평가에서 의외로 원어민교사보다 교육의 효과가 높게 나타난 경우를 통해서 이들에 대한 적극적인 취업의 길을 열어줄 필요가 있다는 것이다.

다섯째, 도서지역을 위한 특화된 다문화 관련 제도를 마련해주어야 한다. 이 글에서 도서지역이 지리적 접근성 등 어려운 환경으로 인해 다문화가정에 대한 지원이 많은 한계에 봉착해 있는 사실이 드러났다. 이러한 도서지역에서 한국어교육의 활성화를 모색하기 위해서는 방문교육서비스를 대폭 확대하는 등 도서지역을 위한 특화된 제도를 마련해야 한다.

# 8장

# 도서지역 결혼이주여성의 종교생활 실태
## – 강화도와 대부도를 중심으로 –

# 8 도서지역 결혼이주여성의 종교생활 실태
## - 강화도와 대부도를 중심으로 -

오영훈 · 김성영

* 이 글은 2012년 『종교문화연구』 67권 게재된 논문 「도서지역 결혼이주여성의 종교생활 실태조사 연구」를 수정 · 보완한 것이다.

## 1. 들어가기

현대사회는 개방된 사회로서 다양한 문화를 인정하고, 다양한 종교들도 자유롭게 공존하게 된 명실상부한 다종교사회이다. 급속도로 발달한 교통이나 정보 전달의 수단은 지구 전체를 하나의 마을로 만들어버렸다. 교통이나 정보 전달의 수단에 의해 시공간상의 절대 거리가 상대화됨으로써 지구촌은 하나의 이웃이 되었다. 또한 이주와 이민이 자연스러워지고 다양한 문화를 가진 사람들이 한곳에 뒤섞이면서 세계는 어느 나라 할 것 없이 다문화사회로 향해가고 있다. 바로 이러한 이유 때문에 지구촌은 아주 자연스럽게 다문화 · 다종교 사회가 된 것이다.

한국도 다문화사회로 변해가면서 각 문화 내의 여러 종교가 유입되었다. 불교, 개신교, 천주교, 통일교, 이슬람교 등으로 이루어져 다종교사회였던 한국사회는 더욱더 다양한 종교가 공존하게 되었다.

이처럼 다양한 종교가 공존하면서 다른 어떤 영역보다도 여러 문제점과 갈등이 다문화사회에서는 존재할 수도 있다. 종교적 편견은 어떤 지역적 · 문화적 편견보다도 훨씬 더 뿌리 깊고 대립의 강도가 치열하기 때문이다. 종교적 근본주의가 자칫 왜곡되면 다양한 구성원들이 함께 조화를 이루며 살아나가야 하는 현대사회에서 사회의 구성원인 한 집단이 타 집단을 공존할 수 없는 적대 집단으로 매도한다거나 혹은 자신들의 집단으로 반드시 개종되어야 한다는 강제논리로 발전

될 수 있기 때문에 사회통합을 저해하는 요소로 작동한다. 체계적이고 지속적인 정책을 수립하지 않아 격렬한 인종 폭동과 테러가 발생한 프랑스나 영국, 그리고 정부의 다문화주의를 '문화적 마르크스주의'라고 비난하면서 테러를 일으킨 노르웨이의 '기독교 근본주의자' 경험이 말해주듯이, 다른 종교에 대한 올바른 이해와 교육이 얼마나 중요한지를 알 수 있다.

따라서 종교가 우리 사회에 던지는 다양한 문제들, 예를 들어 다원화사회에서 나의 종교는 무엇을 의미하고, 다른 종교를 어떤 방식으로 이해해야 하는가 하는 문제들을 성찰하고 가르치는 일을 소홀히 해서는 안 된다. 이를 통해서 우리는 이른바 '다름'에 대한 우리의 이해와 인식을 확장시킬 수 있을 것이다.

이 글에서는 도서지역에 거주하고 있는 결혼이주여성들이 한국생활에서 종교가 왜 필요한지, 또는 한국에서의 종교생활에 만족하고 있는지를 살펴보고자 한다. 이를 통해 다문화사회에서 지역공동체의 사회통합을 위해 결혼이주여성들에게 긍정적인 의미로 수용될 수 있는 종교 또는 종교기관의 지향점을 제안하고자 한다.


## 2. 다문화주의와 종교

다문화주의는 일반적으로 인간 사회의 다양성, 인구학적이고 문화적인 다양화를 설명하기 위해 사용된다. 이것은 각각의 특수한 삶의 방식을 존중하며 공존할 수 있는 다원주의적인 사회·문화제도로 정서적 인프라를 만들어내기 위한 집합적 노력이라 할 수 있다.

문화학자 테일러(Taylor, 1992)는 다문화주의를 "문화적 다수집단이 소수집단을 동등한 가치를 지닌 집단으로 인정하는 '인정의 정치(the politics of recognition)'"라고 정의하였다. 트로퍼(Tropper, 1999)는 캐나다의 다문화주의를 ① 인종, 민족, 문화적으로 다원화된 인구학적 현상, ② 사회·문화적 다양성을 긍정적으로 인식하고 가치 있게 여기고 존중하려는 사회적 이념, ③ 사회·문화적 다양성을 보호하고 인종·민족·국적에 따른 차별과 배제 없이 모든 개인이 평등한 기회에 접할 수 있도록 보장하는 정부정책과 프로그램이라고 주장하였다.[1] 이러한 다문화주의의 세 가지 요건 중 인구학적 측면으로 보면 한국은 아직 다문화사회라고 단정하기에는 이른 감이 없지 않지만, 다문화사회로 진입하고 있는 과정 중에 있는 것임에는 틀림없다. 법무부에 따르면, 2014년 4월 현재 단기체류 외국인을 포함한 체류외국인이 157만여 명으로 국내 주민등록 인구의 2.8%를 차지했다. 이런 추이라면 2020년에는 5%, 2050년에는 9.5%로 증가할 것으로 예상하고 있다. 다문화사회로 분류되는 외국인 5% 시대가 얼마 남지 않은 것이다.

『프티 로베르(Petit Robert)』 사전은 다문화주의를 "한 나라 안에 몇 가지 문화가 공존"하는 것으로 정의하고 있다. 이주로 인한 다인종·다문화 주체들이 갖고 있는 삶의 권리에 대한 제도적 보장의 근거로서 주류사회와 비주류사회 간의 상호이해 촉진, 소수민족 집단 간의 교류, 사회평등 보장, 구조적 불평등과 차별의 극복을 위한 사회통합의 길이다. 이주민의 증가로 다문화사회가 화두로 떠오르고 있는 우리나라에서 눈여겨볼 만한 정의라 할 수 있다.

다문화주의는 다음 세 가지 모형으로 분류된다.[2] 첫째, 차별 배제 모형이다. 이 모형은 경제특구나 수출자유지역과 같은 특정 지역이나 특정 직업에 한하여 일부 영역 외에는 외국이나 이민자의 유입을 배제하는 배타적인 외국인 이민정책으로 한국과 일본과 독일이 이에 해당한다. 한국사회도 단순기능 노동인력의 수급과 통제를 위한 제도(산업연수제도와 고용허가제도)를 가진 대표적인 나라 중 하나다.

둘째, 동화 모형이다. 이 모형은 이민자들이 언어·문화 등의 모든 면에서 주류사회와 동일해야 한다는 모형으로 1960년대 미국의 '용광로 정책'으로 대변되는 모형이다. 국민 내 잠재적 소수집단 또는 이민자들이 다수집단의 사회 속에서 융해되는 결과를 초래하며 문화적 적응이라는 단선적 과정으로 결국 다수집단과 분리될 수 없는 것으로 간주된다. 현재 한국사회가 표방하고 있는 다문화주의의 양상과 흡사하다고 볼 수 있다. 이주민에게 한국의 언어와 문화 및 생활양식을 배워서 한국인처럼 되는 사회적 강요가 한국사회에서 여전히 지배적이기 때문이다.

셋째, 다문화 모형이다. 이 모형은 다른 인종과 민족에 대해 포용적인 특성을 가진다. 이것은 다시 최근 미국과 같이 주류사회 중심의 소수민족 정책이나 이민자 정책을 포함하는 문화다원주의(Cultural Pluralism)와 외국인 및 이민자들을 존중하면서 주류사회와 외국인 간의 보다 대등한 관계, 사회 전체의 소통과 교류에 초점을 두는 다문화주의(Multuiculturalism)로 나눌 수 있다.

그동안 우리 사회에서 다문화주의는 정부에 의해 추진되고, 이주여성 상담소를 포함한 지원 단체들에 의해 지지되는 특징을 보여왔다. 아울러 이러한 관주도형의 다문화주의는 정부로부터 프로젝트 기금을 지원받아 GO(정부기구)와 NGO(민간단체)의 구분마저 모호한 다문화주의 단체들의 등장을 가져왔다(오마이뉴스, 2007.11.14). 문제는 정부가 다문화주의를 사회통합의 기제로만 활용하고 있다는 점과 한국에서의 다문화주의가 결혼이주여성과 자녀들만을 대상으로 하고 있다는 점이다. 이러한 관주도형 다문화정책에서 화교와 장기체류 이주노동자들은 철저히 소외되고, 각국 공동체들은 다문화행사의 대상자로만 간주되고 있는 것이 현실이다. '로마에 가면 로마의 법을 따르듯, 한국에 왔으면 한국의 법을 따르라'라고 이야기할지 모르지만, 문화라는 것은 서로 영향을 주며 상호작용하고, 침투하며 변화한다는 점을 인정한다면, 일방통행식의 '동화'를 강제하지 않아야 할 것이다.

다문화사회에 있어 중요한 또 하나의 열쇠는 종교이다. 종교는 '절대적 신념체계'로서 특정한 문화권의 핵심적 문화소를 이룬다. 따라서 종교에 대한 진정한 이해는 다문화사회를 이해하는 토대가 될 것이다.

한국에서 다문화와 종교에 관련된 연구는 간헐적으로 통일교[3]와 이슬람교를 중심으로 연구되고 있기는 하지만, 주로 개신교계에서 활발하게 진행되고 있다.

신광철(2010)은 다문화사회와 다문화주의의 함의, 다문화시대 한국사회의 현실과 정책, 다문화사회 한국종교의 역할에 대하여 살펴보고, 한국종교계의 나아갈 방향과 관련한 몇 가지 논제를 제시하였다. 그는 특히 이슬람권 이주민들과 관련한 전망을 마련해야 한다고 주장한다. 한국에서의 이슬람교육이 제대로 이루어지지 않은 상태에서 이들이 겪는 사회적·문화적·종교적 고통이 이루 말할 수 없다는 것이다. 또한 그는 다문화이해의 인프라를 구축하기 위해서 '종교박물관'의 건립을 주장한다. 이를 위해 싱가포르에서의 박물관을 활용한 다문화교육 사례, 일본의 규슈국립박물관의 아시아문화 소통 사례를 벤치마킹하자고 제안하고 있다. 하지만 박물관을 활용한 다종교와의 대화는 신선하지만, 적용 가능성에 대해서는 고려해야 할 사항들이 많이 남아 있다.

문영석(2011)은 캐나다 사례를 중심으로 지구촌 사회와 다문화정책을 논하면서, 한국사회가 작금의 상황에서 종교적이고 이념적인 광기가 우리 사회를 끝없는 논쟁의 나락으로 추락시키고 있다고 통렬하게 비판하고 있다. 그는 종교를 한 사회를 구성하는 여타의 사회적 현상들과 상호 여러 가지 관계를 맺고 있는 하나의 사회적 현상으로 보고, 다문화적인 상황에서 그 기능과 위치에 있어서 커다란 변화를 겪을 수밖에 없다고 주장한다.[4] 문영석의 이러한 주장은 다문화사회에서 종교의 역할에 대하여 지향해야 할 방향성을 추상적으로 제시하고 있을 뿐, 구체적으로 어떤 기능을 수행해야 하는지를 밝히지 않고 있다.

박종수(2010)는 한국개신교가 다문화현상을 바라보는 이전의 시각과 최근의 시각에서 어떠한 점이 다르고, 왜 이러한 인식의 차이가 생겨나게 되었는지를 인식 배경과 인식 양상으로 나누어 살펴본 후, 다문화현상에 따른 한국교회의 대응양상 중 선교 전략의 변화를 사회변동 이론의 변동전략을 차용하여 분석하였다.

또한 박종수(2011)는 종교단체의 다문화교육에 대한 사례 연구를 통해 불교와 개신교 및 가톨릭 단체에서 운영하고 있는 종교 프로그램을 분석하였다. 그는 종교단체가 운영하고 있는 다문화교육 프로그램에 개별 종교에 대한 종교교육이 병행되어 나타나고 있다는 것을 확인하였다. 그는 개별 종교에 대한 일방적인 교육이 이주민과 종교단체 간의 충돌 가능성이 높기 때문에 다문화교육에 대한 종교 내의 자별적인 중립 교육의 사례들을 제시하였다.

이렇게 다문화사회에서의 종교문제는 한국 내의 개신교를 중심으로 활발하게 연구되고 있다. 이에 반해 유럽 사회에서 중시하고 있는 이슬람 문제는 한국사회에서 아직까지는 간헐적으로 연구되고 있는 실정이다.

세계적인 종교학자 조너던 색스(Jonathan Sacks)는 그의 저서 『차이와 존중: 문명의 충돌을 넘어서』에서 "종교가 갈등의 원천이 아니라, 평화를 앞당기는 힘이 될 수 있느냐"라는 물음에 대한 해답은 "서로 다른 종교와 문화가 어떠한 방법으로 '타자'를 위해 공간을 내줄 수 있는가"에 달렸다고 주장한다. 조너던 색스의 이러한 주장은 다문화시대에 있어 종교의 진로를 모색하는 데 중요한 시사점을 제공해주고 있다.

또한 그의 다음과 같은 물음은 다문화사회로 진입하고 있는 우리에게 미래사회에 대한 성찰을 요구하고 있다.

"위대한 종교는 열성 신자들에게 목적과 의미를 제공한다. 그렇다면 종교는 신자가 아닌 사람들, 다른 노래를 부르고 다른 음악을 듣고 다른 이야기를 말하는 사람들에게도 공간을 내줄 수 있을까?"

그는 이 질문에 대해 어떠한 해답을 제시하느냐에 따라 21세기의 운명이 걸려 있을 것이라고 호소한다.


## 3. 연구방법

이 글의 내용은 2011년 3월 2일부터 5월 25일까지 도서지역(강화도, 대부도)에 거주하는 결혼이주여성들을 대상으로 설문조사한 것이다. 설문지는 총 200부를 배포하여 128부가 회수되었으며, 이 중에서 종교생활을 하고 있는 결혼이주 여성들의 응답지 96부를 분류하였다. 그리고 불성실하게 응답한 10부를 제외한 86부를 최종 분석자료로 사용하였다. 조사대상자의 일반적인 특성은 다음 〈표 8-1〉과 같다.

〈표 8-1〉 연구대상자의 일반적 특성

| 구 분 | | 빈 도 | 백분율 | 구 분 | | 빈 도 | 백분율 |
|---|---|---|---|---|---|---|---|
| 연령 | 21~30세 | 26 | 30.2 | 결혼 계기 | 결혼중개업체 | 18 | 20.9 |
| | 31~40세 | 32 | 37.2 | | 가족, 친척 소개 | 9 | 10.5 |
| | 41~50세 | 26 | 30.2 | | 지인(친구 등) 소개 | 19 | 22.1 |
| | 51세 이상 | 2 | 2.3 | | 종교기관 | 35 | 40.7 |
| 본래 국적 | 베트남 | 19 | 22.1 | 입국 목적 | 연애 | 5 | 5.8 |
| | 일본 | 27 | 31.4 | | 결혼 | 81 | 94.2 |
| | 중국(조선족) | 8 | 9.3 | | 친척 방문 | 1 | 1.2 |
| | 중국(한족) | 7 | 8.1 | | 유학 | 2 | 2 |
| | 캄보디아 | 21 | 24.4 | | 기타 | 2 | 2 |
| | 기타(몽골, 필리핀) | 4 | 4.7 | 계 | | 86 | 100 |

본 설문에 응답한 결혼이주여성들은 최소 21세에서 최대 65세까지 다양한 연령대의 분포를 보인다. 이주여성들의 경우 보통 20대 초반에 국제결혼을 하는 비

율이 높다는 것을 가정했을 때, 도서지역의 결혼이주여성들은 비교적 오랫동안 한국생활을 한 것으로 추론할 수 있다. 결혼 이주 전의 국적을 살펴보면, 일본이 31.4%로 가장 높은 비율을 차지하고 있으며, 캄보디아, 베트남, 중국 및 몽골, 필리핀 등의 순으로 나타난다. 현재 남편을 만나게 된 계기에 대해 질문했을 때 종교기관을 통했다는 대답이 40.7%로 가장 높은 수치를 보이고 있으며, 국제결혼의 보편화로 인해 친구 등 지인이나 결혼중개업체의 소개로 결혼했다는 대답의 비율 역시 높게 나타나고 있다. 비교적 작은 수치를 보이고 있지만, 가족이나 친척의 소개(10.5%), 연애(5.8%)의 응답도 유의미하게 살펴볼 필요가 있다. 그리고 처음 한국에 입국한 동기를 물었을 때 대부분의 여성들(94.2%)은 결혼을 하기 위해서 입국했음을 알 수 있다. 그 밖의 응답으로는 친척 방문 목적이 1.2%, 유학 목적이 2%, 기타 2%(한국어 공부 등)의 순으로 보이고 있다.

또한 이들 가운데 질적 연구대상자로서 심층인터뷰에 응한 6명의 결혼이주여성의 인구통계학적 결과는 〈표 8-2〉와 같다.

〈표 8-2〉 질적 연구대상자

| 연구대상자 | 출생연도 | 학 력 | 입국연도 | 종 교 |
|---|---|---|---|---|
| 우즈베키스탄 A | 1982 | 고졸 | 2004 | 가톨릭 |
| 우즈베키스탄 B | 1983 | 고졸 | 2003 | 불교 |
| 캄보디아 | 1980 | 초 중퇴 | 2007 | 개신교 |
| 몽골 | 1967 | 대학원 졸 | 2007 | 불교(샤머니즘과 결합) |
| 일본 A | 1966 | 대졸 | 1996 | 통일교 |
| 일본 B | 1964 | 전문대 졸 | 1996 | 통일교 |

이 연구는 자료수집과 측정을 위한 조사방법으로 설문지를 사용한 실증적 연구방법을 채택하였다. 설문의 문항은 크게 3부분 총 11문항으로 구성되어 있다. 기초조사로 조사대상자의 일반적 특성과 종교활동의 특성에 대해서는 연령, 국적, 입국 목적 등과 관련하여 10개 문항으로 명목척도, 비율척도로 구성된다. 본 질문지는 총 11개 문항이며 종교생활의 만족도는 "① 매우 만족"에서부터 "④ 매우 불만족"으로 4점 Likert 척도로 구성되어 있다.

<표 8-3> 설문지 구성

| 유 형 | 내 용 | 문항 수 |
|---|---|---|
| 일반적인 특성 | 연령, 결혼 전 국적, 결혼 계기, 입국 목적 | 4문항 |
| 종교활동의 특성 및 만족도 | 종교생활 이유, 종교 필요 정도, 대인관계 도움,<br>결혼 전후(前後) 종교, 종교활동 참석여부, 관심 분야 | 6문항 |
| | 일상생활에서의 종교활동 만족도 | 1문항 |
| 총 문항 수 11문항 | | |

설문조사는 다문화가족지원센터 및 지역 내 커뮤니티 기관을 통해 결혼이주여성들을 소개받아 직접 찾아가는 방식으로 진행되었다. 설문지에 응답하는 시간은 약 1시간 정도가 소요되었으며, 면대면 방식으로 설문이 진행되었기 때문에 질문의 요지가 이해되지 않을 경우 연구원이 직접 설명하여 이해를 돕도록 하였다. 이러한 설문지 조사 과정에서 관심을 보이고 적극적으로 참여하는 몇몇 결혼이주여성들은 약식 인터뷰 과정에 수락했고, 추후 본 설문조사의 내용을 심화하여 진행할 질적 인터뷰를 위한 소재를 제공하였다.

또한 연구자료는 심층면담을 통해 수집되었다. 한 차례의 공식면담을 실시하였고, 면담지의 형식은 구조화 면담법을 사용하였다. 면담 내용은 결혼이주여성의 종교생활에 관한 것을 주 내용으로 하였다. 자료 분석은 원자료를 검토한 후 내용분석을 하면서, 연구문제와 관련된 내용을 추출하였다.

회수된 설문지 중 응답내용이 불성실한 문항은 자료에서 제외시켰으며, 유효한 자료만을 대상으로 부호화(Data coding)한 후, 통계 프로그램인 SPSS 17.0을 사용하여 자료 분석의 목적에 맞게 통계처리하였다. 그리고 연구대상자들의 일반적 특성과 종교활동의 특성을 파악하기 위하여 빈도분석을 실시하였다. 응답한 내용에 대한 해석은 설문조사 시에 진행한 약식 인터뷰의 내용과 현장에서 설문조사를 진행한 연구원들의 경험(결혼이주여성들의 질문 내용과 선택된 응답의 추론 가능한 사회적 배경), 다문화가족지원센터 관련자들의 진술을 참조하였다.

# 4. 종교문화 실태

## 4.1. 한국에서 종교생활을 하는 이유

앞서 설명한 결혼이주여성들의 결혼 계기에서 가장 높은 수치를 보인 것이 '종교기관을 통해서'였기 때문에 이들에게 종교생활은 보다 큰 의미를 가진다고 볼 수 있다. 한국에서 종교생활을 하는 가장 큰 이유에 대한 응답 결과는 다음 〈표 8-4〉와 같이 나타나고 있다.

〈표 8-4〉 결혼이주여성의 종교생활 이유

| 항 목 | 구 분 | 빈 도 | 백분율 |
|---|---|---|---|
| 종교생활 이유 | 친구를 사귀기 위해서 | 5 | 5.8 |
| | 많은 정보를 얻기 위해서 | 4 | 4.7 |
| | 행복한 삶을 위해서 | 34 | 39.5 |
| | 신앙을 갖기 위해서 | 22 | 25.6 |
| | 자녀교육을 위해서 | 9 | 10.5 |
| | 기타 | 12 | 14.0 |
| 계 | | 86 | 100 |

가장 높은 비율을 보이고 있는 것은 '행복한 삶을 위해서'(39.5%)와 '신앙을 갖기 위해서'(25.6%)이다. 그다음으로는 '자녀교육을 위해서'(10.5%), '친구를 사귀기 위해서'(5.8%), '많은 정보를 얻기 위해서'(4.7%)의 순으로 나타나고, 이 밖에 '기타'(14.0%)는 한국어학습 등을 선택하였다.

최현종(2011)의 한국종교의 인구 변동에 관한 연구에 따르면, 한국인들이 종교를 통해 가장 얻기 원하는 것은 "마음의 평안과 위로"였다. 구체적으로 보면 개신교는 그 종교적 특성에 맞게 '구원과 영생'이 가장 높게 나타났으며, 불교는 '마음의 평안과 위로'가 가장 높게 나타나 가장 현세적인 경향을 나타냈다. 천주교는 불교와 개신교의 중간치를 나타냈다. 다시 말하면, 한국인들이 종교생활하는 이유는 크게 마음의 평안과 위로와 신앙을 갖는 것이다. 이것은 결혼이주여성들이 종교를 갖는 이유가 마음의 평안과 위로를 통한 행복한 삶이 가장 높은 비율이며, 다음으로 신앙을 갖기 위해서라고 하는 조사와 큰 차이가 없다는 것을 알 수 있다. 즉, 한국인들이나 결혼이주여성들이나 인간이면 누구나 종교를 통해 마음의 평안과 위로를 받아 행복한 삶을 살기를 원한다는 것을 알 수 있다.

## 4.2. 한국에서 종교생활의 필요성

철학자 아리스토텔레스가 '인간은 정치적 동물이다'라고 말했고, 영국의 정치 사상가 존 로크는 '인간은 사회적 동물이다'고 말했다면, 인간은 '종교적 존재'이다. 인간은 종교적 본성을 갖고 있다. 종교는 인간생활에 있어서 뚜렷한 현상 중 하나로 인간 영혼의 깊은 근원과 접촉하고 사상을 지배하며 감정을 자극하고 행동을 지도하는 것이다. 조사에서 결혼이주여성의 80% 이상이 종교가 필요하다고 답한 것은 인간은 종교적 존재임을 반증해준다. 도서지역의 결혼이주여성들을 대상으로 한국에서 종교생활의 필요성에 대한 응답은 다음 〈표 8-5〉와 같이 나타나고 있다.

〈표 8-5〉 결혼이주여성의 종교생활 필요성

| 항 목 | 구 분 | 빈 도 | 백분율 |
|---|---|---|---|
| 종교생활 필요성 | 매우 필요하다 | 26 | 30.2 |
| | 필요하다 | 48 | 55.8 |
| | 필요하지 하다 | 12 | 14.0 |
| | 전혀 필요하지 않다 | 0 | 0.0 |
| 계 | | 86 | 100 |

〈표 8-5〉의 내용을 살펴보면, 80% 이상의 응답자가 종교생활이 필요하다고 주장한다. 종교생활이 필요하지 않다고 응답한 비율은 전체 14%에 불과하며, 전혀 필요하지 않다고 응답한 사람은 없는 것으로 나타나고 있다.

한국에서 종교생활을 함으로써 가장 좋은 점이 무엇인가? 라는 질문에 결혼이주여성들은 한결같이 타지에서의 외로움을 종교 또는 기도를 통해 극복할 수 있었다고 대답한다.

가톨릭을 믿는 카자흐스탄 출신의 결혼이주여성의 말이다.

"성당에 다니지 않는 것보다 마음이 편하고, 속상할 때 고백성사를 통해 위로받고 가슴이 편안합니다. 그러나 집에서는 그렇지 않습니다."

캄보디아에서 온 개신교를 믿는 결혼이주여성은 다음과 같이 말한다.

"아이들을 데리고 교회에 가면, 교회 집사님이 도와줍니다. 부모님이 멀리 사니까 기도를 많이 해주십니다. 멀리 있는 부모님과 아이들을 위해서 나도 기도합니다."

몽골 출신의 불교를 믿는 결혼이주여성의 말이다.

"종교는 어렵고 외로울 때 도움이 됩니다. 정신적으로 도움이 됩니다."

결혼이주여성들에게 종교는 초인간적 신의 힘을 빌려 개인과 가족의 안녕을 빌고 신앙생활을 통해 마음의 안정을 찾는 것 이상의 의미를 가진다.

문영석(2011)에 의하면, 종교적인 체험은 "문화적 코드(code)를 통해 개개의 유형 속에서 하나의 형태, 혹은 모습으로서 인간 자신을 표현하고 있기 때문에 종교는 문화의 한 차원을 이루고 있다"고 간주된다. 즉, 종교는 다른 사회적 현상들과 상호작용을 하며 다양한 관계를 맺게 되는 하나의 사회·문화적 현상으로 볼 수 있는 것이다. 이처럼 종교는 개인적임과 동시에 사회적인 성격을 가지고 있는 것을 전제로 판단하는 것이 필요하다.

## 4.3. 한국에서 종교생활과 대인관계

종교의 가장 큰 특징 중 하나는 신앙을 함께하는 사람들이 모여 신앙적 공동체를 갖는다는 데 있다. 따라서 한국사회 내에서 사회적 인정이 절대적으로 필요한 결혼이주여성들에게 종교생활은 대인관계에 영향을 미칠 것으로 추론할 수 있다. 결혼이주여성들에게 종교생활이 대인관계에 미치는 영향에 대해 질문했을 때 다음 〈표 8-6〉과 같은 결과를 보였다.

〈표 8-6〉 결혼이주여성의 종교생활에서 대인관계

| 항 목 | 구 분 | 빈 도 | 백분율 |
|---|---|---|---|
| 종교가 대인관계에 도움이 되는 정도 | 매우 도움이 된다 | 23 | 26.7 |
| | 도움이 된다 | 52 | 60.5 |
| | 도움이 안 된다 | 10 | 11.6 |
| | 전혀 도움이 되지 않는다 | 1 | 1.2 |
| 계 | | 86 | 100 |

〈표 8-6〉의 내용을 살펴보면, 거의 90%에 가까운 응답자가 종교생활이 대인관계에 도움이 된다고 생각하고 있다. 종교생활이 대인관계에 도움이 되지 않는다고 응답한 비율은 전체 12% 정도에 불과한 것으로 나타나고 있다.

90% 가까운 응답자가 종교생활이 대인관계 도움이 된다고 생각하고 있다는 조사에서 알 수 있듯이 종교생활과 대인관계는 매우 밀접한 관계가 있다. 인간은 보편적으로 살아가면서 취미, 직업, 관심사 같은 공감대가 형성될 수 있는 것을 함께 나누고 공유할 때 공동체에 쉽게 적응하며 소속감과 친밀감을 보여준다. 그런 의미에서 종교는 이주여성들에게 낯선 한국에서 가장 빨리 적응할 수 있는 그 어떤 것보다 효과적인 수단임에 틀림없다. 또한 심층인터뷰 조사에서는 대인관계뿐만 아니라, 자녀교육을 위해서도 종교생활이 반드시 필요하다고 주장한다.

"제 생각에 저는 아이를 키울 때 아이에게는 종교가 꼭 필요하다고 생각합니다. 믿음이 있어야 자녀교육에 도움이 될 것 같습니다. 다른 사람들과 어울리는데, 특히 인간관계에 도움이 될 것 같습니다. 교회 같은데 가면 사람들을 많이 만나기 때문입니다."

## 4.4. 결혼이주여성들의 결혼 전(前)과 후(後) 종교

결혼이주여성들의 결혼 전(前)과 후(後) 종교를 살펴보면, 〈표 8-7〉에 나타난 바와 같이 불교, 개신교, 가톨릭, 통일교, 무교, 기타의 유형으로 분류될 수 있다. 앞에서 제시된 빈도분석의 결과(종교생활의 필요성 등)를 바탕으로 종교생활이 결혼이주여성의 일상생활에 영향을 미친다는 것을 전제로 했을 때, 다음 결혼이주여성의 결혼 전과 후의 종교를 비교해보는 것은 의미 있는 시사점을 제공할 수 있다.

〈표 8-7〉의 내용을 살펴보면, 결혼이주여성이 가지고 있었던 결혼 전의 종교에서 가장 높은 비율을 차지하고 있는 것은 불교(24.4%)와 통일교(30.2%)로 나타나고 있다. 반면 결혼 후의 종교에서 가장 높은 비율을 차지하고 있는 것은 가톨릭(23.3%)과 통일교(32.6%)이며, 그다음으로는 개신교(15.1%), 불교(14.0%), 무교(14.0%), 기타(1.2%)의 순으로 나타나고 있다. 그것은 결혼이주여성들 대부분이 동

〈표 8-7〉 결혼이주여성의 결혼 전(前)후(後) 종교

| 항 목 | 구 분 | 빈 도 | 백분율 | 항 목 | 구 분 | 빈 도 | 백분율 |
|---|---|---|---|---|---|---|---|
| 결혼<br>전(前)<br>종교 | 불교 | 21 | 24.4 | 결혼<br>후(後)<br>종교 | 불교 | 12 | 14.0 |
| | 개신교 | 5 | 5.8 | | 개신교 | 13 | 15.1 |
| | 가톨릭 | 17 | 19.8 | | 가톨릭 | 20 | 23.3 |
| | 통일교 | 26 | 30.2 | | 통일교 | 28 | 32.6 |
| | 무교 | 14 | 16.3 | | 무교 | 12 | 14.0 |
| | 기타 | 3 | 3.5 | | 기타 | 1 | 1.2 |
| 계 | | 86 | 100 | 계 | | 86 | 100 |

남아의 불교권(베트남, 태국 등)과 가톨릭(필리핀)을 믿는 나라 출신이기 때문이다. 통일교인은 대부분이 일본 출신 여성이다.

또한 결혼 전과 후 종교 전환의 변화가 가장 안정적인 것은 통일교(26명 → 28명)로 나타나고 있다. 반면 가장 큰 변화를 보이고 있는 것은 불교(21명 → 12명)이고, 개신교(5명 → 13명), 가톨릭(17명 → 20명), 무교(14명 → 12명), 기타(3명 → 1명)의 순으로 나타나고 있다는 것을 알 수 있다.

통일교는 통일교인과의 결혼을 목적으로 이주하기 때문에 결혼 후 종교 전환의 변화가 없는 것은 당연한 결과이다. 가장 큰 변화를 보인 불교는 한국에서 불교에 대한 접근성이 떨어질 뿐 아니라, 이주여성들의 종교적 신앙에서 찾아볼 수 있다.

일본 출신의 통일교를 믿는 결혼이주여성 두 명은 이와 다른 종교적 신념에 의해 결혼했기 때문에 시부모님과의 종교적 갈등은 없다고 잘라 말한다.

"상상할 수 없습니다. 시부모님이 개신교를 믿지만 반대하지 않습니다. 시부모님은 순복음교 믿는 개신교인입니다."

"시부모님은 천주교인이지만, 통일교를 반대하지 않습니다."

더욱이 한국에서의 종교생활에 결정적인 영향력을 행사는 사람은 시부모로 드러났다. '만일 가정(남편, 시부모, 자녀)에서 당신의 종교생활을 바라지 않는다면 어떻게 하겠는가?'라는 질문에서는 대부분의 결혼이주여성은 시어머니가 믿고 있는 종교로 마음이 간다고 대답했다. 이것은 시부모 또는 가족과의 갈등을 피하기

위해 자신의 종교를 포기하는 것이 더 낫다고 생각하기 때문으로 보인다.

결혼 전에는 무교였다가 결혼 후 불교로 개종한 우즈베키스탄 출신의 결혼이주여성의 말이다.

"시어머니가 잘해주어서 불교를 다니게 되었습니다. 시어머니의 종교가 불교입니다."

몽골 출신의 불교를 믿는 결혼이주여성도 시부모와의 갈등을 피하기 위해 시부모가 믿고 있는 종교를 따른다고 말한다.

"같이 일하는 분들이 개신교이니까 관심은 있습니다. 반대를 하면 시부모님의 말씀에 따를 수밖에 없습니다. 다투기 싫으니까요. 남편은 종교가 없습니다. 집에서 반대하는데 꼭 갈 필요는 없는 것 같습니다."

특히 개신교가 5명에서 13명으로 가장 많은 변화를 보여주는 이유는 세 가지로 요약할 수 있다. 첫째, 동남아에서 한국사람과 결혼을 주선하는 많은 사람들이 한국에서 파견된 개신교 선교사들이기 때문이다. 그러다 보니 한국에 와서도 자연스럽게 한국의 개신교 가정과 연결이 된다. 둘째, 한국에는 타 종교에 비해 개신교회가 도시 주변에 많이 분포되어 있어 힘들고 어려울 때 개신교는 언제든지 찾아가기 쉽기 때문이다. 셋째, 개신교의 적극적인 포교활동 때문이다. 이와 같은 이유들로 인해 개신교인이 가장 많이 증가되었다고 판단된다.

## 4.5. 한국에서 종교활동의 참석 여부

종교활동에 참석한다는 것은 종교가 가지고 있는 본연의 의미를 실천하고 종교 기관에서의 행사에 주체적이고 능동적으로 참여한다는 것을 의미한다. 결혼이주여성들에게 현재 종교활동에 참여하고 있는지에 대한 질문 결과는 다음 〈표 8-8〉과 같다.

〈표 8-8〉에 나타난 바와 같이 종교활동에 참석하고 있다고 응답한 비율은 61.6%, 종교활동에 참석하지 않는다고 응답한 비율은 38.4%로 나타나고 있다. 종교활동에 참석한다는 의미가 본질적인 신앙생활을 의미할 때, 결혼이주여성들은

<표 8-8> 결혼이주여성의 종교활동 참석 여부

| 항 목 | 구 분 | 빈 도 | 백분율 |
|---|---|---|---|
| 종교활동의 참석 | 종교활동에 참석하고 있다 | 53 | 61.6 |
| | 종교활동에 참석하지 않는다 | 33 | 38.4 |
| 계 | | 86 | 100 |

보다 소극적인 태도를 보이는 것으로 판단할 수 있다. 이와 같은 결과는 종교가 결혼이주여성들에게 숭고한 신앙의 의미보다는 다른 사회적인 관계망을 형성할 수 있는 수단의 의미로서 더 큰 영향을 미치고 있다는 것을 간접적으로 암시한다고 볼 수 있다.

## 4.6. 종교에 대한 이해교육의 관심 분야

타종교의 이해는 먼저 '다름'을 인정하는 것부터 출발한다. 자신이 믿는 종교가 최고라는 문화를 강조하는 것이 아니라, 상호종교관을 형성할 수 있도록 필요한 교육과 종교생활 등이 선행되어야 한다.

결혼이주여성들에게 정부기관이나 시민단체에서 주최하는 다른 종교에 대한 이해교육이 실시될 경우, 어떤 분야에 관심을 가질 것이냐는 질문을 했을 때 응답한 결과는 다음 〈표 8-9〉와 같이 나타났다.

<표 8-9> 결혼이주여성의 종교 이해교육 관심 분야

| 항 목 | 구 분 | 빈 도 | 백분율 |
|---|---|---|---|
| 종교 이해교육의 관심분야 | '진리' 탐구에 대한 분야 | 13 | 15.1 |
| | '종교 상식'에 대한 분야 | 8 | 9.3 |
| | '인간관계 및 교제'에 대한 분야 | 32 | 37.2 |
| | '다른 종교'의 이해를 위한 분야 | 22 | 25.6 |
| | 기타 분야 | 11 | 12.8 |
| 계 | | 86 | 100 |

〈표 8-9〉에 나타난 결과를 살펴보면 종교기관의 주요 활동이라고 할 수 있는 '종교 상식'에 대한 내용이나 '진리' 탐구에 대한 내용보다 '인간관계 및 교제'에 대한 내용과 '다른 종교'의 이해를 위한 내용이 더 많은 비율로 선호되고 있음을

알 수 있다. 이것은 앞에서 언급한 분석 결과와 같은 맥락에서 결혼이주여성들이 한국에서의 종교활동을 사회적인 의미로 수용하는 경향이 더 크다는 것을 다시 한 번 확인할 수 있다. 또한 '다른 종교'의 이해를 위한 내용을 선택한 비율이 높다는 것은 지역 내 종교 간 배타성과 부족한 소통에 대한 반증의 표현으로 추론할 수 있다.

## 4.7. 한국에서 종교생활의 만족도

한국에서의 종교생활의 만족도에 대한 응답 결과는 다음 〈표 8-10〉과 같이 나타났다. 본 설문에 응답한 전체 결혼이주여성 중에서 83명(84.9%)이 만족한다고 대답한 반면, 종교생활에 대해 만족하지 못하고 있다는 응답은 13명(15.1%)이고, 매우 만족하지 못한다고 응답한 사람은 없었다.

〈표 8-10〉 결혼이주여성의 종교생활 만족도

| 항 목 | 구 분 | 빈 도 | 백분율 |
|---|---|---|---|
| 종교생활의 만족도 | 매우 만족한다 | 17 | 19.8 |
| | 만족한다 | 56 | 65.1 |
| | 만족하지 못 한다 | 13 | 15.1 |
| | 매우 만족하지 못 한다 | 0 | 0.0 |
| 계 | | 86 | 100 |

이처럼 본 설문에 응답한 대부분의 결혼이주여성들이 종교생활에 만족한다고 여기는 것은 종교가 문화적응과 사회적으로 인정받는 의미로서 관계망 형성에 도움을 준다는, 앞에서 언급한 분석 내용과 논리적으로 정합하는 결과라고 볼 수 있다.

한국의 종교 단체나 동일한 종교를 가진 한국인들에게 바라고 싶은 것이 무엇이냐? 라는 심층인터뷰에서는 종교인들의 '언행 불일치'와 상대방의 '종교적 불인정'을 꼬집었다. 가톨릭을 믿는 우즈베키스탄 출신 결혼이주여성의 말이다.

"예를 들어 부자나 가난한 자나 성경은 같다고 했는데 차이가 있는 것 같습니다. 우리 다문화가정은 약간 아래 있고 너는 위에 있는 것처럼 느끼는 차이가 있습니다. 구체적으로 설명하자면 믿는 사람답게 약간 변화되는 모습이 있었으면 좋겠습니다. 예를 들어 차 사고가 나도 종교를 믿는 사람들이라면 조금은 달랐으면 좋겠습니다. 종교를 믿는 사람답게 살아갔으면 좋겠습니다. 성당 사람들은 같은 종교를 믿는 사람들인데, 어느 사람들이든지 많이 갖고 싶어 하는 것은 사람의 모습이지만, 계속해서 깎고 더 갖고 싶어 하는 것이 이해가 잘 가지 않습니다. 언행일치를 했으면 좋겠습니다."

통일교를 믿는 일본 출신 결혼이주여성의 말이다.

"여기 다문화 공동체가 있는데 개신교인들이 전도해서 데려갑니다. 통일교에 대하여 나쁜 말을 해서 개신교로 갔습니다. 서로의 종교를 소중하게 여기고 인정하는 모습이 필요합니다. 다문화센터에서 종교 이야기는 하지 않았으면 좋겠습니다. 다문화센터에서 도움을 받고 싶을 때도 있지만, 통일교인은 도움 받을 분위기가 아닙니다. 아마도 강화도다문화센터가 천주교에서 운영하여 그런 것 같습니다."

"문화센터는 잘 가지 않습니다. 개신교 분들은 불교나 통일교는 나쁘다고 생각하는데, 왜 그렇게 생각할까 하나님은 똑같은데, 하는 생각을 합니다. 강화도에서 통일교회는 한 군데밖에 없으니까 통일교를 믿는 다문화가정의 수가 가장 많이 보이는 것 같지만, 강화도는 개신교인들이 훨씬 많습니다."

## 5. 나가기

오늘날 세계화가 빠르게 진행되면서 문화의 다원화, 가치의 다원화 현상이 나타나고, 나아가 보편적 가치와 규범의 필요성이 증대되고 있다. 생활 터전이 한 지역이나 국가의 범위에서 벗어나 세계적 범위로 확대되면서 생활 및 양식과 의식, 그리고 세계관까지 변화될 수밖에 없다. 그러나 다른 한편으로는 오늘날에도 여전히 종교의 차이에서 비롯된 갈등들이 존재한다. 결국 다문화사회에서 우리가 공존과 화합을 배우는 일이야말로 인류의 공동목표를 달성하는 데 기여하는 일종의 평화교육이자 세계시민으로서 우리에게 요구되는 자질과 지도력을 갖추기 위한 교육과정이다.

안신(2009)의 주장처럼, 영국에서의 종교교육은 단순한 지식전달을 위한 것이 아니라, 다문화사회에서 건강한 시민으로 살아가기 위하여 필수적인 교양교육의 일환으로 이루어지는 세계종교교육이다. 또한 '텍스트' 중심으로 이루어지는 한국의 세계종교교육과는 달리, '상황(context)'에 대한 이해를 바탕으로 세계종교의 다양성과 복잡성을 설명하는 방식을 취하고 있다.

따라서 이 글을 통해 결혼이주여성들에게 긍정적인 의미로 수용될 수 있는 종교의 지향점을 다음과 같이 세 가지 제안하고자 한다.

첫째, 다른 종교와의 대화에 있어서 상호문화이해의 관점으로 접근해야 할 것이다. 이제는 종교 간의 문제에 있어서 교리가 아닌 삶의 문제, 다시 말하면 각자의 상황과 지역에서의 문화가 문제인 것이다. 우리는 '다름'을 충분히 인식하고, 종교가 수행해야 할 다양한 역할을 지렛대삼아 사회통합의 길을 모색해야 할 것이다.

둘째, 다민족, 다원화사회 속에서 사회적 차별을 극복하고 생존하려는 결혼이주여성들에게 스스로 종교의 정체성을 확립할 수 있도록 종교기관에서 교육적·사회적·종교적 노력을 다각도로 해야 할 것이다. 다문화사회에서 결혼이주여성과 그 자녀들에게 '정체성' 형성의 문제는 가장 중요한 이슈가 될 수밖에 없기 때문이다.

셋째, 한국에서의 종교생활은 자신이 믿는 종교가 최고라는 문화를 강조하는 것이 아니라, 다문화주의에 입각한 상호종교관을 형성할 수 있도록 각 종교기관이 협력하여 필요한 교육과 신앙생활, 경제적 지원 등을 제공해야 할 것이다.

이러한 의미에서 본다면 이 글은 결혼이주여성들의 문화적응을 위해 종교의 구체적인 역할을 연구하는 데 있어서 토대를 마련해줄 것이다.

# 9장

## 도서지역 결혼이주여성의 경제활동과 소비

# 9 도서지역 결혼이주여성의 경제활동과 소비

이미영 · 양성은     * 이 글은 2011년 〈도서지역 결혼이주여성의 문화적응에 관한 초청특강 및 학술발표〉에서 발표된 논문
「도서지역 결혼이주여성의 경제 및 소비생활」을 수정 · 보완한 것이다.

## 1. 들어가기

한국사회는 최근 외국인 노동자의 유입과 결혼 이민자의 증가로 급격한 다문화사회로 전환되고 있다. 결혼 이민자의 국제결혼을 통해 이루어진 다문화가정은 언어문제, 문화적 적응문제, 자녀양육문제, 경제문제 등 다양한 어려움을 가지고 있는 것으로 나타났다(장명선, 이옥경, 2008). 결혼이주여성들에 대한 다양한 선행연구가 있으나, 어떠한 경제 · 소비활동을 하고 있는지를 자세히 살펴보지는 못하였다. 다문화가정 상당수가 빈곤상태이고, 대부분의 여성 결혼이민자가 실업상태인 것으로 보고되고 있어 경제문제도 다문화가정의 주요 문제 중 하나이다(윤인직, 송영호, 2009). 2009년 보건복지부의 실태조사에 따르면 월평균 가계소득인 100만원 미만의 저소득층 비율이 21.5%가 되어 결혼이민자들의 경제적 상황은 일반 가구보다 낮은 것으로 나타났다(보건복지부, 2009). 이러한 결혼 이민자들의 빈곤문제로 결혼은 통해 경제적 안정을 이루고자 했던 결혼이민자들의 바람이 실현되기 어려운 상황에 놓이는 경우도 있다. 또한, 국제결혼 이민자들은 대부분 시어머니나 남편으로부터 경제생활에서 소외되고 있으며, 취업에 대한 욕구는 높으나 여성결혼이민자가 생활능력이 생기면 가정을 떠날 것을 우려하여 결혼이민자의 취업활동에 대해 가족이 반대하는 경우가 대부분이라고 한다(서종남, 2010). 이러한 경제생활의 문제나 갈등이 소통되지 않는다면, 여성들의 경제적 안정을 꿈

꾸었던 결혼에 대한 기대는 실망으로 바뀌어 배우자나 가족 간의 갈등으로 이어질 수 있다.

일반적으로 소비자는 합리적인 소비생활을 하려고 하지만, 낮은 교육수준, 자라온 주성장지, 연령, 언어 해독 능력의 부족 등으로 인해 소비자 지식이 낮은 경우 비합리적 소비행동이 발생할 수 있으며, 이동성의 제한으로 주변 상점에서 쇼핑을 하기 때문에 시장에 대해 많이 알고 있지 못해 거래관계에서 피해를 본다(Andreasen, 1975). 실제 결혼이주여성은 언어문제 및 자국과 다른 소비환경의 차이로 소비생활에 불편을 느끼고 있는 것으로 나타나고 있다(황정선, 2010). 결혼이주여성의 가정의 경제 및 소비생활에 대한 이해가 다민족가정을 이해하고 생활만족도를 높이기 위한 기본 단계일 것이며, 더 나아가 이러한 이해를 바탕으로 다문화가정의 결혼이주여성들의 경제 및 소비생활 참여가 실질적인 다문화 공존을 위한 중요한 부분일 것이다.

일반적으로 결혼이주여성은 대도시가 아닌 농촌의 문제라고 인식되는 경우가 많으나, 도서지역의 결혼이주여성의 비율도 매우 높은 편이다. 도서지역은 육지의 도시나 농촌지역에 비해 지리적이나 사회관계, 문화적으로 고립되어, 일반 다문화가정에 비해 경제활동의 기회가 많지 않고 소비생활도 지역적으로 한정되어 있다. 또한 정부에서 다양한 정책을 통해 다문화가정을 지원하고 있으나, 도서지역의 경우 일반 도시나 농촌에 비해 지역별로 대상자의 수가 비교적 적고, 교통수단이 용이하지 않아 최근 시범적으로 진행되고 있는 경제자립을 위한 지원 등을 수혜받기는 어려운 실정이다.

인천지역 결혼이민자는 8,202명으로 전국 결혼이민자중 약 6.2%를 차지하고 있다. 구별 분포를 보면 인천지역 결혼이민자의 19.1%가 부평구에, 남구와 서구가 각 17.8%가 거주하는 것으로 나타났으며, 도서지역인 강화군과 옹진군에는 인천지역 결혼이민자의 약 4.1%가 거주하는 것으로 나타났다(홍미희·최수영·윤연숙, 2010). 비율적으로는 이러한 도서지역의 결혼이민자의 수가 작아 보이지만, 2010년 부평구의 인구 약 542천 명이고, 강화군이 56천 명, 옹진군이 14.5천 명(통계청, 2010)임을 고려하면 이러한 도서지역의 결혼이민자의 수가 적지 않음을 알 수 있다.

현재 우리나라의 다문화가정 관련 정책은 2007년 "다문화가족지원정책" 수립 이후 비중이 크게 증가하였으나, 아직까지는 이주여성의 한국생활 적응을 위한 교육이나 다문화가정 상담 등의 사업에 치중되어 있으며, 이주여성의 경제적 자립을 위한 지원정책은 현재 시범적 프로그램으로만 운영되고 있는 실정이다(김경아, 2012).

현대 사회에서 인간은 많은 소비문화에 노출되고 생활한다. 인간은 경제활동과 소비생활을 통해 욕구를 충족하고, 이러한 욕구 충족을 통해 만족감을 얻을 수 있다.

그렇다면 결혼 이주여성들은 경제활동을 하고 있을까? 있다면 어떠한 형태의 경제활동일까? 결혼 이주여성들은 어떠한 소비생활을 하며 살아가고 있을까?

## 2. 도서지역 결혼이주여성 경제활동 및 소비

도서지역 결혼이주여성의 경제활동 및 소비조사는 인천 도서지역 결혼이주여성을 대상으로 한 설문조사 및 표적집단면접 방법을 통해 살펴보았다.

### 2.1. 설문조사 및 대상자 특성

강화도 · 대부도 · 영종도 · 영흥도에 거주하는 결혼이주여성을 대상으로 실시된 설문조사가(200부 배포, 128부 최종 분석) 실시되었다.

- 연령 분포: 20~65세까지 다양한 연령대의 분포를 보이고 있으며 평균 34.7세로 나타났다. 배우자는 20~72세의 나이로 평균 45.4세였다. 결혼이주여성과 배우자의 나이 차이를 살펴보면, 26.6%가 6~10살 차이, 25.8%는 11~15살 차이였으며, 20살 이상 차이가 나는 경우도 7건(5.5%) 있어 응답자의 대부분이 큰 연령차이가 있다는 것을 알 수 있다. 거주기간은 4년 이하가 20%, 5~9년이 18%, 10~14년이 14%, 15년 이상이 18%정도로 비교적 고른 분포를 보이고 있었다.
- 교육 수준: 결혼이주여성의 전문대학 이상 학력자 비중이 약 37%로, 전문대학 이상 학력 비중이 약 20%인 배우자에 비해 높게 나타났다.
- 남편의 직업: 30% 이상이 농업이나 어업에 종사하고 있었으며, 그다음으로

일용직, 사무직, 자영업이며, 무직도 있는 것으로 나타났다.

- 출신 국가: 35.2%가 베트남 출신이었으며, 다음으로 일본[1](22.7%), 캄보디아 (18%) 국적의 비중이 높았으며, 중국조선족은 7%, 중국한족은 13.3%로 비중이 낮은 편이었다.[2]
- 국적 취득: 응답자의 24.4%인 44명은 한국 국적을 취득하였으며, 나머지 84명은 한국 국적이 아닌 것으로 나타났다. 한국 국적 미취득자의 59.0%는 한국 국적을 취득할 계획이며, 12%는 영주권만을 취득할 계획이라고 밝혔다.

## 2.2. 표적집단면접(Focus Group Interview)

소비생활의 특성 및 제약, 소비행동의 특성을 보다 심도 있게 살펴보기 위해 도서지역에 거주하는 결혼이주여성 16명을 선정하여 표적집단면접을 2회 실시하였다.

〈표 9-1〉 표적집단면접 참여자 출신 국가 및 내 거주기간

| 면 접 | 참여자 | 출신 국가 | 국내 거주기간(년) |
|---|---|---|---|
| 1 | A1 | 베트남 | 1 |
| | A2 | 베트남 | 5 |
| | A3 | 베트남 | 6 |
| | A4 | 베트남 | 6 |
| | A5 | 베트남 | 7 |
| | A6 | 베트남 | 3 |
| | A7 | 우즈베키스탄 | 8 |
| | A8 | 우즈베키스탄 | 9 |
| 2 | B1 | 필리핀 | 12 |
| | B2 | 필리핀 | 4 |
| | B3 | 필리핀 | 16 |
| | B4 | 필리핀 | 12 |
| | B5 | 중국 | 13 |
| | B6 | 중국 | 17 |
| | B7 | 중국 | 2 |
| | B8 | 중국 | 5 |

## 3. 도서지역 결혼이주여성의 경제활동은 어떠한가?

인천 도서지역 결혼이주여성을 대상으로 한 설문(200부 배포, 128부 최종 분석)과 결혼이주여성 16명을 선정하여 진행된 2회의 표적집단면접 자료를 바탕으로 살펴보았다.

### 3.1. 생산활동 및 취업 의지

설문에 참가한 강화군과 옹진군 도서지역 결혼이주여성의 가계총소득을 살펴보면, 40%가 100만~200만 원, 22%가 100만 원 미만, 19%가 200만~300만 원의 소득을 올리는 것으로 나타나 대부분의 가정의 소득이 낮은 편이었다. 특히 100만 원 이하에 포함된 응답자 중 7명은 소득이 거의 없다고 표기하여 경제 상황이 매우 취약함을 알 수 있었다. 이는 일반 결혼이민자 가정의 경우에도 저소득층이 높아 도서지역 결혼이민자 가정의 특징만으로 볼 수는 없으나(보건복지부, 2009), 이러한 낮은 가계소득이 배우자와의 갈등의 주요 요인이 될 수 있으므로, 이에 대한 사회적인 정책지원이 필요하다. 설문 응답자들의 대부분은 주부였으며(48%), 집안의 농업에 함께 종사하는 응답자도 15%, 전문직인 경우도 8%로 나타났다.

낮은 경제여건을 개선하기 위해 결혼이주여성들의 경제활동 참여의지는 높게 나타나고 있다. 설문에 참여한 결혼이주여성 중 45명(35.1%)이 현재 직업을 갖고 있는 것으로 응답하였으나, 월수입은 24명이 50만~100만 원 미만, 12명이 50만 원 미만으로 응답하였다. 한국에 입국 전 이들의 학력을 살펴보면 전문대졸 이상의 고학력자가 30%로, 이러한 학력에 비하면 상당히 낮은 수준의 임금이다. 도서지역 결혼이주여성의 경우 국내에서는 능력에 따른 경제활동의 기회를 얻기 어렵거나 능력에 따른 대우를 받지 못하고 있음을 알 수 있었다. 직업을 갖지 않은 결혼이주여성들에게 그 이유를 물은 결과, 가장 큰 이유는 자녀양육문제였고, 일하고 싶으나 일자리를 구하지 못해서가 그다음으로 나타났다.

다음으로 표적집단면접 참가자들을 통해 살펴보면, 직업을 가지고 있는 참가자는 자신의 일이나 돈을 번다는 것에 대해 매우 자랑스러워하는 것을 알 수 있었고, 취업을 하지 않은 응답자들 대부분이 강한 취업 의지를 표명하였다.

〈표 9-2〉 결혼이주여성의 직업 및 소득

| 항 목 | 구 분 | 명(%) | 항 목 | 구 분 | 명(%) |
|---|---|---|---|---|---|
| 가계 총소득 | 100만 원 미만 | 28(21.9) | 취업 결혼 이주 여성 수입* | 50만 원 미만 | 12(26.7) |
| | 100만~200만 원 미만 | 51(39.9) | | 50만~100만 원 미만 | 24(53.3) |
| | 200만~300만 원 미만 | 24(18.8) | | 100만~150만 원 미만 | 6(13.3) |
| | 300만~400만 원 미만 | 4(3.1) | | 150만~200만 원 미만 | 2(4.4) |
| | 400만 원 이상 | 6(4.7) | | 200만 원 이상 | 1(2.2) |
| | 무응답 | 15(11.7) | | 계 | 45(100.0) |
| | 계 | 128(100.0) | | | |
| 결혼 이주 여성 직업 | 주부 | 61(47.7) | 미취업 결혼 이주 여성 이유** | 일자리 구하지 못해서 | 17(20.5) |
| | 농업 | 19(14.8) | | 집안일 돌볼 사람이 없어서 | 9(10.8) |
| | 전문직 | 10(7.8) | | 자녀양육 | 37(44.6) |
| | 일용직 | 9(7.0) | | | |
| | 자영업 | 4(3.1) | | 언어·교육·기술·경험 부족 | 6(7.2) |
| | 사무직 | 3(2.3) | | 배우자·가족의 반대 | 5(6.0) |
| | 공무원 | 2(1.6) | | | |
| | 아르바이트 | 3(2.3) | | 취업 의지 없음 | 2(2.4) |
| | 기타 | 8(6.3) | | | |
| | 무응답 | 9(7.0) | | 기타 | 7(8.4) |
| | 계 | 128(100.0) | | 계 | 83(100.0) |

\* 응답자 중 취업 중인 45명을 대상으로 작성됨.
\*\* 응답자 중 미취업 중인 83명을 대상으로 작성됨.

"저는 어린이집에서 몇 년 전부터 일하고 있어요. 돈을 벌 수 있어서 너무 좋고, 아이들이 엄마가 일을 하는 것을 좋아해요. 자랑스러워해요"(베트남, 국내 거주기간 7년)

"아이들은 키워야 해서 일하지 못해요. 아이들이 어려요. 한국어 배우는 것도 낮에 있어서 잘 못 가요……. 아이들 크면 아르바이트라도 하고 싶어요……. 돈을 벌고 싶어요."(베트남, 국내 거주기간 6년)

## 3.2. 경제 결정권

설문조사 결과 응답자의 44%는 배우자가, 18%는 시부모님이 경제결정권(경제권)을 가지고 있다고 응답하였다. 본인이 경제권을 갖은 경우가 16% 정도였으며, 부부 공동인 경우(2%)도 있었다. 다수의 응답자가 경제권을 갖고 있지 않는 것으로 나타나, 도서지역 결혼이주여성들이 가정 내에서 경제적 주체로서의 역할을 하지는 못하고 있음을 알 수 있었다.

면접 참여자의 대부분도 결혼 초기인 경우는 경제권이 남편이나 시어머니에게 있다고 하였으며, 시어머니가 돌아가신 이후나 결혼 이후 상당 기간이 지난 경우 경제권을 갖게 되는 경우가 있었다.

> "시어머니가 계실 때는 시어머니가 돈을 다 관리했는데, 돌아가시고 나서부터 내가 통장이랑 월급을 관리하고 있어요."(베트남, 국내 거주기간 7년)

## 4. 도서지역 결혼이주여성의 소비는 어떠한가?

### 4.1. 소비 결정권

설문조사에서 응답자의 65.6%가 물건을 구입할 때 본인이 구매결정을 하고, 27.3%는 배우자가, 시부모님은 1.6%가 구매결정을 하는 것으로 나타났으며, 대부분의 구매제품은 생필품이나 식품이었다. 앞서 도서지역 결혼이주여성 가정의 경제권은 남편이나 시부모에게 있고 등 결혼이주여성이 가지고 있는 비율이 20% 미만으로 매우 낮았으나, 소비와 물건을 구매하는 것은 결혼이주여성이 결정하고 있는 것이다.

### 4.2. 소비 지출 내역

응답자들의 비목별 지출 현황을 살펴본 결과 월별로 20만 원 이상 지출 비중은 식비의 지출이 가장 높은 것으로 나타났으며, 그다음으로 저축보험비, 교육비, 교통비 순으로 나타났다. 이는 일반적으로 식비의 지출 비중이 높은 저소득층의 지출 구조와 비슷한 양상을 보이지만, 식비 외에도 저축보험비, 교육비의 경우 20만 원 이상을 지출하는 결혼이주여성가족이 30% 이상이 되는 것으로 나타났다. 이는 소득이 낮은 가계임에도 결혼이주여성들이 미래를 위한 저축과 자녀교육을 위한 교육비에 많은 투자를 하고 있음을 알 수 있었다.

〈표 9-3〉 결혼이주여성 다문화가정의 비목별 소비지출(%)

| 지출 항목 | 5만 원 미만 | 5만~10만 원 미만 | 10만~15만 원 미만 | 15만~20만 원 미만 | 20만 원 이상 |
|---|---|---|---|---|---|
| 식비(반찬, 외식) (n=83)[3] | 10.8 | 13.0 | 27.7 | 15.7 | 31.3 |
| 의복비(n=78) | 41.0 | 25.6 | 12.8 | 2.6 | 14.1 |
| 의료보건비(n=77) | 51.9 | 28.6 | 3.9 | 5.2 | 7.8 |
| 문화활동비(n= 67) | 59.7 | 19.4 | 9.0 | 7.5 | 4.5 |
| 교육비(n=67) | 22.4 | 19.4 | 13.4 | 11.9 | 28.4 |
| 저축, 보험(n=77) | 18.2 | 14.3 | 19.5 | 13.0 | 31.2 |
| 통신비(n=80) | 21.3 | 26.3 | 25.0 | 10.0 | 15.0 |
| 교통비(n=77) | 35.1 | 16.9 | 15.6 | 7.8 | 22.1 |

면접조사를 통해 대부분의 참가자들은 대부분의 소비활동을 자신을 위한 것보다는 가족, 자녀를 위한 물품구입 위주로 하고 있음을 알 수 있었다. 경제적으로 여의치 않아, 자신을 위한 소비활동은 거의 하지 못하고 있는 것으로 나타났다.

"저는 별로 안 사요. 돈 없으니까. 이 옷도 몇 년 있었어요. 꼭 필요한 물건만 사요. 잘 안 사요."(중국, 국내 거주기간 2년)

"(본인 위해서는) 옷 같은 거 주로 사고, 화장품 사죠……. 저는 될 수 있으면 안 사려고 노력해요. 돈 아끼려고요. 애들이 4명이거든요. 애들 위해서 사는 거 많아요. 주로 애들 필요한 거 많이 사요."(필리핀, 국내 거주기간 16년)

## 4.3. 해외 가족 송금

설문조사에서 66명(51.6%)이 자국 가족들에게 송금을 한다고 하였으며, 대부분이 경조사나(41.5%) 명절 때(29.7%) 송금하는 것으로 나타났다. 하지만, 매월 송금하는 거주이주여성의 비율도 약 11%였다. 송금 액수는 송금하는 결혼이주여성의 21.5%는 10만~15만 원 미만, 15.4%는 20만 원 이상, 13.8%는 5만~10만 원 미만이었다. 송금하지 않는 응답자의 대부분은 생활비가 부족해서 송금하지 못한다고 하였다.

표적집단면접 조사에서 참가자들은 가족에게 송금하는 것에 대해 자부심을 느끼고 있었으며, 송금을 해주는 남편과 가족에 대해 고마운 마음을 표현하였다. 대부분 명절이나 경조사 때에 송금하며, 송금하러 우체국이나 은행에 가는 날이 매우 행복하다고 나타내었다. 하지만 한국 거주기간이 길었던 한 참가자는 자녀교육비 등의 문제로 이제는 송금을 하지 않는다고 하여, 자녀가 성장함에 따라 제한된 수입에서 고국에 대한 송금은 다른 지출비목으로 쉽게 대체될 수도 있음을 보여주었다.

> "예전에는 보냈는데, 애들이 커서 돈이 많이 모자라요. 공부시켜야 돼서 베트남에 돈 못 보내요. 내가 일해서 버는 돈도 모아서 아이들 학원 보내고, 공부하는 데 써야 해요."(베트남, 국내 거주기간 7년)

## 4.4. 상품 정보원

설문조사에서 응답자들은 인터넷(27%)과 시장(27%)에서 가장 많은 소비 관련 정보를 획득한다고 하였으며, 그다음으로는 가족(12%), 친구(11%)인 것으로 나타나 인적자원을 활용하는 비중이 높지 않을 것으로 나타났다. 이는 국내 결혼이민자들이 친구나 가족 등의 인적자원을 주로 활용(44.1%)하고, 인터넷상의 정보이용은 13.3%에 불과한 선행연구(황정선, 2010)와는 차이가 있다. 이는 지리적으로 고립된 도서지역의 지역적 특성으로 인해 도시의 결혼이주여성과는 달리, 소비 관련 정보 취득을 위해 인적 네트워크보다는 인터넷을 많이 활용하기 때문인 것으로 생각된다. 또한, 별도의 소비 관련 정보원을 통해 정보를 취득하기보다는 시장에서 판매자에게 정보를 취득하는 것으로 나타나, 중립적인 소비 관련 정보취득에 어려움이 있는것으로 나타났다.

표적집단면접에서도 참가자들은 대부분 점포에서 정보를 얻는다고 응답하였다. 즉, 언어 문제 등으로 다른 매체를 통한 정보취득이 어려워, 물건을 살 때 매장 직원에 대한 질문을 통해 제품의 정보를 얻고 있었다.

"파는 사람한테 물어봐요. 어떤 게 좋은지. 그 사람이 설명하는 거, 좋은 점 들어 요."(우즈베키스탄, 국내 거주기간 8년)

하지만 거주기간이 길어 한국어에 능숙한 결혼이주여성의 경우에는 인터넷을 많이 활용한다고 밝혀, 언어 능력에 따라 정보 취득 정도와 방법에 차이가 있음을 알 수 있었다.

"저는 인터넷을 구매할 때는 댓글을 주로 많이 봐요……. 사진 봐서 하면 보통 실 패해본 적이 없어요."(중국, 국내 거주기간 17년)

## 4.5. 주요 상품 구입 경로

설문조사에 따르면, 대형할인마트와 재래시장이 각각 34.2%로 도서지역 결혼 이주여성들이 가장 많이 사용하는 경로로 나타났으며, 다음으로 거주하는 동네 슈퍼(19.7%)를 이용하고 있는 것으로 나타났다. 앞서 제시한 바와 같이 제품에 대한 정보는 인터넷을 이용하여 많이 획득하는 것으로 나타났으나 실제 제품 구입 시에는 7.7%만이 인터넷을 이용하는 것으로 나타나 그 사용 비중이 매우 낮았다. 이는 도서지역이라는 지역적 특성으로 인터넷을 통한 정보획득 비중이 높으나, 인터넷을 통한 제품 구입을 위해 필요한 신용카드나 자동이체를 위한 통장 등을 가지고 있지 않아 인터넷 쇼핑에는 어려움이 있는 것으로 보인다.

## 4.6. 소비생활 만족도

소비생활에 대한 전반적인 만족도는 50.8%가 만족한다, 16.4%가 매우 만족한 다고 표시하여 대체로 만족하고 있는 것으로 나타났다. 이는 본 연구가 참여한 프 로젝트 가운데 가족관계, 언어화, 종교문화, 사회정책, 보건의료, 여가활동과 함께 만족도를 묻는 질문에서 평균 2.12%(1-매우 불만족, 4-매우 만족)로 나타나, 여가활 동 다음으로 만족도가 높은 분야였다.

## 5. 나가기

　다른 지역에 비해 지리적이나 사회관계, 문화적으로 고립된 도서지역의 경우 일반 다문화가정에 비해 경제활동의 기회나 소비생활도 지역적으로 한정되어 있을 것이다. 도서지역의 결혼이주여성들은 경제적으로 저소득층에 속하고, 대부분이 가정주부였다. 취업의 의지는 있으나, 자녀양육 등의 현실적인 문제 등으로 경제활동을 하고 있지 못하고 있었으며, 현재 직업을 갖고 있는 경우에도 매우 저임금을 받고 있는 것으로 나타났다. 이들 결혼이주여성들은 가계에서 경제권을 갖고 있지 않은 경우가 많아, 한국의 많은 여성들이 가정의 경제권을 갖는 구조와는 다른 면을 보이고 있었다. 반면, 소비 결정권을 대부분의 결혼이주여성이 가지고 있었으나, 대부분의 소비물품은 식품이나 살림을 위한 가정용품이었다. 결혼이주여성 자신을 위한 소비보다는 자녀나 가족들을 위한 소비를 먼저 생각하고 있었다.

　소비 비목별 지출현황을 살펴본 결과 식비, 의복비의 지출이 가장 높은 것으로 나타나 일반적으로 의식주 지출의 비중이 매우 높고 문화비의 지출이 낮은 저소득층의 지출구조를 보이고 있었다. 특히, 다수의 결혼이주여성의 경우 본인의 가계에 소비의 규모에 대해 알지 못하는 경우가 많아 가계 운영시 주도적인 활동을 하지 못하고 있음을 유추할 수 있었으며, 이는 국제결혼을 통해 가족의 일원이 된 결혼이주여성에게는 가정 내의 경제적 권한을 주거나 관련된 정보를 함께 공유하지 않고 있음을 나타낸다.

　일반적으로 국내결혼 이민자들이 친구나 가족과 같은 인적 자원을 활용하여 소비를 위한 정보를 획득하는(황정선, 2010) 것과는 달리, 도서지역 결혼이주여성들은 인터넷과 시장을 가장 많이 활용하는 것으로 나타나, 지리적으로 고립된 도서지역의 지역적인 특성 때문인 것으로 생각된다. 하지만 제품에 대한 정보는 인터넷을 이용하여 많이 획득하면서도, 실제 제품 구입 시에는 그 사용 비중이 매우 낮은 것으로 나타났다. 이는 인터넷을 통한 제품 구입을 위해 필요한 금융계좌, 신용카드, 공인인증서 등을 가지고 있지 않아 인터넷 쇼핑은 어려우나, 지역적으로 고립된 도서지역이라는 특성으로 도시에 비해 친구 등을 통해 쇼핑정보를 얻기보다는 인터넷을 통한 정보획득 비중이 높기 때문인 것으로 사료된다.

본 조사 결과를 바탕으로 몇 가지 제언을 한다면 다음과 같다. 첫째, 근본적으로 도서지역의 결혼이주여성이 포함된 다문화가정에서도 '결혼'을 통해 가족의 일원이 된 결혼이주여성에게 한국인의 문화에 동화될 것만을 주장하기 보다는 가족의 일원으로서 경제, 소비활동에 참여시키는 노력이 필요하다. 둘째, 비교적 교육 수준이 높은 결혼이주여성의 잠재력을 개발시켜 사회인으로 성장할 수 있도록 다양한 지원이 필요하다. 정부가 최근 이주여성들의 경제활동 참여를 통한 발전적 지원정책을 수립하고자 노력하고 있으나, 현실적으로 결혼이주여성들이 경제활동을 할 수 있는 경쟁력을 갖추기가 쉽지 않고 차별적 사회적 인식 등 어려움이 있다. 특히 도서지역의 결혼이주여성들의 경우는 지역적으로 고립되어 있어 경제활동 참여의 기회가 더욱 적은 반면, 낮은 소득으로 인해 경제활동의 욕구는 높을 수 있다. 따라서 농업이나 어업이 주요산업인 도서지역에서 가능한 경제활동에 대한 지원이나 교육프로그램의 개발이 필요할 것이다.

본 조사의 한계점은 다음과 같다. 첫째, 인천도서지역의 결혼이주여성을 중심으로 진행되었으므로 도서지역 일반으로 연구 결과를 일반화하는 것은 한계가 있다. 후속연구에서는 도서와 비도서지역의 다문화가정을 비교하거나, 같은 소득계층의 일반가계와 차이가 있는지 분석해보는 것도 의미 있을 것이다. 둘째, 본 연구에서 다룬 지역은 도서지역 중에는 육지와의 왕래가 비교적 원활한 지역이라 할 수 있다. 따라서, 교통의 왕래가 어려운 서·남해 도서지역의 경우는 본 조사 결과와는 차이가 있을 수 있으므로, 교통의 왕래가 어려운 도서지역에 대한 연구도 필요할 것이다.

# 10장

## 도서지역 결혼이주여성의 여가문화 실태

# 10 도서지역 결혼이주여성의 여가문화 실태

박수정 · 윤채빈    * 이 글은 2011년 『교육문화연구』 17권 2호에 게재된 논문 「도서지역 결혼이주여성의 여가문화 실태 조사 연구」를 수정 보완한 것이다.

## 1. 들어가기

국내 결혼이주가정의 대부분은 심각한 문제점을 안고 있다. 경제적 문제를 포함하여, 외국인으로서 한국의 낯선 문화에 적응하는 과정에서 생겨나는 스트레스, 언어적 소통문제로 인한 생활의 불편함 및 자신감 저하는 물론 시부모님과 배우자의 편견으로 인한 사회적 활동의 제한 등으로 인하여 결혼이주여성들은 한국사회에서 사회구성원으로 적응하기가 어려운 실정이다.

결혼이주여성과 그 가족들이 사회구성원 이상의 큰 의미가 있음을 생각해볼 때, 이들의 사회적 통합, 동화, 흡수 등에 관한 문제는 매우 중요하다 하겠다. 특히 도서지역의 결혼이주여성들의 적극적인 사회참여 및 여가 · 문화적 태도는 한국 사회적응으로의 열쇠라고 해도 과언이 아니다. 때문에 무엇보다도 결혼이주여성을 위해서 국가나 민간단체에서는 여성 결혼이민자의 어려움을 이해하고, 그들이 사회적응을 할 수 있는 프로그램을 마련하기 위해 노력하고 있고, 그들이 한국사회의 구성원으로 살아갈 수 있도록 많은 관심(남은영 · 박수정 · 김영빈, 2010)을 기울이고 있으며, 결혼이주여성의 사회통합을 위한 노력을 경주하고 있다.

제도적으로 다문화가정지원센터, 이주여성인권센터, 지역사회복지관, 종교단체, 사회적 기업, 결혼이주여성을 위한 한글교실, 요리교실, 이벤트성 여행, 취업지원과 함께 다양한 한국문화를 알리고 습득하게 하는 등의 지원을 펼치고 있으며, 각 대학 및 연구기관에서는 다문화가정 또는 결혼이주여성 등을 대상으로 사회적 지지, 생활만족, 직업적응, 한국사회 적응 등에 대한 연구활동 및 정책을 제시하고 있다(김병순·안윤정·송혜령, 2010; 박능후·선남이, 2010; 양순미, 2010; 박순희, 2011).

그러나 현재 결혼이주여성들을 위해 제공되고 있는 사회적응을 위한 많은 프로그램들은 프로그램 내용의 중복, 참여자 중심이 아닌 행정가 중심의 프로그램 구성, 프로그램 참여대상의 제한성, 프로그램의 참여시간적 제약성 등으로 인해 실제적으로 결혼이주여성에게 제공되는 프로그램의 실효성에 대해서는 의문이 제기된다. 아직도 우리사회는 사회문화적 배경이 다른 외국인을 받아들이는 데 배타적이며, 특히 국제결혼의 대다수를 차지하고 있는 동남아권 여성에 대해서는 비우호적인 태도가 만연(김순규·이주재, 2010)해 있기 때문에 이들의 요구에 맞는 프로그램을 제공하기보다는 한국적 시각과 입장에서 제공하는 일방향적인 프로그램의 제공에 그치고 있다. 또한 사업지역이 대도시 지역에 편중되어 있으며 프로그램이 실시되는 지역이라 할지라도 실제적으로 필요한 수요를 충당하기에는 한계가 있고 프로그램에 참여하는 대상은 매우 한정적일 수밖에 없다(김갑현, 2007).

여가참여시간에 단순히 시간 때우기, 휴식, 기분 전환 등의 일상적인 수준의 참여보다는 그 활동 속에서 자신을 개발하고 자아를 실현시킬 수 있는 그러한 전문적인 여가 스포츠활동이 개인의 삶을 더욱 풍요롭게 해줄 수 있기 때문에 현대사회에서 여가는 필수조건이라고 할 수 있다. 여가 선택의 문제는 지극히 개인적인 성향이 강하게 나타나기 때문에 개인의 심리적 상태에 따라 경험 정도가 달라지는 역동성이 있음과 동시에 개인의 성장발달 및 사회문화적 통합에 긍정적인 영향을 미치게 된다.

이러한 의미에서 살펴볼 때, 결혼이주여성의 여가참여는 그들이 한국사회에서 구성원의 일원으로 살아가기 위해 매우 중요하며, 이와 관련한 연구는 반드시 필요하다 하겠다.

## 2. 도서지역 결혼이주여성의 여가문화 실태

결혼이주여성의 여가참여에 관해 분석한 자료를 찾아보자면, 여가활동으로 명명된 것이 아니라 한국어교육, 한국음식 조리, 취미생활 등으로 분류되어 다양한 기관에서 제공되고 있으나 여가참여 실태에 대한 연구는 없다. 때문에 본 장에서는 남은영 · 박수정 · 김영빈(2010)의 연구 결과를 토대로 결혼이주여성의 여가참여 실태에 대해 설명하고자 한다.

여성 결혼이민자들을 대상으로 한 문화관광부(2005)의 조사에 의하면, 한국어 교육 경험 여부에 관한 질문에는 '있다'가 71.8%로 높게 나타났으며, 한국생활 및 한국문화에 관한 교육은 65%가 경험한 것으로 나타났다. 그리고 한국문화 중에서 가장 받아들이기 어려운 한국문화 항목의 조사로 시부모와의 관계 30.3%, 음식이 23.5%로 시부모와의 관계나 한국음식이 여성 결혼이민자들에게는 받아들이기 어려운 한국문화 항목으로 나타났으며, 반면에 여가 및 취미생활이 받아들이기 어려운 한국문화로 선택한 경우는 1.5%로 가장 낮은 비율로 조사되었다. 이는 '여성 결혼이민자'들의 한국문화적응을 위한 교육 참여에 대한 의지는 높은 데 반해 사회 구성원으로 살아가는 데 필요한 문화적응에 대한 배려가 부족하다고 할 수 있다.

또한 경기도 내 국제결혼 이민자 가족 실태조사 및 지원방안 연구(경기도 가족여성개발원, 2007) 조사 결과로도 여가를 통한 문화적응이 가능함을 나타내고 있다. 이 연구에 따르면 문화적응 관련 서비스 이용이 한국생활에 도움이 되었는지에 대한 질문에 한국문화 체험 및 교육 62.4%, 한국요리 강습 57.3% 등으로 나타났다. 이렇듯 정부 및 각종 민간단체가 여성 결혼이민자들에게 제공하는 여가 프로그램은 새로운 문화를 인식하고 이해하는 데 거부감을 가장 적게 발생시키는 접근 용이한 수단으로 새로운 생활환경 및 문화적응에 많은 도움을 주고 있음을 시사한다.

이는 궁극적으로 이민자들의 행복한 삶을 위하여 행해지는 활동이라는 점에서 여가의 궁극적인 목적과 부합된다. 앞의 조사 결과는 여성 결혼이민자들의 3분의 2 이상이 한국생활 및 한국문화에 관한 다양한 여가 프로그램 참여를 통하여 여가시간을 활용하고 있음을 알 수 있게 한다.

그러나 결혼이주여성의 과반수가 여가를 보내고 있다는 조사 결과에 반하여 문화관광부의 2008년 문화정책백서에 따르면 이주민 문화 향수 실태조사에서 이주민들이 겪는 문화적 애로사항으로 한국어가 익숙하지 않음 다음으로 여가시간 부족을 제시하였다. 이와 같이 연구 결과에 차이를 보이는 이유는 첫째, 조사대상자의 차이와 여가를 어디까지 보느냐의 문제라고 할 수 있다. 일반적으로 이주민의 범주에는 새터민과 외국인 노동자까지 포함되지만 이들에 비해, 결혼이주여성들의 지원정책이 새터민이나 외국인 노동자들에 비해서는 좀 더 다양하다. 둘째, 이들의 여가 범주를 어디까지 포함시켜야 할 것인가에 대한 문제이다. 즉, 각종 지원센터나 각 단체에서 제공하는 사회적응 프로그램으로까지 여가참여를 확대한다면, 가시적으로 볼 때, 결혼이주여성을 위한 여가 프로그램 및 정책은 활발하게 진행되고 있는 것으로 생각할 수 있다. 그러나 중요한 것은 여가는 지극히 주관적인 것으로, 한 개인이 어느 활동이나 시간을 여가로 보았느냐 보지 않았느냐에 따라 여가 또는 비여가가 될 수 있다.

연구참여자들의 면담자료를 분석한 결과, 결혼이주여성의 여가참여 실태는 여가참여 양극화 현상 및 자국에서의 여가활동과 연계되지 않는 것으로 나타났다. 즉, 대부분의 결혼이주여성이 여가에 대한 개념조차 인지되어 있지 않았다. 결혼이주여성들은 여가에 대해 취미활동 또는 일 이외에 하는 활동, 기관에서 제공하는 각종 프로그램 정도로 인지하고 있었다. 이는 여가란 스트레스 해소나 놀이, 휴식 정도로만 인식하고 있는 한국적 상황에 비추어볼 때, 사회경제적 지위가 낮을수록, 교육 수준이 낮을수록 여가 인지 및 참여가 낮다는 점을 감안한다면, 결혼이주여성들이 여가에 대해 알지 못하고 소극적 개념으로만 인지하고 있는 것은 어쩌면 당연한 결과가 아닐까 판단된다.

문화관광연구원(2009)에서 발행하는 여가백서에 의하면, 여가활동은 해마다 그 수가 달라질 수 있기 때문에, 여가란 그 활동을 하는 여가 수혜자의 입장에서 정의를 내려야 한다. 이러한 논점에서 본다면, 결혼이주여성들이 각 기관에서 제공하는 활동을 여가라고 생각할 때, 그들의 적극적 여가참여를 위해서 사회적응 프로그램 이외에 좀 더 다양한 측면에서의 여가활동이 제공되어야 한다. 아직까지 결혼이주여성의 다양한 여가활동이 그들의 생활 전반에 어떠한 영향을 미치는가에 대한 연구가 진행 중에 있기 때문에 활동 효과에 대해서는 좀 더 다각도적인 측면에서의 분석이 필요하다.

또한, 한국 내 가정환경이 부유하거나 여유가 있는 경우, 그렇지 못한 결혼이주여성 가정보다 좀 더 여유롭고 자유롭게 여가활동을 즐기는 것으로 나타났으며, 가족의 지지 정도에 따라 결혼이주여성의 여가참여는 달라지는 것으로 나타났다. 이는 학력이 높을수록, 생활이 만족할수록, 분만 횟수가 적을수록, 대상자 연령이 어릴수록 삶의 질에 대한 느낌이 긍정적이었고 생활이 만족할수록 배우자 지지가 크게 나타났다는 배우자 지지와 삶의 만족도를 살펴본 김혜자(2008)의 연구 결과를 지지한다. 또 정순돌 · 박현주 · 이혜정(2010)의 연구에 의하면, 시부모와 며느리와의 관계를 어떻게 지각하고 있는가에 따라 가족갈등에 차이가 있으며, 시부모의 건강상태에 따라 관계 친밀도에 차이가 있는 것으로 나타났다. 이러한 관점에서 볼 때, 긍정적이고 우호적인 가족관계일수록 경제적으로 안정된 가정일수록 결혼이주여성의 여가참여는 다양하게 나타날 수 있다.

연구참여자의 구체적인 면담 내용은 다음과 같다.

"시집오기 전에는 호치민시에서 신발공장 다녔어요. 공장 갔다 와서는 그냥 집에서 밥해서 먹고, 안 그러면 공부도 하구요. 책도 많이 읽었어요. 시집오면 멀리 떠나야 하니깐 엄마를 만날 시간도 없을 것 같아서 엄마네 가면 농사 도와주고 시간 보냈어요."(연구참여자 C)

"친구랑 같이 놀러가서 커피숍에서 커피를 마셨어요. 아니면 놀이공원 가는 거 주로 했어요."(연구참여자 F)

"베트남에서 미용실에서 일했어요. 주로 친구나 미용실 언니들이랑 놀러 다녔어요. 노래방도 가고, 커피도 한잔하고……. 그런데 한국에서는 언어가 부족해서 미용일 못해요."(연구참여자 B)

"저는 결혼 전에 베트남에서 마을에 있는 소년회를 다녔어요. 그들과 같이 참석해봤어요. 노래도 배우고 베트남의 정치도 배우고, 현재 어떻게 돌아가는지에 대해 배웠어요. 학교는 아니고 탄원증(인증서)을 달고 싶어서 그걸 배웠어요. 결국엔 땄어요. 근데 한국으로 결혼해서 오니깐 그냥 스스로 취소됐어요."(연구참여자 E)

"저는 벌써 한국에 온 지 6년 됐어요. 2007년도에 가고, 못 갔는데 이번에 꼭 가고 싶은데……. 시아버지, 시어머니가 허락해줘야 가지 안 그러면 못 가잖아요."(연구참여자 D)

"그냥 텔레비전 보고 친구들 만나서 차 한잔 마시는 게 전부였어요."(연구참여자 G)

자국에서 즐기던 취미활동이 한국 내에서도 이어지는가에 대해 알아본 결과, 대부분이 단절된 형태로 나타났다. 즉, 결혼이주여성들은 결혼 전에 노래, TV 시청, 산책, 네일아트, 미용 등의 다양한 여가활동을 하고 있었지만 결혼 후에는 가사일 및 가정의 경제적 보조역할이 강요되어 있기 때문에 거의 참여하지 못하는 것으로 나타났다.

양적 연구를 위한 설문자료를 통한 빈도분석 결과는 〈표 10-1〉과 같다.

〈표 10-1〉 결혼이주여성 여가실태 분석 결과

| 최근 주로 하는 여가활동 | | | | 희망 하는 여가활동 | | | |
|---|---|---|---|---|---|---|---|
| 구 분 | 빈 도 | 백분율(%) | 유효 퍼센트(%) | 구 분 | 빈 도 | 백분율(%) | 유효 퍼센트(%) |
| TV 시청 · 라디오 청취 | 59 | 46.1 | 54.1 | TV 시청 · 라디오 청취 | 6 | 4.7 | 5.6 |
| 문화예술 참여활동 | 3 | 2.3 | 2.8 | 문화예술 참여활동 | 15 | 11.7 | 13.9 |
| 관광활동 | 8 | 6.3 | 7.3 | 관광활동 | 51 | 39.8 | 47.2 |
| 스포츠활동 | 4 | 3.1 | 3.7 | 스포츠활동 | 15 | 11.7 | 13.9 |
| 취미 · 오락활동 | 13 | 10.2 | 11.9 | 취미 · 오락활동 | 13 | 10.2 | 12.0 |
| 없음 | 14 | 10.9 | 12.8 | 휴식활동 | 5 | 3.9 | 4.6 |
| 기타 | 8 | 6.3 | 7.3 | 기타 | 3 | 2.4 | 2.8 |
| 계 | 109 | 85.2 | 100.0 | 계 | 108 | 84.4 | 100.0 |
| 무응답 | 19 | 14.8 | | 무응답 | 20 | 15.6 | |
| 합계 | 128 | 100 | | 합계 | 128 | 100.0 | |
| 모국 여가활동과의 연계 여부 | | | | 여가장소 | | | |
| 구 분 | 빈 도 | 백분율(%) | 유효 퍼센트(%) | 구 분 | 빈 도 | 백분율(%) | 유효 퍼센트(%) |
| 예 | 43 | 33.6 | 40.2 | 집 | 61 | 47.7 | 58.1 |
| | | | | 실내 | 7 | 5.5 | 6.7 |
| 아니오 | 64 | 50 | 59.8 | 야외 | 19 | 14.8 | 18.1 |
| | | | | 기타 | 6 | 4.7 | 5.7 |
| 계 | 107 | 83.6 | 100.0 | 계 | 105 | 82.0 | 100.0 |
| 무응답 | 21 | 16.4 | | 무응답 | 23 | 18.0 | |
| 합계 | 128 | 100.0 | | 합계 | 128 | 100.0 | |

| 여가활동 주기 | | | | 배우자의 지지 | | | |
|---|---|---|---|---|---|---|---|
| 구 분 | 빈 도 | 백분율(%) | 유효 퍼센트(%) | 구 분 | 빈 도 | 백분율(%) | 유효 퍼센트(%) |
| 매일 | 30 | 23.4 | 29.4 | 매우 긍정적 | 17 | 13.3 | 17.2 |
| 주기적 | 21 | 16.4 | 20.6 | 긍정적 | 68 | 53.8 | 69.7 |
| 비정기적 | 42 | 32.8 | 41.2 | 부정적 | 11 | 8.6 | 11.1 |
| 기타 | 9 | 7.0 | 8.8 | 매우 부정적 | 2 | 1.6 | 2 |
| 계 | 102 | 79.7 | 100.0 | 계 | 99 | 77.3 | 100.0 |
| 무응답 | 26 | 20.3 | | 무응답 | 29 | 22.7 | |
| 합계 | 128 | 100.0 | | 합계 | 128 | 100.0 | |

| 가족 여가활동 유무 | | | | 가족 화합에 여가 필요 정도 | | | |
|---|---|---|---|---|---|---|---|
| 구 분 | 빈 도 | 백분율(%) | 유효 퍼센트(%) | 구 분 | 빈 도 | 백분율(%) | 유효 퍼센트(%) |
| 예 | 36 | 28.1 | 35.6 | 매우 필요 | 37 | 28.9 | 34.6 |
| | | | | 필요 | 65 | 50.8 | 95.3 |
| 아니오 | 65 | 50.8 | 64.4 | 필요 없음 | 3 | 2.3 | 98.1 |
| | | | | 전혀 필요 없음 | 2 | 1.6 | 99.1 |
| 계 | 101 | 78.9 | 100.0 | 계 | 107 | 83.6 | 100.0 |
| 무응답 | 27 | 21.1 | | 무응답 | 21 | 16.4 | |
| 합계 | 128 | 100.0 | | 합계 | 128 | 100.0 | |

| 가족 화합을 위한 희망 여가활동 | | | | 여가참여 동반자 | | | |
|---|---|---|---|---|---|---|---|
| 구 분 | 빈 도 | 백분율(%) | 유효 퍼센트(%) | 구 분 | 빈 도 | 백분율(%) | 유효 퍼센트(%) |
| TV 시청·라디오 청취 | 21 | 16.4 | 19.1 | 시부모님 | 2 | 1.6 | 1.9 |
| 문화예술 참여활동 | 13 | 10.2 | 11.8 | 외국인 지인 | 16 | 12.5 | 15.4 |
| 관광활동 | 45 | 35.2 | 40.9 | 한국인 지인 | 9 | 7.0 | 8.7 |
| 스포츠활동 | 12 | 9.4 | 10.9 | 배우자 | 27 | 21.1 | 26.0 |
| 취미·오락활동 | 15 | 11.7 | 13.6 | 자녀 | 19 | 14.8 | 18.3 |
| 휴식활동 | 2 | 1.6 | 1.8 | 혼자 | 24 | 18.8 | 23.1 |
| 기타 | 2 | 1.6 | 1.8 | 기타 | 7 | 5.5 | 6.7 |
| 계 | 110 | 85.9 | 100.0 | 계 | 104 | 81.3 | 100.0 |
| 무응답 | 18 | 14.1 | | 무응답 | 24 | 18.8 | |
| 합계 | 128 | 100.0 | | 합계 | 128 | 100.0 | |

양적 연구 분석 결과, 〈표 10-1〉에서와 같이 결혼 전 모국에서 했던 여가활동과의 연계를 묻는 질문에서는 응답자의 40.2%는 연계가 된다고 대답하였지만, 59.8%는 연계가 되지 않는다고 대답하였다. 이는 자국에서의 여가활동과 결혼 후 한국에서의 여가활동의 비연계라는 질적 연구 결과와도 일치한다.

또한, 여가참여 실태를 살펴본 결과, 결혼이주여성들이 주로 하는 여가활동의 유형으로는 TV시청·라디오 청취(54.1%)가 1위로 나타났고, 여가활동 없음(12.8%), 취미·오락활동(11.9%), 관광활동(7.3%), 기타(7.3%), 스포츠활동(3.7%), 문화예술 참여활동(2.8%) 순으로 나타났다. 기타 여가활동으로는 독서, 인터넷, 종교활동 등이 있었다. 결혼이주여성들의 여가활동은 대체적으로 외부보다는 내부에서 이루어지며 소극적인 활동이 주를 이루는 것을 알 수 있었다. 2007 여가백서(2007)에 따르면 국민들이 지난 1년 동안 경험한 여가활동 중에서 TV 시청·라디오 청취가 95.2%로 가장 많은 참여율을 보이고 있으며, 그 뒤를 이어 목욕·사우나(85.2%), 낮잠(79.5%), 외식(76.6%), 신문·잡지 보기(70.0%), 가족 및 친지 방문(66.3%), 산책(65.8%), 영화 보기(62.0%), 쇼핑(61.6%), 찜질방(60.2%) 순으로 나타났다. 이는 연구참여자들의 여가활동 유형과 크게 다르지 않았다. 하지만 여가활동이 없다는 대답을 통해 결혼이주여성의 여가제약 요인에 대한 연구의 필요성이 제기된다.

결혼이주여성들의 여가참여 동반자로는 배우자(26%), 혼자(23.1%), 자녀(18.3%), 외국인 지인(15.4%), 한국인 지인(8.7%), 기타(6.7%), 시부모님(1.9%) 순으로 나타났다. 이는 미혼자들에 비해서 기혼자들은 가족들과의 여가활동 비율이 월등히 높고(여가백서, 2007), 결혼이민여성은 외부 활동을 남편에게 상당히 의존했으며, 결혼생활이 짧을수록 더욱 그러하다(권유홍·고봉찬, 2011)는 연구 결과를 지지한다. 결혼이주여성은 사람들을 만날 수 있는 기회가 제한적이고 가족 및 주변인들과의 인간관계 형성에 있어서도 선택적이고 선별적으로 구축되고 있기 때문이다(김민정·유명기·이혜경·정기선, 2006).

결혼이주여성의 여가활동에 대한 배우자의 생각은 매우 긍정적(17.2%), 긍정적(69.7%), 부정적(11.1%), 매우 부정적(2%) 순으로 나타났다. 결혼이주여성의 남편들은 여가활동 참여에 긍정적인 반응을 보였지만 질적 연구 결과 남편의 여가시간 부족은 결혼이주여성의 여가에도 부정적인 영향을 미치는 것으로 나타났다.

이는 다문화가족 아내의 결혼만족도는 다문화 가족 남편 특성에 의해 영향을 받으므로, 다문화가족 아내의 결혼만족도를 높이려면 남편에 대한 가족 복지적 개입이 필요하다(변미희·강기정, 2010)는 연구 결과를 뒷받침한다.

희망하는 여가활동 유형으로는 관광활동(48.2%), 문화예술 참여활동(13.9%), 스포츠활동(13.9%), 취미·오락활동(12.0%), TV 시청·라디오 청취(5.6%), 휴식활동(4.6%), 없음(1.9%), 기타(0.9%) 순으로 나타났다. 이는 질적 연구 결과와도 일치한다. 결혼이주여성들은 가장 하고 싶은 여가활동으로 여행을 손꼽았다. 배우자와의 친정 방문 또는 제주도나 벚꽃축제로 유명한 여의도, 63빌딩 아쿠아리움 등 한국의 관광 명소들을 가족과 방문하고 싶다고 답했다.

그 밖에 여가활동 장소로는 집(58.1%)이라고 응답한 사람이 가장 많았고, 야외(18.1%), 실내(6.7%), 기타(5.7%) 순으로 나타났다. 여가활동 참여는 비정기적(41.2%)이라는 응답이 가장 많았고, 매일(29.4%), 주기적(20.6%), 기타(8.8%) 순으로 나타났다.


## 3. 결혼이주여성의 여가참여 제약

여가제약에 대해 Jackson(1993)은 개인이 여가를 즐기고 참여하는 데 방해가 되는 요인이라고 정의했고, 표영희(1997)는 여가참여와 선호하는 활동 사이에 방해를 일으키는 것으로 사회·심리적 의미에서 개인의 여가행동을 제한하는 힘에 의해 경험되는 내적인 심리상태나 특성 또는 성격의 외적인 환경의 의미라고 하였다. 또 Stodolska(1998)는 이민자들이 언어 능력, 주류사회 시민들 사이에서 느끼는 불편한 마음 등 일반 시민들이 갖지 않는 여가제약을 갖는다고 했으며, 이러한 제약요인들은 주류사회에 동화되면서 그 중요성이 감소되므로 시간의 경과와 주류사회에 대한 적응 정도가 이민자 여가제약 연구에 있어서 매우 중요한 요소라고 하였다(권유홍·고봉찬, 2011 재인용).

본 연구참여자들의 면담자료를 분석한 결과, 결혼이주여성의 여가참여 제약은 시간적·공통적 제약 등 다양한 여가제약들이 있는 것으로 나타났다. 즉, 결혼이주여성들은 결혼과 이민이라는 이중의 문화적 충격을 동시에 겪기 때문에 한국사회에 대한 적응이 쉽지 않으며(김은미·양옥경·이혜영, 2011), 대부분의 사회적응이나 생활환경 개선 및 한국문화 습득 등에 대한 프로그램이 제공되기 때문에 많은 갈등 및 스트레스를 받게 된다.

권유홍·고봉찬(2011)의 결혼이민여성의 여가제약과 발생원인에 관한 연구에서 결혼이민여성은 주로 심리적·내재적 여가제약과 대인적 여가제약, 구조적 여가제약을 겪는 것으로 보고하고 있으며, 발생원인은 결혼이민여성에 대한 한국인의 편견, 출신 국가 간 문화적 차이, 한국어 구사능력 등으로 분석하였다.

본 연구 결과에서도 결혼이민여성들이 한국어 구사능력이 부족함에서 기인하는 자신감 부족 및 심리적 위축, 동반자 부재, 경제력, 시설 부족, 교통 불편, 가사 및 육아 담당 등 시간적·사회적·경제적·정보적 등의 이유에서 여가에 적극적으로 참여하지 못하는 것으로 나타났다.

## 3.1. 시간적 제약

여가시간의 부족은 여가제약 연구에서 중요하게 다루어지고 있는 부분이다. 대부분의 여가참여자들은 시간적 제약(표영희, 1997; 박용란, 2000; 부공민·양명환, 2006; 심재명, 2007; 윤채빈, 2010)으로 인해 여가참여에 불편을 느끼고 있다. 본 연구 결과에서도 결혼이주여성들은 가사노동, 시부모 부양, 육아, 경제적 활동 등의 이유로 자유시간이 부족한 것으로 나타났다. 또 남편의 자유시간의 부족은 결혼이주여성의 여가참여에 많은 제한을 받고 있는 것으로 나타났다.

연구참여자의 구체적인 면담 내용은 다음과 같다.

"어디 가고 싶은데 있어도 오토바이 없으면 못 가요. 자동차 운전 할 줄 몰라요. 운전면허증 따고 싶은데 지금은 시간이 없어서 못 따요."(연구참여자 G)

"회사 다니느라 공부 못 배웠어요. 바쁘고 시간이 없어서. 신청만 하고 못 갔어요. 친구들 만날 시간도 없어요. 퇴근해서 집에 가면 7시잖아요. 가면 밥해서 먹고, 설거지하고, 애기도 봐야 하고, 책도 읽어줘야 하고, 또 쉬는 날에는 바깥에서 포도 농사 해야 되고, 시아버지네 놀러 가서 집 안 정리도 해드려야 돼서 바빠요."(연구참여자 C)

"지금은 여름이라 농사 때문에 바쁘고, 조금 지나면 포도, 딸기 때문에 바쁘고 가을, 겨울에나…… 남편이 시간이 없어서 못 가는 것도 있고."(연구참여자 D)

## 3.2. 사회적 제약

결혼이주여성들의 여가제약 요인으로 사회적 제약이 나타났다. 결혼이주여성들은 대부분 도시가 아닌 농촌지역에 거주하기 때문에 여가시설 및 공간 등이 부족할 수밖에 없고 여가참여를 위해 장소로 이동 시 교통 불편 등으로 어려움이 많은 것으로 나타났다. 결혼이주여성들은 여가참여를 위해 직접 오토바이를 타고 이동해야 하거나 남편이 데려다주는 정도에 그치기 때문에 적극적인 여가참여를 기대할 수 없는 것으로 보인다. 또 가사와 자녀양육 등 여성의 지위와 역할 수행으로 인한 사회적 제약을 느끼고 있는 것으로 나타났다. 이는 우리나라 기혼여성들이 결혼과 육아로 파생된 역할 부담이 가중되어 시간적 여유가 감소되었을 뿐아니라 여성 스스로가 자신의 유희를 위해 일정 부분의 시간을 당당하게 투자할 수 있는 동기와 여건이 마련되고 있지 않은 상황(지현진, 2006)과도 일치한다. 또 결혼이주여성들은 남편의 권위적 태도와 시부모님의 사고가 자신의 여가참여에 영향을 준다고 대답하였다.

연구참여자의 구체적인 면담 내용은 다음과 같다.

"어디 가고 싶은데 있어도 오토바이 없으면 못 가요. 자동차 운전 몰라요. 일단 이곳이 시골이니깐 갈 곳이 없고, 외국이다 보니깐 의사소통이 처음엔 힘들었어요. 그래서 거의 집에 있었어요. 이제는 시내에 나갈 때도 있지만 멀어서 가장 가까운 시화에 나가거나, 문화센터에 다니고 그래요."(연구참여자 G)

"오토바이 탔었는데 저번에 한 번 사고 나서 시아버지가 절대 타지 말라고 해서 안 타요. 지금은 못 타요. 시아버지 너무 무서워요."(연구참여자 D)

"옛날에 한국에 처음 와서 공장에서 3년간 일했어요. 밤 10시, 11시까지요……. 어떤 때는 1시까지요. 그런데 지금은 애기가 있어서 못해요. 지금 애기 없으면 놀러 가고 싶어요. 제주도 여행 가고 싶어요. 지금은 애기가 너무 어려서……. 제 생각에는 애기 좀 더 크면 할 수 있을 것 같아요."(연구참여자 B)

"생활하다 보면 남자는 위, 여자 아래라고 생각하는 거 같아요. 우즈베키스탄 사람들도 그렇게 생각하고 살기도 하지만 생활에서 여자, 남자 똑같아요. 쇼핑할 때 또는 장볼 때 남자들도 같이 볼 수도 있고 남자가 집안일도 할 수 있는데……. 한국에서 6년째 사는데 아직도 남편은 그대로고, 도와달라고 부탁도 해봤는데 그건 잘 안 돼요."(연구참여자 H)

## 3.3. 경제적 제약

여가제약 중 경제적 제약도 중요한 여가제약 요인 중 하나이다. 결혼이주여성 가구의 높은 비율이 저소득층을 형성하고 있으며, 가구소득은 한국 전체 가구소득의 59%, 한국 전체 생산직 가구소득의 68%로(설동훈 · 이혜경 · 조성남, 2006), 대부분 저소득층이 많을 뿐만 아니라, 대부분 경제권을 시부모나 남편이 가지고 있고, 한국어 구사능력이 원만하지 않을 경우 취업 등에 제한을 받기 때문에 여기에서 오는 심리적 위축 및 자신감 결여 등으로 인해 경제력이 없게 되고 나아가 여가참여에 제약을 느끼게 된다.

연구참여자의 구체적인 면담 내용은 다음과 같다.

"돈 벌고 싶어요, 아이들 옷도 많이 사주고 싶고, 이것저것도 사고 싶고 해서……. 부모님께 용돈도 드리고 싶고, 나도 옷 좀 사서 입고 싶고, 돈 있으면 편해요. 돈 없으면 짜증나요."(연구참여자 B)

"저도 지금 일하고 싶어요. 그런데 아직 한국말이 서툴러서 일 못해요."(연구참여자 A)

결혼이주여성들은 대부분 경제권을 가지고 있지 않기 때문에 여가비용 발생 시 비용 지출이 어렵고, 여가참여에 제한을 받는 것으로 나타났다. 또 경제력을 위해 취업을 하고자 하는 의지는 있지만 한국어능력 부족으로 인하여 취업에 어려움을 겪고 있었다.

## 3.4. 정보적 제약

결혼이주여성들의 여가제약 요인 중 하나로 정보적 제약이 나타났다. 결혼이주여성들이 여가에 대한 정보를 얻게 되는 경로는 대부분 TV나 다문화센터, 남편, 친구 등으로 제한적이기 때문에 여가동기를 자극하고 여가욕구를 불러일으키기에는 역부족인 것으로 나타났다. 또한 결혼이주여성 자신이 한국어능력이 부족할 경우 소극적인 방법으로 정보를 취득하기 때문에 여가참여에 더욱 제한적일 수밖에 없을 것으로 판단된다.

연구참여자의 구체적인 면담 내용은 다음과 같다.

"놀 줄 몰라서 못 놀고, 안내해주는 사람이 없어서 못 놀고⋯⋯."(연구참여자 B)

"여기가 시골이다 보니깐 갈 곳이 없고, 어디에서 뭘 해야 하는지도 모르겠어요."
(연구참여자 F)

"남편이 매일 회사 다녀서 이야기 나누고 싶은데 퇴근하고 오면 피곤하다고 빨리 가서 자라고 해요. 나는 집에 있으면 답답하고 심심한데 피곤하니깐 귀찮아하고 대화를 안 해줘요. 시어머니는 나이가 많으셔서 잘 못 알아들어요. 신랑은 잘 알아듣는데 시어머니와는 대화가 힘들어요."(연구참여자 B)

이러한 여가제약 현상은 양적 연구 분석 결과에서도 나타났으며, 그 결과는 다음 〈표 10-2〉와 같다.

〈표 10-2〉 결혼이주여성의 여가제약 분석

| 구 분 | | 빈도(명) | 퍼센트(%) | 유효 퍼센트(%) |
|---|---|---|---|---|
| 여가제약 | 시간적 제약 | 51 | 39.8 | 47.7 |
| | 경제적 제약 | 33 | 25.8 | 30.8 |
| | 시설 부족 | 7 | 5.5 | 6.5 |
| | 동반자 부재 | 4 | 3.1 | 3.7 |
| | 가족 반대 | 3 | 2.3 | 2.8 |
| | 기타 | 9 | 7.0 | 8.4 |
| | 계 | 107 | 83.6 | 100.0 |
| | 무응답 | 21 | 16.4 | |
| | 합계 | 128 | 100.0 | |

여가제약에 관한 연구참여자들의 설문자료를 분석한 결과, 시간적 제약(47.7%)

이 가장 높은 것으로 나타났고, 그 뒤를 이어 경제적 제약(30.8%), 시설 부족 (6.5%), 동반자 부재(3.7%), 가족 반대(2.8%), 기타(8.4%) 순으로 나타났다.

이는 질적 연구 결과에서도 나타났듯이 결혼이주여성들의 여가참여에 있어 가사노동, 시부모 부양, 육아, 경제적 활동 등의 이유로 시간적 제약이 나타난 것으로 보인다. 이러한 여러 가지 제약 중 시간적 제약이 가장 큰 것으로 양적 연구 결과 나타났다.

## 4. 도서지역 결혼이주여성의 여가참여 활성화 방안

결혼이주여성들은 의사소통, 문화적 차이에서 오는 이질감, 가치관의 차이 등 한국사회 적응에 어려움을 겪고 있으며, 지역사회 나아가 한국사회에서 경제적·문화적으로 매우 열악한 상태에 놓여 있다. 즉, 연구를 진행한 결과, 연구참여자들은 여가개념이 부족하며, 제한적으로 여가활동에 참여하는 것으로 나타났다. 제한적으로나마 참여하고 있는 여가활동도 대부분 다문화센터 등의 기관에서 제공하는 '사회적응 프로그램'으로 시행되고 있는 각종 프로그램 활동을 '여가'로 받아들이고 있다. 그러나 고무적인 것은 비록 제한적인 참여이긴 하지만, 여가참여를 통해 한국사회에 긍정적으로 적응하고 있으며, 결국 여가활동이 결혼이주여성이 잘 살아갈 수 있게 도와주는 촉진제라고 할 수 있다. 때문에 좀 더 적극적으로 맞춤형 콘텐츠를 개발하여 제공할 필요가 있다. 현재 이루어지고 있는 지원 사업들이 전시성, 일회성, 겹치기 등 형식적인 사업으로 겉보기에만 거창하고 실효성이 없다는 지적이 있다. 일회성 사업을 지양하고 사업에 대한 정시적인 안목을 바탕으로 결혼이민자 여성 적응 지원 사업이 수립되어야 할 것이다.

여성 결혼이민자의 여가에 대한 연구는 가정에서 여성의 역할이 중요하다는 것은 아무리 강조해도 지나치지 않기에 지속적인 연구가 이루어져야 한다(남은영·박수정·김영빈, 2010). 정복순(2007)에서는 농촌 여성을 대상으로 하여 그들의 여가활동이 자아존중감 및 삶의 질에 미치는 영향에 대한 연구를 진행하였고, 그 결과 여가활동 참여 횟수에 있어서는 참여빈도가 높을수록 자아존중감도 높고 삶의 질 수준도 높다는 것을 보였다. 또한 정탁(2004)은 가정주부의 여가활동 참여 및 제약 요인이 생활 만족에 미치는 영향을 알아보는 연구에서 여가참여 빈도가 높아질수록 생활에 만족하는 경향을 보인다고 보고하고 있다.

여성은 한 가정의 아내이자 어머니이다. 이들은 가정의 생활과 자녀들의 교육을 책임지고 있다. 더구나 여성 결혼이민자의 경우는 자신의 고향을 떠나 한국에서의 정착을 목적으로 결혼을 한 여성들이기에 이들의 한국에서의 문화적응은 중요하다고 볼 수 있다. 이런 사회적응이 여가를 통해서 가능하다면 이에 대한 논의는 절대적으로 필요하다.

앞서의 연구 결과를 바탕으로 최종 도출된 결혼이주여성의 여가참여 활성화 방안은 다음의 다섯 가지로 구분하여 제안하고자 한다.

## 4.1. 자기개발 프로그램 강화

자기개발 프로그램이 강화되어야 한다. 결혼이주여성이 한국사회에 적응하기 힘든 가장 주된 이유는 의사소통의 어려움 때문이다. 따라서 자기개발을 강화할 수 있는 콘텐츠를 많이 개발해야 하며, 특히 한국어를 중심으로 한 여가교육 프로그램 개발이 중요하다. 외국인에게 한국어는 매우 어렵게 느껴지기 때문에 놀이나 게임을 통한 한국어교육이 진행되어야 할 것이다.

또한, 결혼이주여성들이 가장 하고 싶은 여가활동으로 여행을 말하고 있다. 따라서 여행과 한국문화와 역사를 알릴 수 있는 콘텐츠를 개발하고 이를 바탕으로 실행할 필요가 있다고 판단된다. 변찬복 · 조선배(2010)의 연구에 따르면 우리나라의 자연과 관련한 산의 경우 히말라야나 로키산맥 등과 달리 그다지 높지 않은 산을 통해서 단기간 체험하고 자연의 경외감과 아늑함, 사찰 체험, 지리산 둘레길, 제주 중산간의 올레길 등이 문화적 매력성을 추구하는 외국 관광객에게 자아성찰과 자기성취감의 기회를 제공할 수 있는 조건이 될 수 있다. 결혼이주여성들의 경우 일정 공간에서 크게 벗어나지 않는 생활을 하기 때문에 문화적 매력물에 관심을 보이며 여행을 선호하는 것으로 보인다. 그 외에도 컴퓨터, 자격증, 한국의 법 등을 체험할 수 있는 다양한 프로그램이 개발되어야 할 것이다.

"한국말 많이 배우고 싶어요. 한국 와서 1번 공부했어요. 일하는 건 힘든데 한국말은 많이 배우고 싶고, 손님들이 많이 오면 이야기 많이 나누잖아요. 대화할 능력은 돼요. 손님들과 만나면서 한국말 더 빨리 배운다고 생각해요. 시간 나면 옷 만들고 싶어요. 예전에 조금 배워봤는데 너무 재미있었어요."(연구참여자 C)

"제 남편 안 바쁘면 놀러가고 싶어요. 여행하고 싶어요. 저녁에 시간 있으면 바다 보러 가고 싶어요."(연구참여자 A)

"시부모님들하고 어디 여행도 가 보고 싶은데."(연구참여자 H)

"여행 가는 것보다 그냥 가족끼리 어디 좀 외식 나가고 만화, 뮤지컬 이런 거 보면 괜찮은데 한 번도 안 가봤어요. 그리고 법에 대해서도 알고 싶어요. 서류를 쓸 때나 서류 낼 때 절차 같은 거 배우고 싶어요."(연구참여자 G)

"저는 컴퓨터 공부하고 싶어요. 컴퓨터 집에 있는데 잘 몰라요. 그래서 컴퓨터 많 이 배우고 싶어요."(연구참여자 B)

결혼이주여성들이 한국에서 취득한 자격증은 친정 국가에서 취득한 자격증에 비해 전반적으로 전문성이 낮은 분야의 것이다. 따라서 결혼이주여성들이 지닌 잠재적 역량을 개발하고 사회적 기여도를 제고하는 차원에서 이들이 보유한 교 사, 간호사 등의 전문 자격을 한국에서 검토, 일정 기간 재훈련을 통해 인증하는 방안이 도입되어야 한다고 주장하고 있다(양순미·최규홍·강경하, 2009). 또 설동훈 ·이혜경·조성남(2006) 연구에서처럼 결혼이주여성이 경험한 프로그램 가운데 한국어교육이 가장 도움이 되었으며, 가장 필요한 프로그램은 컴퓨터·정보화 교 육, 취업교육·훈련 등으로 나타났지만 이러한 요구에 비해 취업교육·훈련을 받 은 경험은 7%로 매우 낮게 나타났다. 이에 경제적 제약을 극복하기 위해서는 취 업교육·훈련 프로그램 등 결혼이주여성들의 여가제약 극복을 위한 자기개발 프 로그램이 제작되고 다양화되어야 한다고 판단된다.

## 4.2. 자녀와 함께하는 가족여가 프로그램 제공

자녀와 함께하는 프로그램 제공이 요구된다. 일반적으로 아동의 교육은 아내에 게 그 역할이 맡겨져 있다. 그 역할기대는 결혼이주여성에게도 적용되어 한국 남 편들은 아이들과 어떻게 놀아주어야 할지 몰라 자녀와 멀어지게 되고, 이에 따라 자녀교육은 온전히 아내의 몫으로 남게 된다. 결국 아내에게 육아는 스트레스와 고통으로 다가오게 된다. 때문에 자녀와 함께하는 가족여가 프로그램의 개발이 요구된다.

"아빠가 아이들하고 어떻게 놀아줘야 하는지 모르는 거예요. 예를 들어 남편이 집에 오면 TV를 만화로 틀어주면 애들이 안 봐요. 드라마 틀어야지 가만히 있는 거예요. 할머니랑 할아버지하고 같이 매일 보니깐 만화보다 드라마가 더 좋은 거죠. 근데 남편은 애들이랑 어떻게 놀아야 되는지 어떻게 시간을 보내야 하는지 모르는 것 같아요."(연구참여자 G)

"아빠 역할은 어떻게 해줘야 하는지 모르는 거 같아요. 그래서 엄마가 아빠 역할까지 해줘야 해요. 우리 엄마들보다 아빠들에게 애들 교육이 더 필요한 거 같아요."(연구참여자 H)

"아이들과 같이 놀고 싶어요, 아이들이 착해요. 그런데 학원 다니느라 9시 넘어서 끝나요. 아이들이 바빠요."(연구참여자 E)

"애들 때문에 한국에서 적응하는 게 조금 더 쉬웠어요. 큰아들은 러시아에 살아서 러시아어로 대화 많이 했거든요."(연구참여자 G)

연구참여자들의 설문자료를 분석한 결과, 현재 가족여가활동 유무에 대한 질문에 있다(35.6%), 없다(64.4%)로 나타났다. 가족의 화합에 여가활동이 필요하다고 생각하느냐는 질문에 대다수가 필요하다고 응답(96.3%)하여 가족여가활동의 필요성은 인지하고 있는 것으로 나타났다. 가족 간의 화합을 위해 함께 하고 싶은 여가활동의 유형으로는 관광활동이 40.9%로 1위를 차지하였다. 이는 질적 연구 결과와도 일치한다. 대부분의 결혼이주여성들은 가족여가활동으로 여행 또는 관광활동을 하고 싶어 하는 것으로 나타났다. 뒤를 이어 TV 시청·라디오 청취(19.1%), 취미·오락활동(13.6%), 문화예술 참여활동(11.8%), 스포츠활동(10.9%), 기타(1.8%), 없음(1.8%) 순으로 나타났다.

앞에서도 언급했듯이 남편의 여가시간은 결혼이주여성의 여가시간은 물론 자녀의 여가시간에도 영향을 미친다. 이는 가족 간의 대화 단절은 물론 가족 화합에도 악영향을 미칠 것으로 보인다. 때문에 자녀와 함께하는 프로그램 제공을 통하여 가족 간의 화합과 함께 자녀양육에 긍정적인 영향을 미칠 것으로 판단된다.

이는 다문화가정 자녀의 언어교육에서 모국어가 반드시 필요하다고 주장하며 성공적인 이중언어교육을 위한 부모의 역할과 가족 간의 협조의 중요성에 대해 논한 연구(박동호, 2008) 결과를 뒷받침한다고도 볼 수 있다.

## 4.3. 자녀교육을 위한 프로그램 제공

자녀교육을 위한 프로그램 제공이 요구된다. 한국어가 서툰 어머니의 언어문제는 한국어능력 및 한국문화에 대한 전반적인 이해 부족으로 결정적 시기에 원활한 언어자극이 결핍되어 자녀의 언어발달이 늦어지고 의사소통의 제한을 받게 됨은 물론, 학습 부진, 자신감 부족, 사회성 부족으로 이어진다(우현경·정현심·최나야·이순형·이강이, 2009). 이는 초·중·고에 진학하여서도 마찬가지이다. 이에 결혼이주여성들의 걱정이 늘어나는 것 또한 당연하다. 현실상 지리적 또는 경제적 이유로 자녀교육의 어려움을 호소하고 있는 다문화가정에 자녀교육을 위한 프로그램 제공이 시급히 요구된다 하겠다.

"다문화 선생님이 일주일에 한 번 와서 아이들 공부 가르쳐주는 프로그램이 있는데 원래는 두 번인데 여기는 멀어서 한 번만 와요. 와서 10분 정도 공부하고 가요. 근데 곧 끝나요. 6월에요. 선생님이 한 명 더 오셨어요. 한 달에 삼만 칠천 원 내는 건데 한 번에 10분만 해요. 한 달에 네 번 오니깐 40분정도 하는 거죠."(연구참여자 D)

"저는 외국 엄마잖아요. 아버님이 ○○이 어린이집 갔다오면 '○○아, 공부해라'라고 말하게 가르치는 거예요. 저도 선생님이 집에 와서 아이들 공부 가르쳐주면 좋겠다고, 그렇게 말해요. 우리 아버님 아이들 공부 정말 많이 걱정해요."(연구참여자 B)

"우리 집 남편은 다행히 자상해요. 애들이랑 같이 놀아주고, 알려주는 것을 잘해요. 그래서 애들이(다른 집 애들보다) 똑똑한 거 같아요."(연구참여자 E)

"아들이 있는데 지금은 어리지만 애기가 좀 더 크면 한국말 빨리 배울 수 있게 배워야 할 것 같아요. 클수록 아이가 엄마를 따르는데 엄마가 한국말 조금 부족한 거 같아요."(연구참여자 F)

"지금 아들에게 책 많이 읽어주고, 우리 아이가 책을 많이 좋아해서요. 베트남 동요 몇 번 불러줬더니 이제는 자기가 알아요. 근데 많이는 못 불러줘요. 시간이 있을 때만 불러줘요."(연구참여자 C)

이를 위해서는 다문화자녀지원의 일환으로 시민단체나 자원봉사자, 대학생 등 관심 있는 자를 모집하여 찾아가는 멘토링 서비스를 지원함이 효과적일 것으로 보인다. 멘토링 서비스를 통하여 언어와 학습지원을 하면서 고민이나 진로상담도 하고 또한 그 가정문제를 상담함으로 정서적 지원 및 정보를 제공하는 것은 다문화가정의 많은 문제점을 해소할 수 있을 것이다(김현희, 2007).

우선 다문화가정 자녀가 한국 국민으로 존재하고 있고 국민으로서 평균적인 삶을 영위하려면 이들에 대한 한국어교육은 무엇보다도 선행되어야 한다(조항록, 2010). 또 성기철(2008)의 연구 결과에서는 다문화사회의 다문화교육과 다문화언어교육의 과제를 제시하면서 자칫 소외되기 쉬운 소수권 문화와 소수권 언어교육의 정책적인 배려가 필요함을 언급하였다. 원진숙(2009)은 다문화가정 자녀를 위한 언어교육의 방향을 크게 이중언어교육과 제2언어로서의 한국어교육으로 나누어 살펴보고 개별화된 이중언어 지도 프로그램, 방과 후 양방향 이중언어 교육 프로그램 등을 활용하는 방법 등을 제안하였다.

## 4.4. 찾아가는 맞춤형 여가서비스 제공

찾아가는 맞춤형 여가서비스 제공이 요구된다. 보건복지부는 2009년부터 맞춤형 방문건강관리사업을 시행하고 있다. 이 사업은 보건의료 취약계층을 위한 이용형평성 제고, 고령사회 도래 및 만성질환자 증가 대응, 건강생활실천 유도, 적극적인 만성질환 예방 및 관리활동 필요, 국민의료비 절감유도라는 배경에서 출발하였다(이석민, 2010). 하지만 인천시를 비롯한 많은 보건소에서는 취약계층이나 소외계층 등의 친 서민 대상자 위주로 본 사업을 펼치고 있는 실정이다. 대다수의 친 서민 대상자는 접근성이 떨어지는 지역에 살고 있기 때문이다.

이와 마찬가지로 이와 유사한 형태를 띤 맞춤형 여가서비스는 여가서비스가 가능한 전문 인력이 개개인의 원하는 시간에 맞추어 집 또는 일정 장소로 찾아가 원하는 여가 프로그램을 제공하는 것을 말한다. 이는 가사노동, 육아, 경제적 활동

등으로 자유재량시간이 부족하고 도서지역에 사는 결혼이주여성에게 꼭 필요한 여가서비스라 판단된다. 또한 일회성으로 끝나지 않고 지속적인 여가서비스 제공이 필수적이라고 할 수 있다.

> "저는 아침 8시 반부터 일을 가니간 6시 반까지 끝나고 오면 7시부터는 9시까지는 시간이 돼요. 그런 시간에 하고 싶어요."(연구참여자 C)

> "아침에는 시간이 없고, 저녁에는 아이들이 와서 저는 안 돼요. 일요일에는 포도장사 때문에 더 안 돼요. 저는 평일 낮에 시간이 괜찮아요."(연구참여자 D)

> "저는 컴퓨터 공부 하고 싶어요. 컴퓨터가 집에 있는데 잘 사용할 줄 몰라요. 공부 더 많이 배우고 싶어요."(연구참여자 B)

> "저희는 저녁은 좀 어렵고, 낮에는 돼요, 주말에는 좀 어려워요. 애들을 집에 데리고 있어야 하니까요."(연구참여자 H)

이처럼 개개인의 여가참여 가능 시간이 평일과 주말 혹은 주간과 야간 등으로 각각 다른데 비해 현재의 여가 프로그램 개설 시간은 거의 획일적으로 평일 낮 시간이 대부분이다. 퇴근 후 저녁시간 또는 주말을 활용하여 여가참여를 할 수 있도록 개개인에 맞는 맞춤형 여가서비스 제공이 요구된다.

## 4.5. 전문 여가상담사 배치

전문 여가상담사 배치가 요구된다. 여가상담은 개인이 자신의 재능을 향상시킴으로써 더 높은 수준의 몰입을 경험하게 함으로써 새로운 방식의 여가상담의 이론적인 틀을 제공하게 될 것이다(노용구, 2005). 선진국에서는 이와 같은 여가상담사의 배치가 확산되고 있는 반면 우리나라에서는 아직 미흡한 실정이다.

> "놀 줄 몰라서 못 놀고, 안내해주는 사람이 없어서 못 놀고."(연구참여자 B)

> "여기가 시골이다 보니간 갈 곳이 없고, 어디에서 뭘 해야 하는지도 모르겠어요."(연구참여자 F)

여가상담은 개인이 독립적이고 의미 있는 여가행동을 발달시키게 가치관과 태도를 명확하게 하는 상담의 일종이다. 최근 상담에서는 개인의 발달 과업 성취에 도움이 되는 다양한 활동 프로그램을 개발하여 적용함으로써 사전에 문제 발생을 예방하는 한편 스스로의 힘으로 성장발달을 촉진해나갈 수 있도록 도와주고 있다(김홍록, 2006). 이처럼 여가상담을 통하여 결혼이주여성들의 여가정보 제공 및 여가활동 전반에 걸친 상담을 위한 여가상담사를 다문화센터에 배치하여 보다 폭넓은 여가참여 기회를 줄 수 있을 것으로 판단된다. 또 우리나라 현실상 보편적 복지보다는 소외계층, 취약계층 등 친 서민 위주로 제공·확산하여야 할 것이다. 여가상담 역시 초기에는 주로 여가에 대한 정보제공이나 취미생활을 돕는 활동이었으니 현재는 교육적·발달적·치료적 접근을 동시에 수행하는 복합적인 여가상담으로 변화하고 있다.

이상의 결론에서와 같이 여가가 삶의 질을 결정하는 중요한 요인으로 부상하고 있는 현 시점에서 결혼이주여성의 권익보호와 한국사회 구성원으로 잘 적응하게 하기 위해서 그들의 여가참여를 독려할 필요가 있다. 또한, 그들의 욕구 및 수준에 맞는 다양한 콘텐츠의 개발이 요구되며, 관련 전문 지도자의 배출도 요구된다 하겠다. 이는 개인적·사회적 차원에서의 지원뿐만 아니라 국가적 차원에서의 지원도 함께 이루어져야 할 것이다.

# 미주

## 1장

1) 세계에서 가장 큰 섬은 덴마크의 속령인 그린란드이고, 대한민국에서 가장 큰 섬은 제주도이다.
2) 국토해양부; 국토지리정보현황, 2010.
3) 건설교통부; 국토지리정보원 국토조사과, 2005.
4) 내무부; 도서지, 1973, pp.21-22. 정득규(1976) p.135에서 재인용.
5) 건설교통통계연보(2005). 행정간행물, 건설교통부. 김지종(2007), 『도서지역과 도시지역의 교육격차에 대한 연구』 창원 대학교 박사학위논문, p.7에서 재인용.

## 3장

1) 쓰기 활동지는 본고의 목적을 위해 학습자의 원고를 수정 없이 원문 그대로 실었고, 밑줄 친 부분은 학습자가 스스로 오류를 수정한 것이고, 쓰기 후 인터뷰를 통해 교수자의 피드백이 추가로 이루어졌음을 밝힌다.

## 7장

1) 행정안전부의 2011년 지방자치단체 외국인주민 현황조사에서 2011년 1월 1일 현재 외국인의 수는 1,265,006명이다.
   (행정안전부, 2011. 1. 1. 기준)

## 8장

1) 오경석, 『어떤 다문화주의인가? 한국에서의 다문화주의: 현실과 쟁점』(한울 아카데미, 2007), pp.23~24.
2) 최충옥 외, 『다문화교육의 이론과 실제』(양서원, 2009), pp.27~35.
3) 문선영, 「다문화사회와 통일교의 종교교육」(종교교육학연구 제36권 2011), pp.73~90 참조.
4) 문영석, 「지구촌 사회와 다문화 정책」(대한기독교서회: 기독교사상 4월호(통권 제628호) 2011), pp.236~245.

## 9장

1) 일본 결혼이주여성의 비중이 높은 것은 강화도 내 특정 종교집단 거주지역에 일본인 결혼이주여성의 수가 많았기 때문 이다.
2) 연구에 참여한 결혼이주여성의 국적은 중국출신 조선족이나 한족이 높은 비중을 차지하는 (전국: 57.7%, 인천: 71.6%) 전 체 결혼이민자나 인천지역 결혼이민자의 출신국 분포와는 큰 차이를 보여주었다(홍미희 외, 2010).
3) 설문응답자 중에서 항목별 소비 지출에 대해 알지 못하는 응답자가 결측 처리되어 응답자의 수에 차이가 있다. 다수의 설문참가자들이 경제권을 갖고 있지 않은 경우가 많아서인지 무응답 비율이 높은 것으로 나타났다. 이는 도서지역 결 혼이주여성들이 가계의 소비내용이나 규모에 대해 알지 못하고 있는 경우가 많다는 것을 보여주는 것으로 생각된다.

# 참고문헌

## 1장, 2장

강욱(2006). 아름다운 섬 남해. 문화기행. 지방세

고희송(2010). 제주 특별 자치도의 문화정책 방향에 관한 연구. 추계예술 대학교 석사학위 논문.

국토해양부 웹사이트(http:www.mltm.go.kr)

권순명(1975). 도서벽지학교의 교육개선을 위한 조사연구. 군산대학교 논문집 8(1).

기진서 · 정회욱(2005), 서남해 도서지역 교육환경실태에 관한 연구. 교육행정학연구, 23(1).

김병록 · 유정욱(2006). 도서지역 사회복지의 환경, 자원, 욕구분석을 통한 지역복지 증진방안. 지역사회연구, 14(4), 31-54.

김지종(2007), 도서지역과 도시지역의 교육격차에 대한 연구. 창원대학교 박사학위 논문.

김창기(2007). 도서지역의 정위치 등록에 관한 연구. 명지대학교 산업대학원, 석사학위 논문.

김초록(2007). 역사와 자연이 공존하는 강화도. 문화유산 답사.

김홍섭(2010). 우리나라 새로운 해양문화의 도입과 확장전략에 관한연구. 한국항만 경제학회지 제27집 제4호(2010. 12).

노채영(2007). 도서지역 여성의 생산노동과 경제생활 분석-우리나라 서남해 도서지역을 중심으로. 농촌사회, 17-1, 33-67.

문광영(1996). 강화도 외포리 고창굿 연구. 기전 문화 연구소, Vol. 24.

박광순(1976), 도서지역의 입지적 특질과 산업개발전략-신안제도를 중심으로. 지역개발연구, 8(1), 전남대학교 지역개발연구소.

박미현(2008). 강원여성사 연구. 강원대학교 대학원 박사학위논문.

박종수(1998). 강화도 세시풍속. 논문집15.

박종철(2004). 도서지역 중심시가지 변천과 과제에 관한 연구. 도서문화, 24, 189-213.

배태근(2011). 도시 연결성 강화를 통한 신-구도시 경계공간의 활성화 방안 연구: 군포-산본 금정지역 디자인 실험을 중심으로. 인하대학교 대학원, 석사학위논문.

서해숙(2007). 도서지역 민속문화의 활용과 가치 재창출-진도군을 대상으로. 호남 문화연

구, 40, 299-244.

성상환 · 한광훈(2011). 도서지역 결혼이주여성의 언어문화 실태 조사 연구. 교육문화연구, 17(3), 227-249.

송기태(2008). 마을굿에서 풍물굿의 제의 수행과 구조-전남 완도 지역을 중심으로. 남도민속연구, Vol. 17.

신선미(2011). 도서지역 노후 · 쇠퇴시설의 생태문화적 재생 요소 중요도 연구: 인천광역시 옹진군을 중심으로. 인하대학교 대학원, 석사학위논문.

신순호(1998). 도서지역 문화자원의 활성화 방안. 도서문화 16(1).

신순호(1998). 섬 문화자원의 활용 방안 모색 : 도서지역 문화자원의 활성화 방안. 도서문화, 16, 393-399.

신순호(1998). 도서지역 문화자원의 활성화 방안. 도서문화 심포지움.

신순호(2001). 도서지역의 주민과 사회. 경인문화사, 337-338.

양성은 · 이미영(2011). 도서지역 결혼이민자여성의 가족이해도와 가족관계 만족도에 관한 연구. 교육문화연구, 17(3), 251-284.


위키백과

윤동환(2011). 강화도 가정신앙의 대상과 유형. 실천 민속학 연구, 제17호.

이경엽(2007). 충남 녹도의 조기잡이와 어로신앙. 도서문화, 제 30집.

이경엽(2008). 한국 도서 · 해양민속 연구의 시각과 쟁점. 도서문화 제32집, 41-88.

이경재(1997). 강화도의 기후풍토와 산림생태계 현황. 누이와 말씀.

이관수(1997). 섬에서 얼마나 수고하십니까?. 활천, 1997년 12월호.

이동준(1996). 강화도의 문화풍토와 사상적 맥락. 누리와 말씀.

이윤선(2007). 개야도 '도서문화'의 전통과 활용전략-새만금의 안섬. 바깥섬 설정을 중심으로, 도서문화, 33, 61-101.

이윤선(2009). 개야도 도서문화의 전통과 활용전략-새만금의 안섬 · 바깥섬 설정을 중심으로.

이윤정(2004). 강화도 시선뱃노래의 음악적 특징. 한국 민족학, 제15호.

이준곤 · 신순호 · 조경만 · 김준 · 이경엽 · 나승만(2007). 서남해 도서 · 연안지역의 생활과 문화보고서. 목포대학교 도서문화연구소.

이희봉 · 권오경(2004). 거주자의 문화를 통해본 강화도 최소중정형 튼 입수자의 해석. 건축역사연구.

인터넷사이트(http://tmoz.me)

임승범(2009). 성주신앙의 지역별 양상과 그 의의. 지방사와 지방 문화, 12권 2호.

장희선 · 김윤정(2010). 도서지역 여성독거노인의 신체적 건강, 경제상태, 사회적 관계의 실태에 관한 연구, 한국농촌지도학회지, 17(2), 233-259.

정득규(1976). 도서인의 정치의식에 관한 연구, 지역개발연구, 8(1), 전남대학교지역개발연구소.

조경만(1995). 도서생태계와 도서문화, 『현대사회과학연구』 제6권, 전남대사회과학연구소.

조경만(1995). 도서지역 연구의 성과와 과제: 목포대 도서문화연구소의 사례. 95년도 학술대회 발표 자료.

조경만(1995).도서지역 연구의 성과와 과제-목포대 도서문화 연구소의 사례. 사회과학연구소, 31-36.

하정숙(2007). 경기 서해안 무의도 민속의 해체. 중앙민속학, Vol.12.

행전안전부(2010). 도서개발촉진법 시행령.

홍석준(2009). 도서 · 해양 문화. 연구와 인류학,도서문화, 33.

홍순일(2009). 한반도 도서지역 문화자원의 등재적 접근-구비전승물을 중심으로-. 도서문화, 34.

홍태한(2010). 강화군 교동도 가정신앙 전승의 다양성. 도서문화, 237-258 .


3장

권혁일, "디지털 스토리텔링이 초등학생의 수학 학업성취도 및 태도에 미치는 효과", 「교육과학연구」 39-34, 이화여자대학교 교육과학연구소, 2008.

김광욱, "스토리텔링의 개념", 「겨레어문학」 41, 겨레어문학회, 2008.

김영순, "도시공간의 기호학: 내시경과 외시경적 관찰", 철학아카데미 저, 『공간과 도시의 의미들』, 소명출판사, 2004.

김영순 · 신규리, "춘천의 여가공간 마케팅과 도시브랜딩: 문화경영학적 접근", 「제3회 국제여가 심포지엄 자료집」, 2010월드레저총회 및 경기대회, 2007.

김영순 · 윤희진 · 강현민, "결혼이주여성들을 위한 설화 스토리텔링 활용 문화교육 방안", 인문콘텐츠학회 · 중앙대학교 다문화콘텐츠연구사업단 공동 콜로키움 자료집, 2011.

김영순, "공간텍스트의 사회문화적 재구성과 공간 스토리텔링", 「인문콘텐츠」 19, 인문콘텐츠학회, 2010.

김영순 · 윤희진, "다문화시민성을 위한 스토리텔링 활용 문화교육 방안", 「언어와 문화」 6, 한국언어문화교육학회, 2010a.

김영순 · 윤희진, "향토문화자원의 스토리텔링 과정에 관한 연구", 「인문콘텐츠」 17, 인문콘텐츠학회, 2010b.

김재춘 · 배지현, "의미 생성 활동으로서의 스토리텔링의 교육적 함의", 「초등교육 연구」 22-1, 한국초등교육학회, 2009.

민현식 · 박재현, "문화 간 의사소통 능력과 한국어교육", 「의사소통의 비교언어학적 접근」, 국제한국어교육학회, 2006.

박기수, "문화콘텐츠 스토리텔링의 생산적 논의를 위한 네 가지 접근법", 「한국언어문화」 32, 한국언어문화학회, 2007.

박영순, "한국어교육으로서의 문화 교육에 대하여", 「이중언어학」 23, 이중언어학회, 2003.

백승국, "광고콘텐츠의 스토리텔링 전략-국순당 광고의 기호학적 분석", 「텍스트언어학」 20, 텍스트언어학회, 2006.

오영수 · 김영순 외, 『지식의 사회 문화의 시대』, 경북대학교출판부, 2004.

이인화 외, 『디지털 스토리텔링』, 황금가지, 2003.

최혜실, "게임의 서사구조", 「현대소설연구」 16, 한국현대소설학회, 2002.

최혜실, "문학의 인력양성-스토리텔링과 문화콘텐츠산업", 「한국문화예술위원회 연구보고서」, 한국문화예술위원회, 2004a.

최혜실, "文學作品의 테마파크화 過程 연구", 「語文研究」 32-4, 한국어문교육연구회, 2004b.

최혜실, 『문자문학에서 전자문화로』, 한길사, 2007.

허용 · 강현화 · 고명균 · 김미옥 · 김선정 · 김재욱 · 박동호, 『외국어로서의 한국어교육학 개론』, 박이정, 2005.


Brown, H. Douglas, *Teaching by Principles,* NJ: Prentice Hall, 1994.

Brown, H. Douglas, *Principles of Language Learning and Teaching,* NJ: Prentice Hall, 1994.

Christine I. Bennet, *MULTICULTURAL EDUCATION: Theory and Practice,* 김옥순 외 역, 『다문화교육 이론과 실제』, 학지사, 2009.

Raimers, *Ann, Techniques in Teaching Writing*, Oxford university press, 1983.

강유미(2008). "한국남성과 결혼한 이주여성의 성공적인 적응 과정에 관한 질적 연구", 순천향대학교 사회복지학과 석사학위 논문.

강유진(1999). "한국남성과 결혼한 중국조선족 여성의 결혼 생활실태에 관한 연구", 「한국가족관계학회지」 4(2), pp.62-79.

공은숙(2009). "다문화가족의 고부갈등에 대한 사례연구: 한국인 시어머니를 중심으로", 「한국 노년학연구」 18, pp.123-134.

구차순(2007). "결혼이주여성의 적응에 관한 근거이론연구", 부산대학교 사회복지학과 박사학위 논문.

김미경(2010). "단기집단미술치료가 결혼이주여성의 문화적응스트레스와 사회적지지에 미치는 효과", 평택대학교 사회복지학과 석사학위 논문.

김선아(2007). "국제결혼 이주여성의 인권 실태와 개선 방안", 전북대학교 정치학과 석사학위 논문.

김이선 · 김민정 · 한건수(2006). "여성 결혼이민자의 문화적 갈등 경험과 소통증진을 위한 정책과제", 한국여성개발원 연구보고서.

박성애(2011). "국제결혼이주여성 시어머니가 지각하는 문화적응 스트레스 영향요인", 경성대학교 사회복지학과 석사학위 논문.

서광석(2010). "다문화가족의 사회적응을 위한 지원정책에 관한 연구", 인하대학교 행정학과 박사학위 논문.

신경희 · 양성은(2006). "국제결혼가족의 부부갈등에 관한 연구", 「대한가정학회지」 44(5), pp.1-8.

신희천 · 최진아 · 김혜숙 · 이주연(2011). "도시 지역 다문화 가정의 부부관계 고찰을 위한 질적 연구", 「한국심리학회지 상담 및 심리치료」, 23(2), pp.299-322.

양순미 · 정현숙(2006). "농촌 국제결혼부부의 결혼생활 적응과 만족에 대한 영향 요인", 「한국 가족관계학회지」, 11(3), pp.223-252.

유영은(2006). "결혼이주여성의 생활문화적응에 관한 사례연구와 지원방안-경기도 북부지역을 중심으로-", 명지대학교 사회복지학석사 학위논문.

이강숙(2006). "국제결혼 이주여성들의 실태조사 및 한국 사회 적응을 위한 교육프로그램 연구", 강원대학교 교육학과 박사학위 논문.

이외승(2011). "결혼이주여성과의 갈등 및 스트레스가 시부모의 심리적 복지감에 미치는 영향", 호서대학교 노인복지벤처학과 석사학위 논문.

정순둘 · 박현주 · 이혜정(2010). "다문화 가정의 시부모가 지각하는 외국인 며느리와의 관계 및 그 영향요인", 「한국가족복지학」, 29, pp.29-54.

한건수(2006). "농촌 지역 결혼 이민자 여성의 가족생활과 갈등 및 적응", 「한국문화인류학회」, 39(1), pp.195-219.

한국염(2004). "이주여성의 인권실태 및 대책-이주여성에 대한 폭력과 인권", 한국성폭력상담소, pp.33-48.

허선 · 김계하(2010). "다문화 가정 시어머니의 생활경험에 관한 연구", 「간호과학」, 22(2), pp.51-63.

홍달아기 · 채옥희(2006). "사례로 본 여성결혼 이민자의 가정생활 실태와 갈등", 「한국생활과학지」, 15(5), pp.729-741.

홍달아기 · 채옥희(2007). "국제결혼부부의 가치관 및 의사소통유형과 갈등과의 관계", 「한국생활과학회지」, 16(4), pp.733-744.

통계청 웹사이트(http://kostat.go.kr)(검색날짜: 2012년 1월 30일)

## 5장

강준혁 · 남진열(2012), "다문화가정에 대한 제주지역 주민의 인식 연구", 『한국지역사회복지학』, 41, pp.85~104.

김민호 · 염미경 · 변종헌 외(2011), 『지역사회와 다문화교육』, 학지사.

김민호 · 오성배(2011), "지역사회기반 다문화교육 프로그램 개발 방향-제주국제자유도시 다문화교육을 중심으로-", 『탐라문화』, 39, pp.7~47.

김영순(2010), "이민자 통합을 위한 문화 정책의 기본 방향 연구: 강화군 다문화가족지원센터의 FGI를 중심으로", 『문화정책논총』, 23, pp.45~68.

김종세(2012), "다문화가족지원법상 다문화교육정책에 관한 인식의 문제점과 개선방안", 『법학연구』, 48, pp.27~48.

서범석(2009), "한국의 선진화를 위한 학교다문화교육정책의 기본방향", 『초등교육연구』, 22(4), pp.01~26.

염미경 · 김규리(2008), "제주여성결혼이민자들의 결혼이주, 딜레마와 적응", 『지역사회학』, 9(3), pp.151~182.

오고운 · 김성봉(2011), "제주지역 다문화교육의 문제점과 발전 방향", 『탐라문화』, 39, pp.87~117.

장승심(2012), "제주지역 다문화가족의 특징", 『탐라문화』, 41, pp.139~177.

황갑진(2011), "학교 다문화교육 정책과 프로그램의 현황과 문제점", 『사회과교육연구』, 18(4), pp.151~167.

황석규(2009), "제주국제자유도시 다문화정책의 과제와 미래", 『탐라문화』, 35, pp.371~404.


Campbell, D. E.(2010), Choosing Democracy: A practical Guide to Multicultural Education, Boston: Allyn & Bacon, 김영순 외 공역(2012), 『민주주의와 다문화교육』, 교육과학사.

Castles, S. & Miller, M. J.(2003), The age of migration: International population movements in the modern world, New York: The Guilford Press.

Colaizzi, P.(1978). Psychological research as phenomenologist views it. In R. Valle & M. King(Eds.), Existential phenomenological alternative for psychology, New York: Oxford University Press.

Inglis, C.(2009), Multicultural education in Australia: Two generations of evolution In The Routledge international companion to multicultural education, edited by: Banks, J. A. 109 – 20. New York: Routledge.

Johnson, D. W. & Johnson, R. T.(2002), Multicultural Education and Human Relations, Boston: Allyn & Bacon, 김영순 외 공역(2010), 『다문화교육과 인간관계』, 교육과학사.

Mahtani, M.(2002), "Interrogating the Hyphen-Nation: Canadian Multicultural Policy and 'Mixed Race' identities", Social Identities: Journal for the Study of Race, Nation and Culture, 8(1), pp.68~90.

Troper, H. & Weinfeld, M.(1999), Ethnicity, Politics, and Public Policy: Case Studies in Canadian Diversity, University of Toronto Press.


교육부 www.moe.go.kr.

법무부 출입국 · 외국인정책본부(2009), 통계자료실.

서귀포시다문화가족지원센터 www.liveinkorea.kr.

여성가족부 www.mogef.go.kr.

제주다문화교육센터 www.jmec.go.kr.

제주시교육지원청 www.jjse.go.kr.

제주시다문화가족지원센터 www.jejumc.net.

제주특별자치도 여성가족정책과(2013), 보도자료.

제주특별자치도청 www.jeju.go.kr.

통계청 www.kostat.go.kr.


## 6장

강득자(2009). "농촌지역 다문화가족의 가정생활 실태에 관한 연구: 가족가치관, 부부관계 및 생활만족도를 중심으로", 석사학위논문, 대구대학교 대학원.

권오현(2003). "문화와 외국어 교육-고등학교 독일어교육을 중심으로".「독어교육」, 28, pp.7-34.

김보라(2008). "국제결혼 이민 실태와 이민자 여성의 한국 사회 적응", 석사학위논문, 서강 대학교 공공정책대학원.

김오남(2006). "국제결혼 이주여성의 부부갈등 결정요인 연구".「가족과 문화」, 18(3), pp.63-105.

김현미(2007). "어촌지역 여성독거노인의 사회적 관계망이 건강에 미치는 영향", 한서대학 교 정보산업대학 석사학위논문.

박상규(2009). "다문화가정의 조기정착을 위한 사회통합 방안연구: 태안군 사례를 중심으로". 한서대학교 대학원 석사학위논문.

박영순(2007).『다문화사회의 언어문화교육론』. 한국문화사.

송지현(2009). "다문화가정 부부의 결혼적응 요인에 관한 연구". 한남대학교 일반대학원 석사학위논문.

유충렬(1996).『도시와 어촌의 논리』, 한국수산경영학회, 3권.

이덕순(2009). "도서문화의 전수와 창달을 통한 지역공동체의 형성과 유지전략-거문도를 중심으로".『관광연구저널』, 23(1).

이석형(2008). "다문화가정의 실태와 문제점에 관한 연구".『신학과 목회』, 30권.

장회선, 김윤정(2008). "도서지역 여성독거노인의 신체적 건강, 경제상태, 사회적 관계의 실태에 관한 연구".

정영성(2008). "농촌 이주여성들의 생활실태에 대한 연구: 전남 함평군을 중심으로", 광주 대학교 산업대학원 석사학위논문.

정진경, 양계민(2004). "문화적응이론의 전개와 현황".「한국심리학회지」, 23(1), pp.101-136.

현외성(2010). "남해안 도서지역, 고령자복지 욕구와 민족도 연구-한산도와 욕지도를 중심으로". 「노인복지연구」, 48호.

홍석기(2008). "외국인 100만 시대를 위한 서울시의 다문화사회 전략", 13, SDI 정책리포트.

황윤주(2008). "결혼이민자 여성 농촌지역 유입과 '적응' 경험", 숙명여자대학교 석사학위논문.

Argyle, M.(1969). *Social interaction*. London: Methuen.

Berry, J. W.(1997). "Immigration, acculturation and adaptation". Applied Psychology: *An International Review*, 46, pp.5-34.

Bochner, S.(1982). "Coping with unfamiliar cultures: Adjustment or culture learning?". *Australian Journal of Psychology*, 38, pp.347-358.

Furnham, A. & Bochner, S.(1986). Culture shock: Psychological reactions to unfamilar environment. London: Methuen.

Oberg, K.(1960). "Cultural shock: Adjustment to new cultural environment". Practical *Anthropology*, 7, pp.177-182.

Redfield, R, Lonton, R, & Herskovits, M(1936). "Insanity, Memorandum on the study of acculturation". *American Antbropologist*, 49, pp.701-708.

## 7장

김보라(2008). "국제결혼 이민 실태와 이민자 여성의 한국 사회 적응", 석사학위논문, 서강대학교 공공정책대학원.

김영순(2010). "다문화사회와 시민교육: '다문화 역량'을 중심으로", 「시민인문학」, 18, pp.33-59.

김오남(2006). "국제결혼 이주여성의 부부갈등 결정요인 연구", 「가족과 문화」, 18(3), pp.63-105.

김이선 외(2010). "다문화가족의 언어·문화 사용 및 세대 간 전수에 관한 연구", 한국여성정책연구원.

박수정, 윤채빈, 김민규(2011). "도서지역 결혼이주여성의 여가참여 실태에 관한 연구", 「교육문화연구」, 17(2), pp.113-147.

성상환(2010). "다문화가정자녀의 사회교육의 현황과 과제: 아동상담을 중심으로 한 현장의 관점", 인하대학교 다문화 및 사회통합연구센터.

송지현(2009). "다문화가정 부부의 결혼적응 요인에 관한 연구", 한남대학교 일반대학원 석사학위논문.

유충렬(1996). "도시와 어촌의 논리", 한국수산경영학회, 3권.

이미정(2011). "도서지역 결혼이주여성의 문화적응 실태 조사 연구-강화도, 대부도, 영종도, 영흥도를 중심으로", 「교육문화연구」, 17(2), pp.77-112.

홍석기(2008). "외국인 100만 시대를 위한 서울시의 다문화사회 전략", 13, SDI 정책리포트.


Berry, J. W.(1997). "Immigration, acculturation and adaptation". Applied Psychology: *An International Review*, 46, pp.5-34.

Culler, Jonathan(1984). 『소쉬르』, 이종인 옮김, 서울: 시공사.

8장

김연수 · 박지영(2010). "여성결혼이민자의 문화적응 경험연구", 「한국가족복지학」, 30권, pp.269-298.

문선영(2011). "다문화사회와 통일교의 종교교육", 「종교교육학연구」, 제36권, pp.73-90.

문영석(2011). "지구촌 사회와 다문화 정책", 「기독교사상」 4월호(통권 제628호), 대한기독교서회, pp.236-245.

문영석(2011). "차이가 차별이 되지 않는 세상을 꿈꾸며", 「기독교사상」 6월호(통권 제630호), 대한기독교서회, pp.221-229.

박종수(2010). "다문화현상에 대한 한국개신교의 인식과 대응", 「종교문화연구」, 제14호, pp.83~110.

박종수(2011). "종교단체의 다문화교육에 대한 사례 연구-불교, 개신교, 천주교 단체를 중심으로-", 「한국종교학회 종교연구」, 제63집, pp.59-80.

신광철(2010). "다문화사회와 종교", 「한국종교학회 종교연구」, 제59집, pp.1-16.

안신(2009). "세계종교 교수법을 통한 다문화 종교교육: 영국과 한국의 사례에 대한 비교연구", 「종교교육학연구」, 제30권, pp.223-243.

오경석(2007). 『어떤 다문화주의인가? 한국에서의 다문화주의: 현실과 쟁점』, 한울 아카데미.

오영훈(2011). "다문화사회 독일의 종교교육: 모두 함께하는 종교수업 실험을 중심으로", 「한국종교문화비평」, 통권19호, pp.17-47.

정기선 · 한지은(2009). "국제결혼이민자의 적응과 정신건강", 「한국인구학」, 제32권 제2호, pp.87-114.

최충옥 외(2009). 『다문화교육의 이론과 실제』, 양서원.

최현종(2011). 「한국종교이동 변동에 관한 연구」, 『현대기독교총서』 6.

Martiniello, Marco(2002). 『현대사회와 다문화주의: 다르게, 평등하게 살기』, 윤진 옮김, 한울.

Sacks, Jonathan(2007). 『차이와 존중: 문명의 충돌을 넘어서』, 임재서 옮김.


국무총리실 보도자료, 2012.04.17.

오마이뉴스(한국에서의 다문화주의), 2007.11.14.

출입국 · 외국인정책본부(http://www.immigration.go.kr)

## 9장

김경아(2012). "이주여성의 경제활동의지 결정요인분석: 이주여성의 정책인지수준과 지역사회다문화태도인식을 중심으로". 「지방정부연구」, 16(1), pp.381-409.

보건복지부(2009), 국제결혼 이주여성 실태조사 및 보건 · 복지 지원 정책방안 보고서.

서종남(2010). "결혼이민자 가정의 문제점과 해결방안 연구". 「시민교육연구」, 42(1), pp.103-126.

윤인직, 송영호(2009). "여성 결혼이민자의 자활모델로서의 창업: '시민자원'을 중심으로". 「한국가족복지학」, 14(1), pp.25-45.

장명선, 이옥경(2008). "서울시 다문화가족 실태 및 지원체계 구축방안 연구". 서울시 여성가족재단.

통계청(2010). "2010 인구통계총조사 인구부문". http://www.kostat.go.kr/.

황정선(2010). "다문화가정 소비피해 실태와 소비생활 안정에 관한 연구". 한국소비자원.

홍미희 · 최수영 · 윤연숙(2010). "2009년 인천시 다문화가족 실태조사 보고서". 인천발전연구원. http://www.idi.re.kr/.

Andreasen, A. R. (1975). 『The disadvantaged consumer』". N.Y.: The Free Press.

10장

권유홍, 고봉찬(2011). "결혼이민여성의 여가제약과 발생원인 고찰". 「관광연구논총」, 23(1), pp.27-48.

김갑현(2007). "국제결혼이주여성 대상 교육프로그램 개선방안에 관한 연구-전남 지역 공공도서관 및 평생교육관 평생학습 프로그램을 중심으로-". 한국교원대학교 교원정책대학원 석사학위논문.

김민정, 유명기, 이혜경, 정기선(2006). "국제결혼이주여성의 딜레마와 선택". 「한국문화인류학」, 39(1), pp.159-193.

김병순, 안윤정, 송혜령(2010). "결혼이주여성의 직업적응 프로그램 개발 및 효과". 「한국심리학회지: 여성」, 15(2), pp.235-258.

김순규, 이주재(2010). "국제결혼이주여성의 한국어 능력과 사회적 지지가 한국생활 적응에 미치는 영향". 「한국가족복지학」, 15(1), pp.5-20.

김은미, 양옥경, 이해영(2008). 「다문화사회 한국」. 파주: 나남.

김현희(2007). "한국의 결혼이민 배경과 현황". 「한국민족연구」, 31, pp.6-50.

김혜자(2008). "국제결혼 이주여성의 배우자 지지, 건강교육 요구와 삶의 질", 「여성건강간호학회지」, 14(1), pp.5-11.

김홍록(2006). "청소년 비행 선도를 위한 여가상담적 접근", 「한국여가레크리에이션학회지」, 30(4), pp.261-271.

남은영, 박수정, 김영빈(2010). "여성 결혼이민자의 여가와 문화적응의 탐색". 「교육문화연구」, 16(1), pp.169-195.

노용구(2005). "몰입이론을 적용한 여가상담에 관한 연구". 「한국여가레크리에이션학회지」, 29, pp.109-120.

문화관광부(2005). 여성결혼이민자 문화예술교육 프로그램 기초연구.

문화관광정책연구원(2008). 「2007 여가백서」. 서울: 문화관광부.

문화관광정책연구원(2009). 「2008 여가백서」. 서울: 문화관광부.

박능후, 선남이(2010). "국제결혼이주여성의 취업이 한국 사회 적응에 미치는 영향". 「한국인의 다문화의식」, pp.120-143.

박동호(2008). "다문화사회로의 이행을 위한 문화정책 현황과 발전 방향". 한국여성정책연구원.

박순희(2011). "결혼이주여성의 사회적 지원이 결혼생활안정에 미치는 영향: 문화적응태도의 매개효과를 중심으로". 「한국가족복지학」, 16(1), pp.89-109.

박용란(2000). "평생교육 프로그램의 참여유형에 따른 여가 동기 및 제약요인에 관한 연구". 연세대학교 대학원 미간행 박사학위논문.

변미희, 강기정(2010). "다문화가족 아내의 결혼만족도에 영향을 미치는 부부 관련 요인".
「한국가족복지학」, 15(2), pp.127-141.

변찬복, 조선배(2010). "개별여행객의 문화적 동기, 진정성, 충성도의 영향관계". 「관광연
구」, 25(4), pp.245-258.

부공민, 양명환(2006). "오름 트레킹 여가활동의 참여제약에 대한 귀납적 내용분석". 「한국
여가레크리에이션학회지」, 30(2), pp.221-239.

설동훈, 이혜경, 조성남(2006). "결혼이민자 가족실태조사 및 중장기 지원정책방안 연구".
여성가족부.

성기철(2008). "다문화사회에서의 언어 교육의 과제". 「한국언어문화학」, 5(2), pp.1-26.

심재명(2007). "국내이주 외국인 근로자들의 여가에 대한 연구". 「관광연구」, 23(3), pp.339-
357.

양순미, 최규홍, 강경하(2009). "결혼이주여성의 농촌 사회참여활동 실태 및 이에 따른 생활
만족도 변화". pp.713-742.

양순미(2010). "농촌 결혼이주여성의 생활만족도에 사회참여활동 태도가 미치는 효과". 「농
촌사회」, 20(1), pp.233-263.

우현경, 정현심, 최나야, 이순형, 이강이(2009). "다문화가정 어머니의 한국어능력과 유아기
자녀의 언어발달". 「미래유아교육학회지」, 30(3), pp.1-14.

원진숙(2009). 다문화 가정 자녀를 위한 한국어(KSL) 교육프로그램. 다문화 가정 자
녀를 위한 한국어 교육 지원 방안 탐색 세미나 자료집. 한국교육과정평가원.
pp.69-93.

윤채빈(2010). "세대별 걷기참여자의 참여동기, 참여제약, 참여지속 요인의 통합적 연구".
인하대학교 대학원 미간행 석사학위논문.

이석민(2010). "사회서비스사업에 대한 '프로그램 이론주도 평가모형'의 적용에 관한
연구-맞춤형 방문 건강관리사업을 중심으로-". 「한국정책학회보」, 19(3), pp.
315-344.

정기선, 김영혜, 박경은, 이은아, 박지혜, 이승애, 이지혜(2007). "경기도내 국제결혼 이민자
가족의 실태조사 및 정책적 지원방안 연구". 경기도가족여성개발원.

정복순(2007). "농촌여성의 여가활동이 자아 존중감 및 삶의 질에 미치는 영향". 중앙대학
교 행정대학원 복지행정학과 사회복지전공.

정순돌, 박현주, 이혜정(2010). "다문화 가정의 시부모가 지각하는 외국인 며느리와의 관계

및 그 영향요인". 「한국가족복지학」, 29, pp.29-54.

정탁(2004). "가정주부의 여가 활동 참여 및 제약요인이 생활 만족도에 미치는 영향에 관한 연구". 목포대학교 석사학위논문.

조항록(2010). "다문화 가정 자녀를 위한 한국어 교육 프로그램 운영 지원 방안". 「이중언어학」, 42, pp.243-271.

지현진(2006). "기혼여성의 여가스포츠 참여를 제약하는 요인들". 「한국여가레크리에이션학회지」, 30(3), pp.17-26.

표영희(1997). "기혼여성의 가족생활주기와 여가활동과 여가제약과의 관계". 「한국사회체육학회지」, 7, pp.213-221.


Jackson, L. E.(1993). "Recognizing patterns f leisure constraints: Results from alternative analyses". *Journal of Leisure Research*, 12(2), pp.129-149.

Stodolska, M.(1998). "Assimilation and leisure constraints: dynamics of constraints on leisure in immigrant populations". *Journal of Leisure Research*, 30(4), pp.521-551.

## 저자소개(게재순)

김영순
인하대학교 사범대학 사회교육과 교수
kimysoon@inha.ac.kr

이미정
인하대학교 BK21+ 글로컬 다문화교육
전문인력 양성 사업팀 연구교수
leemijung@inha.ac.kr

윤채빈
인하대학교 대학원 체육학과 박사과정
yooncb0609@naver.com

김금희
인하대학교 대학원 다문화학과 박사과정
사람과 소통 상담연구소 소장
kgkdl@hanmail.net

허숙
인하대학교 사회과학연구소
다문화 및 사회통합연구센터 전임연구원
billow9@hanmail.net

응웬뚜엔아잉
인하대학교 대학원 디지털예술공학전공 박사과정
tuananh2004vk@gmail.com

이훈재
인하대학교 의학전문대학원 교수
lee4146@inha.ac.kr

박봉수
인하대학교 다문화교육융합연구사업단 연구원
wuligaqi@naver.com

최승은
인하대학교 다문화교육학 박사수료
인하대학교 다문화교육융합연구사업단 연구원
lindenduft@hanmail.net

강현민
인하대학교 대학원 다문화학과 박사수료
miirulove@naver.com

성상환
서울대학교 사범대학 독어교육과 교수
sseong@snu.ac.kr

한광훈
인하대학교 대학원 문화경영전공 박사수료
ZEC60@yahoo.co.kr

오영훈
인하대학교 교육대학원 다문화교육전공 교수
ohy10106@hotmail.com

김성영
인하대학교 대학원 다문화교육전공 박사
kimsy1006@naver.com

이미영
인하대학교 생활과학대학 의류디자인학과 교수
mylee@inha.ac.kr

양성은
인하대학교 생활과학대학 아동학과 교수
syang@inha.ac.kr

박수정
인하대학교 예술체육학부 스포츠과학전공 교수
psj@inha.ac.kr

# 도서지역
# 결혼이주여성과 문화적응

| | |
|---|---|
| 초판인쇄 | 2015년 5월 8일 |
| 초판발행 | 2015년 5월 8일 |

| | |
|---|---|
| 지은이 | 김영순 외 |
| 펴낸이 | 채종준 |
| 펴낸곳 | 한국학술정보(주) |
| 주 소 | 경기도 파주시 회동길 230 (문발동) |
| 전 화 | 031) 908-3181(대표) |
| 팩 스 | 031) 908-3189 |
| 홈페이지 | http://ebook.kstudy.com |
| E-mail | 출판사업부 publish@kstudy.com |
| 등 록 | 제일산-115호(2000.6.19) |

ISBN 978-89-268-6717-4 93330